主　　编　曹士兵　国家法官学院副院长
副 主 编　关　毅　国家法官学院科研部主任
　　　　　刘　畅　国家法官学院科研部副主任
主编助理　边疆戈　国家法官学院科研部编辑
　　　　　苏　烽　国家法官学院科研部编辑

《中国法院年度案例》编辑人员（按姓氏笔画）
边疆戈　关　毅　刘　畅　苏　烽　孟　军
罗胜华　赵丽敏　徐一楠　唐世银　曹士兵
曹海荣　梁　欣　程　瑛

本书编审人员　梁　欣

中国法院
2017年度案例

国家法官学院案例开发研究中心◎编

刑法总则案例

中国法制出版社
CHINA LEGAL PUBLISHING HOUSE

《中国法院年度案例》通讯编辑名单

刘书星　北京市高级人民法院
刘晓虹　北京市高级人民法院
王　婧　天津市高级人民法院
王　磊　山东省高级人民法院
王　佳　河北省高级人民法院
马　磊　河南省高级人民法院
塔　娜　内蒙古自治区高级人民法院
张艳琪　黑龙江省高级人民法院
李慧玲　吉林省高级人民法院
邢　丹　辽宁省高级人民法院
周文政　辽宁省高级人民法院
陆　齐　上海市高级人民法院
马云跃　山西省高级人民法院
孙烁犇　江苏省高级人民法院
戴鲁霖　江苏省高级人民法院
沈　杨　江苏省南通市中级人民法院
周耀明　江苏省无锡市中级人民法院
胡　媛　江西省高级人民法院
黄金波　湖北省宜昌市中级人民法院
唐　竞　湖南省高级人民法院
庞　梅　安徽省高级人民法院
赵晓利　安徽省高级人民法院
杨　治　浙江省高级人民法院
李相如　福建省高级人民法院
李春敏　福建省高级人民法院
李文亮　广东省高级人民法院
贺利研　广西壮族自治区高级人民法院
唐　洁　广西壮族自治区高级人民法院
李周伟　海南省高级人民法院
豆晓红　四川省高级人民法院
游中川　重庆市高级人民法院
尤　青　陕西省高级人民法院
马小莉　陕西省高级人民法院
施辉法　贵州省贵阳市中级人民法院
陈　薇　云南省高级人民法院
冯丽萍　云南省昆明市中级人民法院
白　皓　云南省昆明市中级人民法院
石　燕　新疆维吾尔自治区高级人民法院
王　琼　新疆维吾尔自治区高级人民法院生产建设兵团分院
韦　莉　青海省高级人民法院
孙启英　青海省高级人民法院

序

法律的生命在于实施，而法律实施的核心在于法律的统一适用。《中国法院年度案例》丛书出版的价值追求，即是公开精品案例，研究案例所体现的裁判方法和理念，提炼裁判规则，为司法统一贡献力量。

《中国法院年度案例》丛书，是国家法官学院于2012年开始编辑出版的一套大型案例丛书，之后每年年初定期出版，由国家法官学院案例开发研究中心具体承担编辑工作。此前，该中心坚持20余年连续不辍编辑出版了《中国审判案例要览》丛书近90卷，分中文版和英文版在海内外发行，颇有口碑，享有赞誉。现在编辑出版的《中国法院年度案例》丛书，旨在探索编辑案例的新方法、新模式，以弥补当前各种案例书的不足。该丛书2012～2016年已连续出版5套，一直受到读者的广泛好评，并迅速售罄。为更加全面地反映我国司法审判的发展进程，顺应审判实践发展的需要，响应读者需求，2014年度新增3个分册：金融纠纷、行政纠纷、刑事案例。2015年度将刑事案例调整为刑法总则案例、刑法分则案例2册。2016年度新增知识产权纠纷分册。现国家法官学院案例开发研究中心及时编撰推出《中国法院2017年度案例》系列，新增执行案例分册，共21册。

总的说来，当前市面上的案例丛书是百花齐放，既有判决书网，可以查询各地、各类的裁判文书，又有各种专门领域的案例书籍汇编，以及各种案例指导、参考案例等读物，十分活跃，也各具特色。而我们的《中国法院年度案例》丛书则试图把案例书籍变得“好读有用”，故在编辑中坚持以下方法：一是高度提炼案例内容，控制案例篇幅，每个案例基本在3000字以内；二是突出争议焦点，剔除无效信息，尽可能在有限的篇幅内为读者提供有效、有益的信息；三是注重对案件裁判文书的再加工，大多数案例由案件的主审法官撰写“法官后语”，高度提炼、总结案例的指导价值。

同时，《中国法院年度案例》丛书还有以下特色：一是信息量大。国家法官学院案例开发研究中心每年从全国各地法院收集到的上一年度审结的典型案例超过10000件，使该丛书有广泛的选编基础，可提供给读者新近发生的全国各地的代表性案例。二是方便检索。为节约读者选取案例的时间，丛书分卷细化，每卷下还将案例主要根据案由分类编排，每个案例用一句话概括裁判规则、裁判思路或焦点问题作为主标题，让读者一目了然，迅速找到需求目标。

中国法制出版社始终坚持全力支持《中国法院年度案例》的出版，给了作者和编辑们巨大的鼓励。我们在此谨表谢忱，并希望通过共同努力，逐步完善，做得更好，真正探索出一条编辑案例书籍的新路，更好地服务于学习、研究法律的读者，服务于社会，服务于国家的法治建设。

本丛书既可作为法官、检察官、律师等司法实务工作人员的办案参考和司法人员培训推荐教程，也是社会大众学法用法的极佳指导，亦是教学科研机构案例研究的精品素材。当然，案例作者和编辑在编写过程中也不能一步到位实现最初的编写愿望，可能会存在各种不足，甚至错误，欢迎读者批评指正，我们愿听取建议，并不断改进。

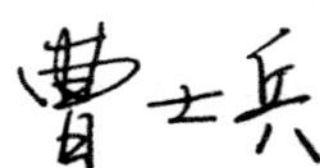

目　录

Contents

一、犯　罪

（一）犯罪与刑事责任

（三）共同犯罪

二、刑罚的具体运用

（一）量　刑

三、刑事证据与时效

四、其　他

一、犯　罪

（一）犯罪与刑事责任

1

村民对村委会成员职务活动监督与诽谤罪的界定

——邹某某等被诉诽谤宣告无罪案

【案件基本信息】

1. 裁判书字号

重庆市南川区人民法院（2014）南川法刑初字第00386号刑事判决书

2. 案由：诽谤罪

【基本案情】

邹某某等人系重庆市南川区某村村民，2014年3月20日，邹某某等人向重庆市南川区某某镇纪委举报并请求镇纪委对该村2010年实施的计生项目的账务进行查证。镇纪委组建核查领导小组对该村2010年实施计生项目的情况和账务进行了核查，形成了初核报告。该报告反映，经查暂无证据证明项目和子项目负责人有违纪违规的行为，但在核查中发现项目在实施过程中存在项目管理、财务管理不规范，结账后村支两委没有及时向群众公布账务等问题。2014年9月至10月间，邹某某等人共同书写、印制《村官的丑闻》向该村村民进行散发，并在南川区知名网络论坛中发表了“致镇党委……意见书”，在这些材料中批评该村村主任李某某存在私心严重，办事不公；素质差，耍横，没一点干部形象；独断专横；经济上暗箱操作；不遵纪守法，阻拦投资500万元饮水工程建设等问题。

该村村主任李某某认为邹某某等人发布不实信息，公然诽谤其个人名誉，上述诽谤信息对其造成了极大的思想负担与精神压力。为此向该区人民法院提起自诉，提出以下请求：1. 依法追究各被告人诽谤罪刑事责任，判处各被告人三年以下有期徒刑。2. 判令各被告人停止侵害，赔礼道歉，消除影响，恢复自诉人的名誉。

【案件焦点】

邹某某等人是否构成诽谤罪。

【法院裁判要旨】

重庆市南川区人民法院经审理认为：诽谤罪是指故意捏造并散布虚构的事实，足以贬损他人人格，破坏他人名誉，情节严重的行为。村民委员会是基层群众性自治性组织，实行民主选举、民主决策、民主管理、民主监督。自诉人李某某其身为村基层组织人员，在实施职务活动中，作为村民的被告人邹某某、田某、田茂某、张联某、谭占某等人有权对其进行监督，即对自诉人李某某有权提出批评和建议，有权提出控告或检举的权利。经查，镇纪委的核查报告虽反映暂无证据证明项目和子项目负责人有违纪违规的行为，但自诉人李某某在职期间该村计生项目的账务确实存在项目、财务管理不规范等问题，被告人邹某某等人对问题监督、批评，虽有不实之处，但并没有故意捏造并散布虚构的事实，也没有证据证明被告人使用恶劣手段、造成严重后果或极坏影响，不符合诽谤罪的构成要件。故自诉人李某某请求人民法院依法追究被告人诽谤罪的刑事责任的刑事控诉不能成立，南川区人民法院不予支持。

关于自诉人李某某提出要求判令被告人邹某某、田某、田茂某、张联某、谭占某停止侵害、赔礼道歉、消除影响、恢复自诉人名誉的请求，因被告人邹某某、田某、田茂某、张联某、谭占某无犯罪行为，未给自诉人李某某造成物质损失，该诉讼请求不属于刑事附带民事诉讼的受案范围。

南川区人民法院依照《中华人民共和国刑法》第十三条、第三十六条第一款和《中华人民共和国刑事诉讼法》第十五条第（一）项、第四十九条、第九十九条第一款之规定，判决如下：

一、被告人邹某某、田某、田茂某、张联某、谭占某无罪。

二、驳回自诉人李某某的附带民事诉讼请求。

【法官后语】

本案是由村民对村民委员会成员职务活动行使监督权而引发的一起诉讼案件，村民行使监督权与构成诽谤罪的界定是本案的重点。《刑法》第二百四十六条第一款的规定："以暴力或者其他方法公然侮辱他人或者捏造事实诽谤他人，情节严重的，处三年以下有期徒刑、拘役、管制或者剥夺政治权利。"《村民委员会组织法》第二条、第三十条分别规定村民委员会是基层群众性自治性组织，实行民主选举、民主决策、民主管理、民主监督；村民委员会实行村务公开制度，接受村民的监督。

根据我国法律的以上规定可知，诽谤罪要求行为人无中生有地编造损害他人人格、名誉的虚假事实并向众人扩散且达到诽谤他人手段恶劣、后果严重或者影响极坏等损害结果。本案中作为该村村民的被告人邹某某等人在镇纪委《关于大竹对2010年实施计生项目账务的初核报告》中发现的自诉人李某某作为村基层组织工作人员期间该村计生项目的账务确实存在项目、财务管理不规范等问题，有权提出批评和建议。其利用网络媒体、呼吁舆论等方式监督，是在行使其民主监督的权利，且未故意捏造并散布虚构事实，也没有证据证明被告人使用恶劣手段、造成严重后果或极坏影响，虽然检举、揭发、批评中有不实成分，但对于本案中村民行使民主监督权的行为不应以诽谤罪论处。

编写人：重庆市南川区人民法院　郑文华

2

媒体人借危机公关之名索要钱财的罪名认定

——安阳等敲诈勒索案

【案件基本信息】

1. 裁判书字号

上海市第二中级人民法院（2015）沪二中刑终字第243号刑事裁定书

2. 案由：敲诈勒索罪

【基本案情】

2014年3月初，被告人安阳在工作中完成了一篇关于甲公司的负面报道，后因故未被采用播放，故心生不满，欲以此从甲公司得到好处，并将该想法告知了被告人胡娟。二人经商量后决定由胡娟找人联系并以年度公关合作的名义让甲公司支付公关服务费200万元。后被告人胡娟安排被告人李占双具体操作此事并将安阳通过短信发送的“甲税务黑洞”文章、“3·15期间要播放”等谈判要点转发给李占双。后被告人李占双按照被告人胡娟授意于2014年3月7日开始先后将上述短信转发给甲公司相关负责人杨某某、郎某某，并于3月12日与甲公司法务胡某及李某在山东省体育中心某茶室见面，表示握有甲公司负面新闻，让甲公司向指定的公关公司账户内汇款600万元，否则3·15期间曝光，并要求甲公司于3月15日之前答复。后因甲公司未予理会，被告人李占双于2014年3月18日将被告人胡娟于3月17日发给其的暗访片断发送给胡某以进一步施压。2014年3月20日，甲公司至上海市公安局青浦分局报案。当月25日，被告人安阳、胡娟还在短信中就甲公司没有回应一事讨论要将相关内容直接放在论坛上。

被告人安阳、李占双到案后如实供述了上述事实。但三人及其辩护人均对公诉机关指控的罪名持有异议，均提出本案应定性为强迫交易罪。

【案件焦点】

公诉机关指控被告人安阳、胡娟、李占双犯敲诈勒索罪，但被告人安阳、胡娟、李占双及其辩护人均认为被告人的行为应定性为强迫交易罪，应如何定罪。

【法院裁判要旨】

上海市青浦区人民法院经审理认为，被告人安阳、胡娟、李占双以非法占有为目的，利用手中的资料进行胁迫的方法勒索公私财物，数额特别巨大，其行为均已构成敲诈勒索罪，依法均应予惩处。三被告人已经着手实行犯罪，由于意志以外的原因而未能得逞，是犯罪未遂，可以比照既遂犯减轻处罚。被告人安阳、李占双到案后如实供述了自己的罪行，依法均可从轻处罚。公诉机关指控被告人安阳、胡娟、李占双的犯罪罪名及关于犯罪未遂、如实供述罪行的公诉意见正确，本院予以确认。关于辩护人以其当事人属如实供述罪行、被害单位已予谅解为由建议法庭从轻处罚的辩护意见，于法不悖，本院均予以采纳。为维护社会治安秩序，保护公私财产不受侵犯，依照《中华人民共和国刑法》第二百七十四条、第二十五条第一款、第二十三条、第六十七条第三款、第五十二条、第五十三条、第六十四条之规定，判决如下：

一、被告人安阳犯敲诈勒索罪，判处有期徒刑四年，并处罚金人民币十万元。

二、被告人胡娟犯敲诈勒索罪，判处有期徒刑五年，并处罚金人民币二十万元。

三、被告人李占双犯敲诈勒索罪，判处有期徒刑四年六个月，并处罚金人民币二十万元。

四、扣押在案的作案工具予以没收。

宣判后，原审被告人安阳不服，提出上诉。

上海市第二中级人民法院经审理认为，上诉人安阳、原审被告人胡娟、李占双犯敲诈勒索罪的事实清楚，证据确实、充分，适用法律正确，审判程序合法。三名行为人犯罪数额特别巨大，依法应处十年以上有期徒刑，并处罚金，因犯罪未遂，可以比照既遂犯减轻处罚。安阳、李占双到案后能如实供述自己的罪行，依法均可从轻处罚。故原判定罪、量刑均无不当，上诉人安阳、原审被告人胡娟、李占双的辩解及辩护人的意见均不予采纳。上海市人民检察院第二分院的意见正确，予以采纳。据此，依照《中华人民共和国刑事诉讼法》第二百二十五条第一款第（一）

项的规定，裁定如下：驳回上诉，维持原判。

【法官后语】

2011年2月25日，全国人大常委会制定并通过了《刑法修正案（八）》，将强迫交易罪由原来的简易条款调整为具体条款，将市场经济发展过程中出现的恶性竞争等行为纳入刑法规制，并根据情节的危害程度设置两个刑罚幅度予以处罚。毋庸置疑，这次修正规范的强迫交易罪的司法适用，有利于打击各类新型的恶性竞争行为，维护市场经济秩序的稳定与公平。

敲诈勒索罪是以非法占有为目的，使用威胁或者要挟的方法，强索公私财物，数额较大的行为。2013年4月公布的《最高人民法院、最高人民检察院关于办理敲诈勒索刑事案件适用法律若干问题的解释》首次在刑事司法领域明确新闻工作者这一特殊主体，明确其入罪标准为规定数额的50%。

两罪在形式上有一些相似的地方，如两者都要求使用一定的威胁手段等使他人畏惧的方法，而且两者的主观方面都表现出对财产的需求等等，很容易导致认识上的困难。但两者的区别也是明显的：（1）从客观方面讲，虽然二者手段都有“威胁”，但敲诈勒索不包括使用“暴力手段”。（2）从主观方面看，敲诈勒索罪的主体在主观方面有非法占有他人财物的目的；而强迫交易罪的主体从主观方面讲虽然有财产目的，但这种目的是通过交易实现的。（3）从客体方面看，强迫交易罪侵犯的客体除了他人的人身权利、财产权利外，更重要的是侵犯了公平的市场交易秩序；而敲诈勒索罪没有侵犯市场交易秩序。（4）主体不同，强迫交易罪的主体自然人和单位均可构成，而敲诈勒索罪的主体只能由自然人构成。

以上是强迫交易罪和敲诈勒索罪在犯罪构成上的区别，但应用在个案时有可能还是难以区分。比如在本起媒体人借危机公关之名索要钱财的案件中，其行为手段是威胁，因此从犯罪构成的四个方面来看存有诸多重合之处，难以区分。笔者认为，强迫交易罪的实质是正常交易的异化，是对个人公平交易权的侵犯，继而破坏了正常的市场经济秩序。因此，若能换个角度，深入检视强迫交易罪和敲诈勒索罪中威胁行为的本质和目的，以此来厘清两罪的差异，对于此类案件中两罪的司法适用具有重大的现实意义。

编写人：上海市青浦区人民法院　姚丽萍

3

扒窃后使用暴力抗拒抓捕是否必然构成转化型抢劫

——黄某禄等盗窃案

【案件基本信息】

1. 裁判书字号

广西壮族自治区都安瑶族自治县人民法院（2015）都刑初字第42号刑事判决书

2. 案由：盗窃罪

【基本案情】

2013年11月30日10时许，被告人黄某禄、黄海某、韦德某到都安瑶族自治县安阳镇旧市场内合谋盗窃被害人石某某的钱包，由黄某禄蹲在石某某身后用手拉石某某的脚分散其注意力，黄海某负责在前面放哨，韦德某负责将石某某放在裤袋内的钱包盗走。三人盗窃得手后当即被石某某发现，黄某禄当场被石某某抓住，韦德某为使黄某禄脱身匆忙从偷到手的钱包内抽出两张百元面额钞票（人民币）后将钱包扔到地上，趁石某某捡回地上钱包之机，黄某禄得以逃脱。石某某捡起钱包后发现部分现金被盗，便打电话告知其朋友黄精某钱包被偷一事。随后石某某在与朋友黄精某、黄某帅碰面后，借用黄精某的摩托车在市场内找寻被告人，在安阳镇卫生院前面某摊点发现被告人黄某禄后返回其朋友所在位置，然后，三人一起前往发现黄某禄的某摊点，石某某再次将黄某禄抓住，在附近的黄海某、韦德某见状后赶来替黄某禄解围使其得以挣脱逃跑，黄某禄在逃跑过程中在肉行的肉摊上拿起尖刀、尖钩等物与石某某等人对峙并还击，致使石某某手臂衣服被刮破。

【案件焦点】

被告人黄某禄的行为是否构成转化型抢劫。

【法院裁判要旨】

都安瑶族自治县人民法院经审理认为，依照《中华人民共和国刑法》第二百六十九条的规定，被告人的行为构成转化型抢劫罪，要求行为人所实施的暴力、胁迫行为具备“当场性”，即要求后行的抗拒抓捕的暴力行为与先前的盗窃行为在时空上具有连续性、关联性、不间断性。本案证据均证实被害人是与其朋友碰面后，向其朋友借摩托车去寻找被告人，在发现被告人黄某禄的踪迹后回到其朋友所在位置，然后与其朋友三人一起去抓捕被告人黄某禄，进而才遭到被告人黄某禄的暴力反抗，由此可见，被害人及其朋友在追逐被告人黄某禄前已经失去三被告人的踪迹，即被害人及其朋友对被告人的追逐行为与被告人黄某禄的扒窃行为并不具备连续性、不间断性，换言之三被告人的扒窃行为在被害人及其朋友追逐前已经结束，在此情况下被告人黄某禄持凶器威胁被害人的行为与先前的盗窃行为无论在时间上还是空间上都有间断，并不存在时空上的连续性、关联性、不间断性。

广西壮族自治区都安瑶族自治县人民法院依照《中华人民共和国刑法》第二百六十四条之规定，作出如下判决：

一、被告人黄某禄犯盗窃罪，判处有期徒刑八个月，并处罚金人民币一千元；

二、被告人韦德某犯盗窃罪，判处拘役四个月，并处罚金人民币一千元；

三、被告人黄海某犯盗窃罪，判处拘役三个月，并处罚金人民币一千元。

【法官后语】

《刑法》第二百六十九条规定：“犯盗窃、诈骗、抢夺罪，为窝藏赃物、抗拒抓捕或者毁灭罪证而当场使用暴力或者以暴力相威胁的，依照本法第二百六十三条的规定定罪处罚。”即转化型抢劫，这种转化型抢劫是先有一个“先行为”，后采取暴力，与标准的抢劫罪是先暴力后劫财有许多不同之处。而“当场”便是转化型抢劫罪成立的时空条件，作为本罪特定的时间与地点，如何理解“当场”，是正确把握本罪的客观条件乃至正确定罪量刑的焦点，既不能过于机械地理解为就是盗窃、诈骗、抢夺的现场，使其时空范围过于狭窄，不利于打击这类犯罪，也不能把“当场”视为可以完全脱离先行行为实施的时空场所，割裂了与先行行为的紧密联系，造成打击面的扩大化。我国刑法理论界目前的通说，“当场”一指实施盗窃等行为的现场，二指在盗窃等现场或刚一离开该现场就被人及时发觉而立即追捕过程中的场所，可以视为现场的延伸。

本案的争议焦点就在于被告人黄某禄在距离盗窃现场不远处第二次被抓捕时以暴力相抗拒是否符合转化型抢劫“当场”这一时空条件，即后行的抗拒抓捕的暴力行为与先前的盗窃行为在时空上是否具有连续性、关联性、不间断性。就如何正确理解转化型抢劫的“当场”，应当坚持如下的判断标准：首先，时间上的连续性。即盗窃等先行行为与行为人为抗拒抓捕等而实施的暴力或威胁行为在时间上应当是前后连续、而且是不间断的，并且二行为应当在同一时间范围内并存，同时包括追赶事实的继续性和不间断性。其次，场所的连接性。即转化为抢劫的现场或者是实施盗窃、诈骗、抢夺行为的犯罪场所或者是被害人自行为人刚一离开现场就及时发现并立即开始寻找嫌疑人、并将寻找、追赶的过程一直延续到行为人实施暴力或以暴力相威胁的现场。再次，前后行为的关联性。从本案审理查明的事实来看，被告人黄某禄伙同他人实施盗窃行为后即被发现并被被害人抓住，其趁同伙将所盗窃的钱包丢弃以引开被害人注意力之机逃脱，在这一过程中，其并未实施任何暴力行为，被害人跟随其逃跑的路线继续进行追踪，但是在追踪的过程中，并不是紧紧尾随被告人，而是尾随一段后停下来在盗窃发生的市场内等待朋友的到来，在与朋友碰面后借了朋友的摩托车再次出发在市场内寻找被告人，在发现被告人的踪迹后回到朋友所在位置，然后与朋友三人一起去抓捕被告人，进而才遭到被告人黄某禄的暴力反抗，虽然，被害人确实一直不断地在寻找被告人，而且是在案发的市场内再次找到被告人，但是，被害人及其朋友在追逐被告人前已经失去三被告人的踪迹，是在经过一系列的寻找后又再次发现，出现了时间上的间断性，而且几被告人是惯偷，经常在该市场内犯案，在被告人黄某禄第一次挣脱被害人的控制后，其就又在市场内自由出入，从被害人经过一段时间的寻找发现他仍然在市场内看“六合彩”的书籍就可以看出，被告人是处在一种自由状态之下的，因此，虽然第二次也是在该市场内对其抓捕，并距离盗窃现场不远，但是，不能将二者之间等同，因为，被告人的盗窃行为与抗拒抓捕行为虽然在时间上相隔较短、在空间上距离较近，但是，无论在时间上还是空间上都有间断，并不存在时空上的连续性、关联性、不间断性，即被告人黄某禄的行为并不具备转化型抢劫罪中的“当场性”，因此，被告人黄某禄的行为不构成转化型的抢劫罪。

综上，作为转化型抢劫罪客观要件之一的“当场”，在司法实践中认定时，应综合考虑暴力、威胁行为与先前的盗窃、诈骗、抢夺行为在时间的连续性、追赶事态的继续性、场所的连接性、前后两行为的关联性等多种要素，因为，“当场”是时间与空间的综合体，任何一个都不能偏废，坚守这一点对正确把握罪与非罪、此罪与彼罪有着至关重要的作用。

编写人：广西壮族自治区都安瑶族自治县人民法院　谭丽

4

刑事诉讼前通过民事诉讼归还诈骗款的如何定罪

——许向荣诈骗案

【案件基本信息】

1. 裁判书字号

北京市第二中级人民法院（2015）二中刑初字第1033号刑事判决书

2. 案由：诈骗罪

【基本案情】

1999年至2013年间，被告人许向荣虚构可以帮助他人低价买房、办理出口配额、办理工业用地等事由，骗取唐某等人财物合计4400余万元。其中诈骗唐某429万元。

2008年3月，唐某和许向荣通过朋友介绍认识。2012年年初，许向荣谎称能帮助低价买房，先后诈骗唐某429万元。

许向荣未向唐某交房，也不能归还钱款。2013年5月唐某在河北省定州市人民法院以委托合同纠纷为由起诉许向荣。随后定州市人民法院作出（2013）定民初字第1561、1562、1563号民事调解书，被告人许向荣与原告唐某达成调解，愿意支付唐某429万元本金及利息。6月5日，定州市人民法院发出执行通知书，在定州法院主持下，双方达成《执行和解》，许向荣保证于2013年8月28日前履行调解义务，因逾期未履行，定州市人民法院查封上述房产。

2013 年 10 月 30 日，唐某向北京市东城区公安分局报案称，其被许向荣诈骗 429 万余元。

2014 年 6 月 30 日，法院完成对上述房产的拍卖。7 月 4 日，唐某收到拍卖款。公诉机关于 2014 年 8 月 12 日向法院提起公诉。

【案件焦点】

公安机关立案后，法院判决前，唐某通过法院拍卖房屋取得被诈骗款，该笔诈骗数额如何认定；在先的民事诉讼对在后的刑事诉讼是否有影响。

【法院裁判要旨】

北京市第二中级人民法院经审理认为：被告人许向荣以非法占有为目的，虚构事实，骗取他人钱财，其行为已构成诈骗罪，且数额特别巨大，依法应予惩处。在诈骗唐某一案中，关于许向荣所提其没有诈骗唐某的辩解、辩护人所提应当将被害人唐某的涉案金额予以扣除的辩护意见，以及诉讼代理人李兆某所提唐某与其他被害人是同样的，都是诈骗刑事案件被害人的代理意见，经查，被害人唐某的陈述、被告人许向荣的供述、河北省定州市人民法院民事调解书、北京市朝阳区人民法院相关执行案件卷宗材料等证据证明，许向荣虚构有能力帮唐某低价购房的事实，骗取唐某及其亲友支付的人民币 429 万元，唐某通过民事执行程序在案发后追回损失不影响对许向荣行为性质的认定。

根据被告人许向荣犯罪的事实、犯罪的性质、情节及对于社会的危害程度，依照《中华人民共和国刑法》第二百六十六条、第六十七条第三款、第五十七条第一款、第五十九条、第六十一条、第六十四条，《最高人民法院、最高人民检察院关于办理诈骗刑事案件具体应用法律若干问题的解释》第一条、第九条之规定，判决：

一、被告人许向荣犯诈骗罪，判处无期徒刑，剥夺政治权利终身，并处没收个人全部财产；

二、责令被告人许向荣退赔人民币三千九百四十七万八千三百一十二元一角，按比例发还被害人。

宣判后，公诉机关未抗诉，被告人未上诉，判决已生效。

【法官后语】

1. 实体问题——民事诉讼确定的诈骗数额是否应当扣除

本案涉及刑民交叉法律关系问题。被告人许向荣在所涉嫌的犯罪立案前，已经通过民事诉讼与被害人唐某确定了委托买房的民事法律关系，民事调解书确认许向荣应归还唐某委托买房的钱款，法院依法查封许向荣房产保证上述债权实现。后唐某报案称被许向荣诈骗，在公安机关立案后，法院判决前，法院依法拍卖许向荣房款，唐某实际取得被骗钱款。许向荣是否仍构成犯罪？该笔钱款是否应从诈骗数额中扣除？民事程序对刑事程序有何影响？对此有两种观点：一种观点认为，民事诉讼对刑事诉讼并无影响，被告人在案发后，判决前归还诈骗款的，构成诈骗既遂，退赔情节只是量刑情节；另一种观点认为，民事诉讼可能影响刑事诉讼中被告人诈骗主观构成要件的成立——非法占有故意。一般情况下，民事诉讼认定了被告人、被害人双方成立民事法律关系，虚构事实只是影响民事行为意思表示真实性，双方已通过民事诉讼解决，说明被告人不具有非法占有故意，不成立诈骗罪。个别情况下，如果综合全案证据判断可以认定被告人非法占有故意的，也可以认定成立犯罪。

笔者同意第二种观点。本文认为，立案前归还的数额是否应从犯罪数额中扣除应区分情况而定，取决于行为人是否主动归还，主动归还的可扣除，被动归还的不得扣除。这是由刑事诈骗与民事欺诈的异同所决定的，二者的法律结构大致相同。合同诈骗罪的法律构造是欺骗行为—相对人因此陷入认识错误—相对人因认识错误处分了财产—行为人取得财产。民事欺诈合同中，一方实施了隐瞒或欺骗的行为，相对方基于错误认识而签订了合同，欺诈和诈骗法律结构是一致的。主流观点认为二者的区别在于诈骗罪中行为人具有非法占有的目的。这并不是说欺诈中民事主体不具有非法占有的目的，例如，在卖方隐瞒产品瑕疵或夸大产品质量而欺诈买方时，卖方对部分价款显然具有非法占有的目的，而是指民事欺诈中的“非法占有故意”比刑事诈骗中的“非法占有故意”程度要轻一些。当行为人主动归还欠款时，即在没有受到国家机关追究或相当压力下，主动归还财物的，不能再说其具有刑事诈骗中的“非法占有故意”，顶多具有民事欺诈中的非法占有故意。因此，是否在立案之前主动归还可以作为是否对行为人进行犯罪处理的标准。在一般的诈骗案件中，行为人在案发前主动归还财物的，很难再分清楚其与民法中的借贷、借用具有可观的差别，可以视作缺乏诈骗罪构成要件意义上的“非法占有故意”，“主动归还”阻断了从民法上的欺诈故意到刑法上非法占有故意的过渡。

一般情况下，刑事诉讼前通过民事诉讼解决的，可以认定为民事纠纷，行为人不具有非法占有故意。但本案比较特殊之处在于：第一，虽然在法院主持下，双方达成了民事调解和执行和解，法院对被告人房产进行了查封，但被害人在公安机关立案前并未实际取得被害钱款；第二，被害人唐某在提起民事诉讼前多次要求被告人许向荣归还未果，许向荣一直躲避执行民事调解书和执行和解书，占有钱款不愿归还的主观心态比较明显；第三，综合全案证据看，许向荣在1999年至2014年期间，多次编造能帮人买低价房、办理出口配额、工业土地证等虚假事由，诈骗钱财，其在2012年诈骗唐某时，已经负债累累，不具有归还能力，其对唐某钱款具有非常明显的非法占有故意，民事诉讼中和解只是其拖延还款的手段，其希望用继续诈骗他人的钱款用于填补唐某诈骗“窟窿”。诈骗唐某的数额不应从犯罪数额中扣除。

2. 程序问题——在先的民事判决是否应撤销

被告人许向荣与被害人唐某之间的法律关系被确定为诈骗犯罪后，河北省定州市法院此前所作出的民事裁判文书是否应撤销？有观点认为：因诈骗犯罪形成的法律关系违反法律的强制性规定，因而许向荣与唐某之间的委托合同无效；审理刑民交叉案件应贯彻“先刑后民”原则，对于审理民事案件时未及时发现涉嫌犯罪而判决的，刑事宣判后也应撤销民事裁决，如果不撤销在先的民事合同，容易产生刑民判决冲突。本文不同意上述意见。

（1）民事合同并非因涉嫌犯罪当然无效

认为涉诈骗犯罪的合同无效的理由，是根据《合同法》第五十二条规定的“以合法形式掩盖非法目的”“违反法律强制性规定”“一方以欺诈、胁迫手段订立的合同，损害国家利益”的合同无效。第一，所谓“以合法形式掩盖非法目的”是指当事人明知其行为不符合法律规定，而通过合同形式规避法律规定，其中的“目的”应该是合同双方的共同目的，而非单独一方的目的。当一方以合法形式掩盖非法目的的情形下，如直接认定合同无效，则相对方的利益无法保障，至少还没有到非宣判合同无效的最后地步，这属于合同可撤销的情形，只有在相对方明知或串通的情况下，合同才当然无效。第二，根据《最高人民法院关于适用〈中华人民共和国合同法〉若干问题的解释（二）》的规定，《合同法》第五十二条第五项规定的“强制性规定”，是指效力性强制性规定。一般的诈骗罪中，并不涉及该类“强制性规定”。相反，活跃的民商事生活中，难免会有欺诈的风险，而刑法只是在民法身后的“二次法律”，在社会秩序和公共利益没有遭受直接、急迫危险的情形下，不宜宣布合同无效。第三，在“一方以欺诈、胁迫的手段签订的合同，危害国家利益”中，损害国家利益的主体只能是合同本身，而非合同一方的行为，只有当合同履行将会直接侵害国家利益时，该合同才会被认定无效。涉嫌诈骗的合同，主要侵害他人的财产权，并不当然直接地侵害国家利益。

(2)“先刑后民”审理原则的摒弃

关于是否应坚持“先刑后民”的审判原则，有些司法解释给予了肯定性回答。《最高人民法院关于在审理经济纠纷案件中涉及经济犯罪嫌疑若干问题的规定》第十一条规定，法院在处理经济纠纷案件时，认为涉嫌犯罪的，应当裁定驳回起诉，将有关材料移送公安机关或检察机关。《最高人民法院、最高人民检察院、公安部关于办理非法集资刑事案件适用法律若干问题的意见》第七条、《最高人民法院关于审理存单纠纷案件的若干规定》也确立了“先刑后民”的审理原则。但最新的司法动态表明，并非一定“先刑后民”。最高人民法院《审理民刑交叉案件若干问题的规定（征求意见稿）》（以下简称《刑民交叉征求意见稿》）第六条、第七条规定，人民法院审查当事人提起的民事诉讼，发现涉嫌犯罪线索、材料的，应该告知当事人有权控告或报案。当事人的起诉符合《民事诉讼法》规定的受理条件的，人民法院应当受理。在审理民事案件过程中，发现犯罪线索的，民事案件不以刑事案件的办理结果为依据的，民事案件继续审理；民事案件必须以刑事案件的办理为依据的，应当裁定中止民事案件的审理。笔者同意后一种看法。在审理程序上还是应当坚持具体问题具体分析的原则，一律要求民事审判程序在刑事审判程序判决后进行，矮化民事诉讼地位，也违反诉讼效率原则。《刑民交叉征求意见稿》贯彻审判中止的一般法理，是比较合理的。在先的民事判决是根据民事法律、《民事诉讼法》的规定作出的，刑事判决是根据《刑法》《刑事诉讼法》作出的，刑事入罪标准较高，民事证明标准较低，无论民事诉讼还是刑事诉讼追求的都是法律事实，而非客观事实，民事诉讼贯彻优势证据标准，当事人因举证不能应承担败诉的结果，刑事诉讼则坚持不同的标准。不能因认定的法律事实不同而互相否定。在绝大多数情形下，因犯罪引起的侵权类和合同类的刑民交叉案件不会出现刑民判决抵触的情况。

本案中，唐某、许向荣的委托合同民事法律关系成立，同一法律关系后经刑事审判程序确认为诈骗犯罪，但并不影响委托民事法律关系成立，即便因为意思表示瑕疵而可撤销，但双方当事人已经通过诉讼确认了合同效力。定州市人民法院的民事调解书、执行书并不违法，也不存在所谓的违反“先刑后民”审判程序的问题，不应撤销民事判决。

编写人：北京市第二中级人民法院　王璇

5

主观故意与过失的区分

——韦朗某过失致人死亡案

【案件基本信息】

1. 裁判书字号

广西壮族自治区宜州市人民法院（2015）宜刑初字第230号刑事附带民事判决书

2. 案由：过失致人死亡罪

【基本案情】

被告人韦朗某与被害人韦忠某（1998年3月16日出生）均为宜州市福龙乡永良村永良屯村民。2015年3月9日22时许，被害人韦忠某酒后到宜州市福龙乡福龙街某网吧上网时与网吧管理人员发生争吵，后被本屯村民韦某、韦振某送回宜州市福龙乡永良村永良屯×××号的家中。韦忠某回家后大吵大闹，被告人韦朗某路过韦忠某家时见状对韦忠某进行劝阻，并对韦忠某的父亲韦能某说由其来劝说、管教韦忠某。后韦忠某从家中走至本屯韦华某家旁的道路，韦朗某、韦振某跟随韦忠某至该处，韦忠某在该处继续吵闹称要跳山或跳河自杀，韦朗某气愤之下遂对韦忠某说如果要跳河需要绑东西才能沉得下去。后韦朗某将一根灰色尼龙绳的一端绑在韦忠某的腰部，并在旁边找来一块水泥砖，将绳子的中间段绑在水泥砖上，其间韦忠某未挣扎或反抗。后韦忠某扛起水泥砖朝本屯村尾水潭方向走去，韦朗某认为韦忠某不会真的跳河自杀，遂没有阻止韦忠某离开，而是与韦振某跟随在韦忠某身后约六七米的位置。韦忠某扛着水泥砖走到村尾的水潭后在浅水处摔了一跤，此时韦朗某仍认为韦忠某不会真的自杀，仍没有阻止韦忠某继续进入水潭。韦忠某从浅水处爬起后继续扛着水泥砖走向水潭深处并沉入水中。韦朗某发现韦忠某沉入水中后即下水寻找韦忠某，但未果。韦能某等人闻讯赶来时，韦朗某害怕担责，未告知韦忠某已沉入水潭的真相。后韦振某将韦忠某已沉入水潭一事告知本屯村民韦某，韦某等人将韦忠某从水潭中打捞上岸时，韦忠某已经死亡。经宜州市公安局物证检验鉴定室鉴定，韦忠某系生前溺水死亡。

案发后，韦朗某的家属支付了处理韦忠某后事的部分费用。

【案件焦点】

被告人的主观上属于故意还是过失。

【法院裁判要旨】

广西壮族自治区宜州市人民法院经审理认为：被告人韦朗某已经预见到在被害人韦忠某醉酒冲动的状态下，韦忠某可能会实施极端行为，韦朗某仍将绑有水泥砖的绳子系在被害人韦忠某身上，轻信其能够采取跟随韦忠某的方式及时制止、避免韦忠某跳河自杀死亡结果的发生，后因未能及时制止韦忠某跳河自杀导致韦忠某进入本屯水潭溺水死亡，其行为已构成过失致人死亡罪。公诉机关指控被告人韦朗某犯过失致人死亡罪的事实和罪名成立。被告人韦朗某将绑有水泥砖的绳子系在被害人韦忠某身上，主观上轻信韦忠某不会自杀，韦朗某在韦忠某走向水潭的过程中一直跟随在韦忠某身后，在韦忠某溺水后亦立即下水实施救援，犯罪主观恶性较小，属于犯罪情节较轻，对被告人韦朗某应在三年以下有期徒刑的量刑区间量刑。被告人韦朗某归案后如实供述自己的罪行，可以从轻处罚。被告人韦朗某的家属在案发后支付了处理韦忠某后事的部分费用，视为韦朗某赔偿，有悔罪表现，本院在量刑时予以考虑。

在附带民事诉讼方面，对于附带民事诉讼原告人韦能某、韦锦某诉请的赔偿项目和数额，本院认为，对于诉请的丧葬费，虽然双方认可被告人韦朗某的家属在案发后支付了处理韦忠某后事的部分费用，但韦朗某的家属未能提供支付该费用的具体金额和相关证据，本院无法扣减，本院对附带民事诉讼原告人诉请的丧葬费23424元予以支持；诉请的被害人亲属办理丧葬事宜的误工损失1244.64元合理合法，本院予以支持。诉请的死亡赔偿金、被扶养人生活费不属于刑事附带民事诉讼的受案、赔偿范围，本院不予支持。综上所述，附带民事诉讼原告人韦能某、韦锦某诉请中合理合法部分共计24668.64元。

广西壮族自治区宜州市人民法院依照《中华人民共和国刑法》第二百三十三条、第四十五条、第四十七条、第六十一条、第六十七条第三款、第三十六条第一款和《最高人民法院关于适用〈中华人民共和国刑事诉讼法〉的解释》第一百三十八条第一款、第一百五十五条第二款之规定，作出判决如下：

一、被告人韦朗某犯过失致人死亡罪，判处有期徒刑二年；

二、被告人韦朗某赔偿附带民事诉讼原告人韦能某、韦锦某人民币24668.64元；

三、驳回附带民事诉讼原告人韦能某、韦锦某的其他诉讼请求。

【法官后语】

本案中，公安机关以韦朗某涉嫌故意杀人罪进行立案侦查及移送审查起诉。那么，被告人韦朗某对于被害人韦忠某死亡的后果，在主观上是故意，还是过失呢？合议庭对此进行了研究。

《刑法》第十四条第一款规定，明知自己的行为会发生危害社会的结果，并且希望或者放任这种结果发生，因而构成犯罪的，是故意犯罪。

《刑法》第十五条规定，应当预见自己的行为可能发生危害社会的结果，因为疏忽大意而没有预见，或者已经预见而轻信能够避免，以致发生这种结果的，是过失犯罪。过失犯罪，法律有规定的才负刑事责任。

《刑法》第二百三十三条规定，过失致人死亡的，处三年以上七年以下有期徒刑；情节较轻的，处三年以下有期徒刑。本法另有规定的，依照规定。

在本案中，证人证言证实被告人韦朗某与被害人韦忠某是同村村民、朋友，无积怨；韦忠某平时经常酒后闹事；案发前韦忠某酒醉闹事并扬言要自杀，韦朗某路过看见而试图劝阻。因此，在案证据证实韦朗某是在特定的环境下，在劝阻韦忠某不要酒后闹事未果，韦忠某扬言要自杀时，出于激愤而将绑有水泥砖的绳子系在被害人韦忠某身上，但主观上并不希望韦忠某自杀结果的发生；韦朗某在韦忠某走向水潭的过程中一直跟随在韦忠某身后，在韦忠某溺水后亦立即下水实施救援，主观上也没有放任韦忠某自杀结果的发生。因此，被告人韦朗某的行为在主观上不符合《刑法》第十四条第一款的规定，不是故意犯罪。

在本案中，被告人韦朗某作为成年人，且有饮酒史，应当知道饮酒会使人冲动、失去理智，从而应当预见到在韦忠某醉酒冲动的状态下，韦忠某可能会实施极端行为，韦朗某仍将绑有水泥砖的绳子系在韦忠某身上，主观上轻信韦忠某不会自杀或者其能够采取跟随韦忠某的方式及时制止、避免韦忠某跳河自杀死亡结果的发生，后因未能及时制止韦忠某跳河自杀导致韦忠某进入本屯水潭溺水死亡结果的发生，其行为符合过失致人死亡罪的构成要件。应当以过失致人死亡罪追究被告人韦朗某的刑事责任。

编写人：广西壮族自治区宜州市人民法院　王俊

6

在间接故意心理驱使下实施的犯罪行为应结合犯罪所造成的实际危害后果确定罪名

——李奕某寻衅滋事案

【案件基本信息】

1. 裁判书字号

北京市海淀区人民法院（2015）海刑初字第657号刑事判决书

2. 案由：寻衅滋事罪

【基本案情】

2014年3月7日8时许，被告人李奕某到北京市海淀区北京大学第六医院做电休克治疗。其间，其将自己状态不佳的情况反映给治疗室主任，并在该主任的建议下挂了该院主治医师黄某（系本案被害人）的号。在候诊过程中，被告人李奕某因等候时间长而进入诊室对被害人黄某进行催促，并因此与对方发生口角，其还扬言要揍医生。后被告人李奕某外出购买水果刀及长柄羊角锤。此时，护士已将有人扬言要揍医生的情况报告给值班室，保安及时赶至二楼诊室，但未发现异常情况，便在护士室观察等候。上午10时许，被告人李奕某返回至该院二楼诊室，待其他患者离开诊室后，用长柄羊角锤击向被害人黄某头部，被害人黄某当即起身欲阻止，但因躲避不及被击中头部，造成头部外伤致头皮裂伤，经依法鉴定属于轻微伤。后该院保安听到喊叫及时赶至诊室，将被告人李奕某控制并报案。被告人李奕某遂被抓获归案，并如实供述了上述犯罪事实。

【案件焦点】

本案被告人是否构成故意杀人罪。

【法院裁判要旨】

北京市海淀区人民法院经审理认为，北京市海淀区人民检察院指控被告人李奕某犯罪的事实清楚，证据确实充分，但指控其犯故意杀人罪的罪名有误，应予以纠正。依据现有证据，被告人李奕某一直扬言要打击报复医生，护士当时已经向值班室报告，保安已经到位，被害医生在被告人李奕某扬言要揍他后实际上已经有所警觉，当他在见到被告人李奕某再次进入诊室后已经有了起身欲躲的动作，被告人李奕某当时只来得及击打了他的头部一下，其行为系顺势而为。可见，被告人李奕某并不追求击打被害医生头部的某个特定部位，对给被害医生造成的是死亡抑或是伤害的法律后果亦并不刻意追求，其实际上就是在放任的、间接故意的心理驱使下实施的上述犯罪行为，控方对此观点在法庭辩论阶段亦予以认可，所以结合被告人李奕某给被害医生造成的轻微伤的法律后果，对其犯罪行为认定为故意杀人罪是不恰当的。

被告人李奕某案发时的一系列行为：在候诊过程中因等候时间长而对被害医生进行催促，在被害医生拒绝其请求后扬言威胁，后为发泄愤怒打击报复外出购买羊角锤等工具并返回诊室且用羊角锤击打被害医生头部（致轻微伤），甚至在保安将其制服后一直进行辱骂——上述行为在客观上既干扰了医院医生护士的正常工作，同时亦造成其他患者无法正常就医，情节恶劣。被告人李奕某的此种在医院持凶器殴打被害医生，耍浑使横，漠视并破坏医院正常的诊疗秩序、公共秩序的行为，不仅侵犯了被害医生的人身权利，同时也侵犯了医院的医疗秩序、公共秩序，侵犯的是双重客体，其行为已符合寻衅滋事罪的犯罪构成要件，应认定为寻衅滋事罪。

据此，北京市海淀人民法院依照《中华人民共和国刑法》第二百九十三条第一款第（一）项、第六十七条第三款之规定，作出如下判决：

被告人李奕某犯寻衅滋事罪，判处有期徒刑二年。

一审宣判后，被告人李奕某未上诉，检察院未抗诉，判决现已发生法律效力。

【法官后语】

2014年4月22日，最高人民法院会同最高人民检察院、公安部、司法部及国家卫生计生委联合制定了《关于依法惩处涉医违法犯罪维护正常医疗秩序的意见》，该意见明确规定各司法机关应对暴力杀医、伤医、故意毁坏公私财物和聚众扰乱医疗秩序等违法犯罪活动加大打击和惩处力度。但这种从严打击的精神并非要以牺牲对案件事实的准确定性为代价，这种从严打击还是应建立在对犯罪事实的准确定性的基础之上。

法庭对本案更改了定性就是对上述精神最好的贯彻。法庭未认可检察院对被告人李奕某犯故意杀人罪的指控并不代表法庭因被告人李奕某系精神疾病患者就对其暴力伤医的行为持姑息态度，主要原因还是基于被告人李奕某的精神状态及现有证据，难以判断出其当时具有积极追求杀害医生后果的心理和行为：

首先，被告人李奕某一直供述稳定，辩称其并无杀害被害医生的主观故意，其只是因为被激怒了才想伤害被害医生泄愤；其次，本案发生在半封闭的诊室，被害医生在被威胁后已经有所警觉，而且医院方面此时也已经有了相应的防备，此种情形下很难具备杀害医生的客观条件；再次，在案证据显示被害医生在见到被告人李奕某再次进入诊室后已经有了起身欲躲的动作，而被告人李奕某仅来得及击打被害医生头部一下（就是觉得打头部伤害大），其行为明显系顺势而为，而非要刻意击打被害医生头部的特定部位。综上可见，被告人李奕某对给被害人造成的是死亡抑或是伤害的法律后果实际上所持的是放任的心态，控方在法庭上对此观点亦予以认可，所以对于被告人李奕某在间接故意的心理驱使下所行使的上述行为，结合其给被害医生造成的系轻微伤的法律后果，对上述行为认定为故意杀人罪是不恰当的，是有违基本法理的。

被告人李奕某的行为不宜认定为故意杀人罪，但其一系列行为在客观上确实干扰了医院医生护士的正常工作，造成其他患者无法正常就医，情节恶劣；伤害被害医生人身的同时，亦侵犯了医院正常的诊疗秩序乃至公共秩序，符合寻衅滋事罪的构成要件，因此对其行为可以在认定为寻衅滋事罪的基础之上酌定从严打击、从重量刑，与本意见对涉医违法犯罪案件从严打击的精神并不违背。

综上，对于涉医违法犯罪案件来说，在审理过程中更应对案件中判定是否符合犯罪构成要件的证据做到从严把关。因为医院是个特殊场所，暴力杀医伤医的犯罪行为在侵犯医护人员人身权利的同时，还极易侵犯到医院正常的诊疗秩序、公共秩序，犯罪客体常常多于一个，更易牵扯到此罪彼罪的认定问题以及想象竞合犯的问题，但无论怎样，对这类犯罪从严打击的基础都在于对案件事实的准确定性，而并非为了“从严打击”而罔顾事实与法理。

编写人：北京市海淀区人民法院　孙蕾

7

非法持有毒品罪中被告人主观明知的认定

——肖某走私毒品、艾某非法持有毒品案

【案件基本信息】

1. 裁定书字号

北京市高级人民法院（2015）高刑终字第461号刑事裁定书

2. 案由：走私毒品罪、非法持有毒品罪

【基本案情】

北京市第三中级人民法院经公开审理查明：被告人肖某受他人雇佣，携带一个黑色拉杆行李箱，于2013年10月30日从巴基斯坦伊斯兰共和国伊斯兰堡市乘飞

机出发，途经他地，转乘EK308航班于同日22时许抵达北京首都国际机场T3航站楼，入境时选择无申报通道通关，逃避海关监管，因其体内藏有毒品可疑物被当场查获，从体内先后排出藏有毒品的胶囊33粒。

被告人肖某随后在侦查人员的控制下于2013年11月1日21时许，在北京市朝阳区东三环南路如家快捷酒店双井店附近，将上述胶囊1粒交予前来接货的被告人艾某，为此艾某支付了人民币1200元。次日22时许，在侦查人员的控制下，肖某将藏有毒品胶囊32粒（经鉴定系海洛因，净重294.4克，含量为46.6%）的饮料盒在北京市朝阳区东三环南路双井桥南过街天桥上交付给艾某。被告人艾某随后被现场布控的侦查人员抓获并在其身上起获净重0.34克的四氢大麻酚。

【案件焦点】

非法持有毒品犯罪中，被告人艾某拒不供认其主观明知是毒品的，如何根据在案证据定罪。

【法院裁判要旨】

北京市第三中级人民法院经审理认为，对于被告人艾某所提其不明知被告人肖某给其的塑料袋中装有毒品，其行为不构成非法持有毒品罪的辩解及其指定辩护人所提被告人艾某不明知持有的物品系毒品的辩护意见，经查，在案证据能够证实被告人艾某系采用非正常的方式从被告人肖某处接受塑料袋，明显违背合法物品惯常交接方式，在公安民警表明身份后，其有逃跑行为，后在塑料袋中查获毒品，其不能作出合理解释，且结合被告人艾某年龄、阅历等情况，综合分析，能够认定被告人艾某主观明知所接受物品系毒品，故被告人艾某的上述辩解及其指定辩护人的上述辩护意见，均不予采纳。被告人艾某非法持有毒品，且毒品数量大，其行为已构成非法持有毒品罪，依法应予惩处。

北京市第三中级人民法院依照《中华人民共和国刑法》第六条第一款、第三百四十八条、第四十五条、第四十七条、第五十二条、第五十三条、第三十五条、第六十一条，作出如下判决：

一、被告人肖某犯走私毒品罪，判处有期徒刑十二年，并处罚金人民币二万四千元，附加驱逐出境。

二、被告人艾某犯非法持有毒品罪，判处有期徒刑七年，并处罚金人民币一万四千元，附加驱逐出境。

三、随案移送的美元现金三十二张（未鉴定，面值100元的7张、面值20元的6张、面值10元的16张、面值5元的2张、面值1元的1张）、人民币现金十二张（未鉴定，面值100元）、黑色拉杆箱一个予以没收。

艾某持原审辩解提起上诉。北京市高级人民法院经审理认为：艾某非法持有毒品，且毒品数量大，其行为已构成非法持有毒品罪，依法应予惩处。经查，本案在案证据充分证实，艾某犯非法持有毒品罪的事实，且原审法院在法定的量刑幅度内对艾某判处了与其所犯罪行相适应的刑罚，量刑并无不当。故艾某的上诉理由，不能成立，应予驳回。

北京市高级人民法院依照《中华人民共和国刑事诉讼法》第二百二十五条第一款第（一）项的规定，作出如下裁定：

驳回艾某的上诉，维持原判。

【法官后语】

本案处理重点主要在于对被告人主观明知的认定。2008年12月1日最高人民法院发布《全国部分法院审理毒品犯罪案件工作座谈会纪要》（以下简称《纪要》）对明知的认定作了专门的规定。根据《纪要》的规定，毒品犯罪中，在被告人否认主观明知的情况下，通过刑事推定来认定被告人主观明知。

具体到本案中，一、二审法院都认为可以认定艾某选择采用高度隐蔽的方式交接物品，明显违背合法物品惯常交接方式，在执法人员检查时，有逃跑、丢弃携带物品和逃避、抗拒检查行为，在其丢弃的物品中查获毒品；其虽然否认明知塑料袋中装有毒品，但均未对其行为作出“合理解释”，且存在多处矛盾；没有提供任何证据以反驳公诉方的指控，没有提供任何证据证明其确属被蒙骗；结合其年龄、阅历、智力等情况，进行综合分析判断可以认定被告人艾某对塑料袋中装有毒品具有主观明知。

值得注意的是，在适用《纪要》来认定被告人主观明知时，这是一种刑事推定，即根据已知的基础事实来推断出一个未知的事实。这种推定是基于基础事实与推定事实之间高概率的常态联系，即常识、经验表明已知的基础事实通常会与推定事实相生相伴和并存。基础事实是推定的基石，因此，基础事实的证明必须牢固，基础事实必须得到在案证据的充分证明。同时既然有常态，就不能排除有例外，推定事实虽然具有高度盖然性，但仍然具有或然性的属性，或然性的属性决定了没有所谓“确定”的推定，推定是允许反证而予以推翻的，如果被告人对推定的事实作出了除犯罪行为之外的合理解释或者举证证明其确属被蒙骗实施行为的，那么推定就要被推翻。同时，上述推定制度是基于某些特殊情况下，负有证明责任的公诉方举证困难甚至举证不能，而为减轻其举证责任的特殊设计，通过该项制度设计免除了公诉方对推定事实的证明义务，受益人是公诉方，明显对被告人不利，故人民法院在对被告人量刑时，宜在其罪责所对应的法定量刑幅度内对被告人判处较低限度的刑罚，这样有利于从实质上实现刑事司法的公平性。

编写人：北京市第三中级人民法院　段伟

8

精神病人犯罪的刑事责任把握

——黄风某故意伤害案

【案件基本信息】

1. 裁判书字号

广西壮族自治区大化瑶族自治县人民法院（2015）大刑初字第46号刑事判决书

2. 案由：故意伤害罪

【基本案情】

案发前，被告人黄风某在被害人所经营的潮兴水泥砖厂做工，因黄风某在一次装车过程中，忘记叫运输的司机签字确认，从而未能结算到那一车水泥砖钱，后黄风某多次找到唐某讨要所欠的工钱，唐某均以黄风某工作上的疏忽造成其损失为由，拒不支付。2014年12月31日0时许，黄风某继续到唐某、韦某某夫妇所经营的水泥砖厂讨薪，后因唐某没能满足其要求，黄风某一气之下先行离开唐某所居住的房屋并隐蔽好，待唐某走出房屋时，黄风某就捡拾一根木棍朝唐某的头部击打，从而导致唐某头部右额颞顶骨粉碎性骨折。经鉴定，唐某的伤势为重伤二级，伤残等级为九级。案发时，黄风某患精神分裂症（发病期），属限制刑事责任能力。

【案件焦点】

辩护人提出，案发时被告人黄风某处于精神分裂症发病期，法庭能否对被告人黄风某从轻处罚。

【法院裁判要旨】

大化瑶族自治县人民法院经审理认为，被告人黄风某在与被害人讨薪时，因一些纠纷没能处理好，情绪激动，故意非法损害他人身体健康，致一人重伤二级，其行为触犯了《中华人民共和国刑法》第二百三十四条第二款之规定，公诉机关指控被告人黄风某犯故意伤害罪的事实清楚，证据确实、充分，指控罪名正确，应予以确认。被告人黄风某实施犯罪时，系精神分裂症发病期，责任能力为限制刑事责任能力，依法可对其从轻或减轻处罚。被告人黄风某在法庭上认罪态度较好，有悔罪表现，可酌情从轻处罚。根据被告人犯罪的事实，性质、情节，对社会的危害程度及认罪态度，本院决定对其从轻处罚。依照《中华人民共和国刑法》第二百三十四条第二款、第十八条第三款、第四十五条、第四十七条、第六十一条、第六十二条的规定，作出如下判决：

被告人黄风某犯故意伤害罪，判处有期徒刑三年。

【法官后语】

《刑法》第十八条第三款规定："尚未完全丧失辨认或者控制自己行为能力的精神病人犯罪的，应当负刑事责任，但是可以从轻或者减轻处罚。"在具体司法实践中正确理解和应当把握的仍是精神病人犯罪构成的要件，其中尚未完全丧失辨认或自控行为能力，可以理解为部分丧失辨认或自控行为能力，这是适用本法条的主要条件之一。对此类精神病人的犯罪，在处罚规定上的主旨是应当负刑事责任，刑法规定的从轻或减轻处罚，是"可以"而不是"应当"的限制性规定，也就意味着可以从轻或减轻处罚是应具备前提条件的。司法实践中应结合参照《刑法》第六十一条的规定："……应当根据犯罪的事实、犯罪的性质、情节和对于社会的危害程度，依照本法的有关规定判处。”人民法院也才能决定是否从轻还是减轻处罚。对此类精神病人犯罪的处罚，难以把握的还涉及犯罪人的丧失辨认或自控行为能力的程度大小。比如，有的精神病人杀人只砍一刀便停手，对受害人的喊叫及制止的人产生畏惧；有的抢夺他人的财物只是对纸币或钱包感兴趣，但又不知道逃走；还有的实施犯罪时被受害人咬伤、打击感到疼痛或躲避等；都可以结合鉴定判断出属尚未完全丧失辨认或自控行为能力的精神病人犯罪。根据案件性质、危害结果、情节，可以从轻或减轻处罚。

本案中，被告人黄风某生气之下先行离开被害人唐某所居住的房屋并隐蔽好，待唐某走出房屋时，黄风某就捡拾一根木棍朝唐某的头部击打，从而导致唐某头部右额颞顶骨粉碎性骨折。从案情中可以看出，黄风某虽受刺激后产生犯意，但是犯罪前是有一定预谋和犯罪手段计划的。犯罪时，黄风某击打被害人的部位为重要部位头部，极有可能造成他人死亡的后果，可见犯罪情节恶劣。故根据犯罪结果总体量刑评议，不应减轻处罚，故判处黄风某有期徒刑三年。

编写人：广西壮族自治区大化瑶族自治县人民法院　韦群玲

9

玩忽职守犯罪因果关系及经济损失的认定

——宋某玩忽职守案

【案件基本信息】

1. 裁判书字号

北京市门头沟区人民法院（2015）刑初字第48号刑事判决书

2. 案由：玩忽职守罪

【基本案情】

被告人宋某系北京市门头沟区清水镇人民政府分管农业工作的副镇长，负责涉及农业土地整理开发工作。2013年9月某排水集团为应对污泥落地而通过污泥处置商某公司、宇某向北京市门头沟区清水镇倾倒污泥1万余吨。2014年1月，该集团停止倾倒，并要求某公司、宇某提供门头沟区清水镇相关审批文件再行处置污泥。2014年3月间，被告人宋某在未审核门头沟区清水镇张家庄村村委会主任聂某提交的书面申请内容的情况下，便同意加盖清水镇政府公章，导致某排水集团、某公司在门头沟区清水镇张家庄村背子沟内非法处置污泥9134.88吨。上述倾倒的1.9万余吨污泥致使背子沟内林地严重污染，门头沟区人民政府为防止污染扩大、清理污染源实施了应急工程，应急工程造价为人民币549万余元。经价格评估，该应急工程价值为人民币448万余元。

【案件焦点】

1. 被告人宋某的玩忽职守行为与环境污染之间是否具有刑法上的因果关系；2. 职务犯罪造成的经济损失数额应如何认定。

【法院裁判要旨】

北京市门头沟区人民法院经审理认为：被告人宋某身为国家机关工作人员，不正确履行职责，致使公共财产遭受重大损失，其行为已构成玩忽职守罪，应依法惩处。北京市门头沟区人民检察院指控被告人宋某犯玩忽职守罪的事实清楚，证据确实、充分，罪名成立。鉴于被告人宋某到案后如实供述犯罪事实，具有悔罪表现，可从轻处罚。考虑到被告人宋某在犯罪过程中的具体表现和对危害后果所起的作用情况，其犯罪情节轻微，不需要判处刑罚，可免予刑事处罚。北京市门头沟区人民法院依照《中华人民共和国刑法》第三百九十七条第一款、第六十七条第三款、第三十七条的规定，判决如下：

被告人宋某犯玩忽职守罪，免予刑事处罚。

判决作出后，被告人在法定期限内未提出上诉，检察院未提出抗诉，判决现已发生法律效力。

【法官后语】

玩忽职守罪在主观方面表现为过失①。客观方面表现为不履行、不正确履行或

① 王作富主编：《刑法分则实务研究（下）》，中国方正出版社，第1751页。

者放弃履行职责，致使公共财产、国家和人民利益遭受重大损失的行为[1]。本案的争议焦点为被告人宋某的玩忽职守行为与环境污染之间是否具有刑法上的因果关系，以及职务犯罪造成的经济损失数额应如何认定。

1. 被告人玩忽职守行为与环境污染后果之间是否有刑法上的因果关系

本案中，某排水集团先后两次向目标地块倾倒污泥，而被告人宋某未审核文件内容即同意加盖镇政府公章的行为发生在两次倾倒行为中间，因此对于宋某玩忽职守行为与某排水集团、某公司倾倒污泥造成污染环境之间是否有因果关系存在认识分歧：第一种观点认为，在被告人宋某同意盖章之前，倾倒污泥的行为已经发生，足以证明当地政府是否同意与某排水集团、某公司倾倒污泥的行为没有因果关系，被告人宋某的玩忽职守行为没有造成重大损失，不构成玩忽职守罪；第二种观点认为，虽然某排水集团与某公司前期已经向目标地块倾倒污泥1万余吨，但是该集团后已停止倾倒，并要求相关处置商等待当地政府同意后再行倾倒，因此宋某玩忽职守行为与第二次倾倒污泥的行为具有因果关系，应当构成玩忽职守罪。法院裁判认定被告人宋某玩忽职守行为与环境污染之间存在因果关系。理由如下：

（1）宋某玩忽职守行为对污染环境危害结果发生具有实质原因力。玩忽职守罪要求的危害结果绝大部分系多因一果，即在玩忽职守行为与危害结果之间，往往存在一定的中介因素。这些中介因素，为危害结果的发生提供了物理意义上的原因力，直接导致危害结果发生。在判断玩忽职守罪的因果关系时，不能单纯考虑玩忽职守行为与危害结果之间的关系，同时还要考虑玩忽职守行为与中介因素之间的关系，以及中介因素与危害结果之间的关系。如本案中，除宋某玩忽职守这一危害行为外，还有某排水集团、某公司的倾倒污泥这一介入因素。虽然在宋某同意盖章申请前曾经发生过倾倒污泥的行为，但是相关人员已经自行停止，并明确要求污泥处置商在征得政府同意后再行倾倒污泥。如果宋某履行了查验张家庄村村委会提交的材料内容的职责，并根据相关规定不同意加盖镇政府公章，则第二次倾倒污泥的行为不会发生。而某排水集团、某公司倾倒污泥的行为则为因果关系链条中的一个中间项，表现为“玩忽职守行为—中间项—结果”，事实上二者没有本质区别。但是需要注意的是，被告人宋某承担的是监督过失责任。

---

① 王爱立主编：《中华人民共和国刑法解读（第四版）》，中国法制出版社，第941页。

（2）环境污染的后果可归责于宋某的玩忽职守行为。讨论玩忽职守行为与环境污染是否具有因果关系，即是解决客观发生的法益侵害结果能否归属于被告人的问题。按照客观归责理论，被告人宋某的玩忽职守与环境污染后果存在因果关系：首先，被告人宋某未经审查即同意加盖政府公章的行为制造了不被允许的危险，即目标土地可能以“改善土壤”的名义用于处置污泥；其次，这种潜在的、一般性的风险通过中介因素转化为现实的、具体的、特定的危险，造成了环境污染的危害后果；最后，宋某不正确履行职责的行为及其造成的一切损害后果，都存在于玩忽职守罪构成要件的效力范围内。刑法确立玩忽职守罪的目的，即是处罚对国家和人民的利益漠不关心，工作极端不负责任，损害国家利益的行为①。虽然造成环境污染这一后果可以归责于实施倾倒污泥的行为人，但这并不影响同时归责于玩忽职守的行为人。

2. 被告人玩忽职守行为造成的经济损失如何认定

玩忽职守行为是否造成“重大损失”是区分罪与非罪的重要标准。《最高人民法院、最高人民检察院关于办理渎职刑事案件适用法律若干问题的解释（一）》[以下简称《渎职案件解释（一）》]和《最高人民检察院关于渎职侵权犯罪案件立案标准的规定》均将造成的经济损失作为追诉、定罪的重要标准。本案中，某排水集团、某公司分两次向目标地块倾倒污泥，共计1.9万余吨，第二次非法处置污泥9134.88吨。门头沟区人民政府为防止污染扩大、清理污染源实施了应急工程，应急工程造价为人民币549万余元，评估价值为人民币448万余元。法院最终裁判把握认为应当以第二次倾倒行为造成的损失危险为限，对于为挽回损失而支付的开支应当以合理、必要为限。

（1）宋某玩忽职守行为仅是某排水集团、某公司第二次倾倒污泥的原因，因此宋某承担的责任应当仅以第二次倾倒污泥造成的损失为限。公诉机关采用按先后两次污泥数量的比例对整体损失进行区分的做法比较可取。

（2）为挽回损失而支付的开支应当以合理、必要为限。《渎职案件解释（一）》第八条对渎职犯罪中的经济损失进行了界定，即犯罪立案时已经实际造成的财产损失，包括为挽回渎职犯罪造成损失而支付的各种开支、费用等。按照此规定，应当

---

① 王爱立主编：《中华人民共和国刑法解读（第四版）》，中国法制出版社，第939页。

以政府支付的全部开支作为玩忽职守的经济损失予以认定。但是由于本案中涉及的具体经济损失为污染环境造成的损失，根据《最高人民法院、最高人民检察院关于办理环境污染刑事案件适用法律若干问题的解释》（以下简称《环境污染案件解释》）第十七条“关于公私财产损失”的界定，包括实施《刑法》第三百三十八条、第三百三十九条规定的行为直接造成财产损毁、减少的实际价值，为防止污染扩大、消除污染而采取必要合理措施所产生的费用，以及处置突发环境事件的应急监测费用。《环境污染案件解释》原则上也将为挽回损失而支付的费用纳入考量范围，但同时强调必要合理。因此，对于应急工程造价多于工程评估价值的部分，不宜作为玩忽职守行为造成的财产损失进行评价。

编写人：北京市门头沟区人民法院　齐志超

10

因果关系中介入因素的认定及故意伤害罪（致死）、过失致人死亡罪之区分

——肖某故意伤害案

【案件基本信息】

1. 裁判书字号

福建省泉州市中级人民法院（2015）泉刑终字第1309号刑事附带民事裁定书

2. 案由：故意伤害罪

【基本案情】

2015年1月31日0时40分许，被告人肖某驾驶摩托车途经南安市美林街道凤凰路时，发现之前与其有矛盾的黄东某独自一人步行至此，遂到美林街道洋美转盘边的小陈装潢店的大门边拿了一根不锈钢管，并返回到凤凰路边等待。待黄东某靠近时，被告人肖某持不锈钢管冲出追打黄东某，导致黄东某在逃跑的过程中倒在公

路中央的水泥地上。被告人肖某上前查看，发现黄东某躺在地上，身体没有动弹，手在颤抖，嘴巴中发出“哼哼”的声音，被告人肖某即将不锈钢管丢弃在路边的空地上，并驾车离去，后因担心出事又告诉朋友，也叫朋友前往查看。当天0时48分许，仍倒在路中地上的黄东某被蔡建某驾驶闽C×××××号小轿车碾压过去。经赶到现场的医务人员检查，黄东某已死亡。经湖北同济法医学司法鉴定中心鉴定，死者黄东某符合失血创伤性休克及颅脑损伤而死亡，其致死性损伤主要为头部、闭合性胸腹部损伤及四肢多发骨折，上述损伤中闭合性胸腹部损伤及四肢多发性骨折均呈外轻内重的特点，而头部多发挫裂伤及撕脱伤创口形状不规则，分析认为上述损伤交通事故可以形成。

【案件焦点】

1. 被告人追打被害人致其倒在道路中间无法动弹，而介入了被过路车辆碾压致死的交通事故致死，被告人故意追打的行为与被害人死亡的危害后果之间的因果关系是否被阻断；2. 被告人的行为是构成故意伤害罪致人死亡，还是过失致人死亡罪。

【法院裁判要旨】

南安市人民法院经审理认为：被告人肖某因先前琐事故意非法损害被害人身体健康，并致一人死亡，其行为已构成故意伤害罪。公诉机关的指控成立。被告人肖某主观上有伤害被害人的故意，客观上实施了追打被害人的伤害行为，造成被害人受伤倒地于公路中央并丧失行动能力，使被害人处于危险境地，被告人因先前的不法侵害而致其有排除被害人危险的义务，但被告人有能力排除危险却不作为，放任被害人死亡后果的发生，被告人应对其不作为造成的后果承担刑事责任，被告人的行为符合故意伤害罪的构成要件，因此，被告人肖某的辩护人提出被告人肖某因疏忽大意而没有预见被害人死亡，其行为应定性为过失致人死亡罪的辩护意见，不能成立，不予采纳。被害人被追打倒地后虽遭车辆碾压，但在被害人躺倒于公路中央且丧失行动能力的危险状态下，被车辆碾压这一介入因素是先前伤害行为通常甚至必然会造成的后果，并未阻断被告人伤害行为与被害人死亡后果之间的因果关系，因此，被告人肖某的辩护人提出被告人肖某的先行行为与被害人死亡结果间仅仅是间接的、偶然的因果关系的辩护意见，不能成立，不予采纳。被告人肖某归案后能如实供述犯罪事实，认罪态度较好，可以从轻处罚。被告人肖某的辩护人对此提出的辩护意见，可予采纳。

南安市人民法院依照《中华人民共和国刑法》第二百三十四条第二款、第六十七条第三款、第五十六条第一款、第三十六条第一款的规定，作出如下判决：被告人肖某犯故意伤害罪，判处有期徒刑十年六个月，剥夺政治权利一年。

被告人肖某不服提起上诉。泉州市中级人民法院经审理认为，上诉人肖某因先前琐事故意非法损害被害人身体健康，并致一人死亡，其行为已经构成故意伤害罪。依照《中华人民共和国刑法》第二百三十四条第二款、第六十七条第三款、第五十六条第一款、第三十六条第一款及《中华人民共和国刑事诉讼法》第二百二十五条第一款第（一）项，作出如下裁定：驳回上诉，维持原判。

【法官后语】

1. 本案介入因素是否阻断了先前行为

一种意见认为，被告人持械追打被害人只是一般伤害的故意，不能预料被害人会因逃跑摔倒，更无法预见被害人倒地会被车辆碾压致死，即被告人追打的原因行为与被害人摔倒及被车辆碾压致死的结果不是必然的、正常应该发生的，故介入的交通事故行为阻断了被告人的故意伤害行为，被告人不应对被害人的死亡后果承担责任。另一种意见认为，被害人被打致躺于公路上不能动，介入的交通肇事行为是被告人应当预见很可能会发生的因素，并不能阻断被告人肖某的伤害行为与被害人黄东某的死亡之间的因果关系。笔者同意第二种意见。被告人肖某的追打行为，致被害人受伤倒地于马路中间，案发时间为凌晨，一方面是夜晚视线不良，另一方面案发地为市区公路，即使是在凌晨也有一定的车流量，被告人作为行为能力正常的成年人，应当意识到自己的行为可能导致的严重后果，但被告人追打致被害人倒地后没有任何排除危险的行为，而是直接离开现场置倒地不起的被害人于不顾。被告人肖某的不法侵害行为导致被害人处于危险境地是先前行为，那么被告人就有排除这种危险的义务，而被告人当时完全有能力将危险排除，但被告人均没有做，被告人的这种不作为导致被害人的危险状态持续。虽然被告人伤害行为与被害人死亡结果之间介入了第三人的行为，即被害人被车辆碾压而死亡，但被告人的伤害行为以及之后不作为造成被害人丧失行动能力躺在马路中间，在这种危险状态下，被害人被过往车辆碾压是正常的、合理可能性的介入因素。故应认定被告人的伤害行为与被害人的死亡存在刑法上的因果关系。

2. 本案系过失致人死亡罪还是故意伤害罪（致人死亡）

一种意见认为：被告人肖某主观上仅有造成被害人身体暂时性疼痛的故意，客观上实施的是一般殴打、追逐行为，没有故意伤害被害人致死的主观故意，不构成故意伤害罪（致人死亡），但被告人致被害人倒地不能起时，应当预见自己如不及时采取措施排除危险，可能随时会发生被害人因失救或被车碾压致伤的结果，但却轻信能够避免而选择离开，其行为构成过失致人死亡罪。另一种意见认为：被告人肖某故意追打害人倒在马路中央不能动弹，其应当明知随时有可能将导致被害人因失救或被车辆碾压等情况致死的危害结果，却没有及时排除这种危险而离开，放任该结果的发生，应当认定其主观上对被害人的死亡结果有间接的故意，构成故意伤害罪（致人死亡）。

笔者同意第二种意见，法院亦持该种意见作出判决。一方面，从两罪的犯罪构成来看，故意伤害致死与过失致人死亡在致人死亡这个后果上均属过失，两者最根本的区别在于，前者主观上有伤害的故意，后者主观上没有伤害的故意，只是由于疏忽大意或过于自信才造成被害人死亡的。本案被告人持械追打被害人，显然主观上有伤害他人身体健康的故意，且如上所述，被告人的伤害行为与被害人死亡之间介入车辆碾压的第三者行为，并没有阻断因果关系，即被告人的行为与被害人的死亡存在刑法上的因果关系。另一方面，从犯罪故意、犯罪过失的刑法理论上分析。犯罪过失是指行为人应当预见自己的行为可能发生危害社会的结果，因为疏忽大意而没有预见，或者已经预见而轻信能够避免，以致发生这种结果的心理态度；间接故意是指行为人明知自己的行为可能发生危害社会的结果，并且有意放任，以致发生这种结果的心理态度。实践中过于自信的过失与间接故意混淆，两者对危害结果的可能发生均有所预见以及都不希望危害结果的发生，但仍有本质的区别，在认识因素上，间接故意行为人对其行为可以发生危害社会的结果一般都具有比较清楚的、现实的认识；而过于自信过失的行为人对危害结果发生的现实性则往往认识不足，以致轻信能够避免危害结果的发生。本案被告人在追打被害人倒地不能动弹后没有再实施殴打行为，且离开现场后因担心出事叫朋友前往查看，可见被告人主观上并不希望被害人死亡的危害后果发生，显然不是直接故意，但被告人故意追打被害人并致倒在路中央不能动弹，时值凌晨时分，人流量不多、获救机会不大，且在交通要道仍车来车往的情况下，应当清楚地认识到即明知自己如不及时施救或不及时将被害人移到安全的地方，被害人随时有可能被车碾压致死或因失救而死，也因为有此清楚的认识，其才在离开现场后因担心出事叫朋友前往查看，但由于其没有及时排除危险，事实上就在其离开几分钟后就发生了这种危害后果，再结合其持械追打被害人的先行故意伤害行为，以及如前所述的“被害人死亡与被告人的伤害行为之间介入的车辆碾压的第三者行为，并没有阻断因果关系”，足可认定被告主观上是放任该种危害后果的发生，应认定被害人的死亡与其故意伤害行为有间接的故意，构成故意伤害罪（致人死亡）。

编写人：福建省南安市人民法院　李炳南　张太洲

11

故意伤害致死案件刑法因果关系的认定及罪责刑相适应原则的应用

——朱某某故意伤害案

【案件基本信息】

1. 裁判书字号

江苏省启东市人民法院（2015）启刑初字第00079号刑事判决书

2. 案由：故意伤害罪

【基本案情】

被害人陆某与被告人朱某某的父亲朱某涛系邻居。2014年10月20日19时许，陆某因朱某涛家翻建厕所对其宅产生影响，遂至朱宅理论，继而与朱某涛发生争执并相互推搡。随后，陆某拿起朱家场院水池下的一把菜刀举在手中挥动并向朱某涛逼近。朱某某见状，即持一木质小椅子，从屋内冲出并用椅腿顶住陆某的胸腹部，致陆某后退至水池处。朱某涛趁机夺下陆某手中的菜刀，朱某某继续顶推一会儿后，放下小椅子，用膝盖顶住陆某的腹部直至陆某不再反抗为止。当日19时20分许，朱某某报警。民警赶至现场后，陆某即向民警告知其腹部遭朱某某击打感觉疼痛。在调解过程中，民警告知陆某如有不适可先去医院治疗，但陆某因不愿垫付医药费，当晚未至医院就诊而回家休息。次日早晨，陆某因腹部疼痛难忍被家人送至启东市人民医院救治，经抢救无效于同月22日死亡。经法医鉴定，被害人陆某系腹部受钝性暴力作用致外伤性肠穿孔引发感染性休克死亡。2014年10月21日上午，被害人陆某的家人向启东市公安局报警称，陆某在医院抢救。后民警通过电话联系到被告人朱某某，朱某某主动向民警告知现工作单位地址，并留在单位等候民警配合调查，后如实供述犯罪事实。在本案审理过程中，被告人朱某某赔偿被害人近亲属人民币30万元，并取得谅解。

【案件焦点】

1. 被害人受伤后无自救措施是否能阻却伤害行为与被害人死亡因果关系的成立；2. 罪责刑相适应原则如何在故意伤害致死案件中正确应用。

【法院裁判要旨】

江苏省启东市人民法院经审理认为：被告人朱某某因邻里纠纷而故意伤害他人身体健康致人死亡，其行为已构成故意伤害罪，依法应追究刑事责任。公诉机关指控被告人朱某某犯故意伤害罪的罪名成立。关于公诉机关的指控、被告人及其辩护人的辩护意见，法院综合评判如下：

第一，关于被告人的行为是否属于正当防卫的问题，法院认为，被害人陆某在争执中持菜刀逼向被告人的父亲，已形成发生侵害的紧迫性。被告人朱某某为了使其父的人身免受正在进行的不法侵害，而采取防卫行为。但防卫行为应与不法侵害的程度相适宜。被告人用椅腿全力顶推被害人胸腹部，在被害人菜刀被夺后，仍用椅腿、膝盖继续顶住被害人腹部，致被害人外伤性肠穿孔，其行为已明显超过必要的防卫限度，应属防卫过当。第二，关于被告人的行为与被害人的死亡是否存在刑法上的因果关系问题，法院认为，被告人明知自己的行为已造成被害人腹部疼痛的情况，应当承担救治义务，却未进行积极救治。虽然被害人受到伤害后，其伤情的发展存在一定的后延性，但不能苛求被害人精准判断该伤害会产生何种严重后果并进行自救。在尚无证据证实存在阻却性的介入因素从而阻断被告人的伤害行为与被害人死亡之间的因果关系的情况下，被告人应当对被害人的死亡结果承担法律责任。第三，本案系民事纠纷引发的伤害案件，且被害人在案件的起因上存在一定过错。案发后，被告人朱某某具有自首、防卫过当的情节，且能积极赔偿被害人近亲属经济损失，取得被害方的谅解，有悔罪表现，可酌情从轻处罚。综上，法院决定对被告人朱某某减轻处罚。

江苏省启东市人民法院依照《中华人民共和国刑法》第二百三十四条第二款、第二十条第二款、第六十七条第一款之规定，作出如下判决：

被告人朱某某犯故意伤害罪，判处有期徒刑三年。

【法官后语】

1. 如何把握故意伤害致死案件刑法因果关系的认定

按照客观归责的因果关系理论，对行为人的故意伤害行为与被害人死亡之间的因果关系认定，要分为条件与结果的事实判断和客观归责的价值判断两步骤进行。

首先是事实判断。要看行为人的故意伤害行为与被害人死亡之间是否存在“没有前者行为就没有后者结果”的条件关系。本案中，经法医鉴定，被害人陆某系“腹部受钝性暴力作用致外伤性肠穿孔引发感染性休克死亡”，结合其他证据可以认定，如没有被告人持椅子、用膝盖顶撞被害人腹部的行为被害人死亡的结果就不会发生。

其次是价值判断。在肯定条件关系之后，筛选刑法上可归责的原因。看行为是否对行为对象制造了法所不容许的风险，且不法风险在具体的结果中实现。被告人持椅子、用膝盖顶靠被害人腹部的行为容易造成被害人身体损伤的风险，且被告人明知自己的行为已造成被害人腹部疼痛的情况，应当承担救治义务，防止加重结果的发生，但其并未进行积极救治，进而导致被害人死亡结果的发生。被害人受伤后无自救措施并不是阻却伤害行为与被害人最终死亡因果关系成立的介入因素，被害人死亡的结果仍将归责于被告人。故被告人的伤害行为与被害人死亡之间存在着刑法上的因果关系。

2. 罪责刑相适应原则如何在本案中正确应用

我国《刑法》第五条明确规定，刑罚的轻重，应当与犯罪分子所犯罪行和承担的刑事责任相适应。罪行是适用刑法评价的前提，也是体现犯罪人刑事责任和适用刑罚的主要依据；而刑事责任则是罪行与犯罪人人身危险性的综合体现。对犯罪人科处刑罚时，既要考虑罪行客观上造成的社会危害，也要考虑犯罪人主观上的人身危险性。

本案系民事纠纷引发的伤害案件，且被害人在案件的起因上存在一定过错。被告人朱某某防卫有因，也无将被害人伤害致死的主观动机，但其防卫行为超出必要限度而构成犯罪，属于防卫过当，应当减轻或免除处罚。被告人具有自首情节，依法可以减轻处罚。案发后，被告人能积极赔偿被害人近亲属经济损失，取得被害方的谅解，有悔罪表现，可酌情从轻处罚。《最高人民法院关于贯彻宽严相济刑事政策的若干意见》明确指出，对于因恋爱、婚姻、家庭、邻里纠纷等民间矛盾激化引发的犯罪，应当酌情从宽处罚。本案虽然最终导致严重危害社会结果的发生，但综合案发时被告人的具体行为、案发后的认罪悔罪表现，可以得出，被告人主观恶性及人身危险性较小。因此，合议庭没有对本起伤害致死案件一味科处重刑，而是从修复遭犯罪侵害的社会关系，使邻里生活秩序重归融合的角度出发，严格贯彻执行宽严相济的刑事政策，以法定最低刑量刑，做到罪责刑相适应。

编写人：江苏省启东市人民法院　王麒錕　孙驾飞

12

故意伤害案中被害人过错的认定

——郑小某故意伤害案

【案件基本信息】

1. 裁判书字号

北京铁路运输法院（2015）京铁刑初字第26号刑事判决书

2. 案由：故意伤害罪

【基本案情】

2014年12月31日16时45分许，北京开往图们K1023次列车运行至北京站至廊坊北站区间时，在15号和16号车厢连接处，被告人郑小某因琐事与被害人王风某发生口角、撕打。二人被旅客拉开后，王风某又回到16号车厢连接处，被告人郑小某与王风某再次发生争吵并互相殴打，在打斗过程中被告人郑小某用随身携带的弹簧刀将被害人王风某扎伤。乘警接到报警后，将在案发现场等待的郑小某抓获，郑小某把弹簧刀交给乘警予以扣押。

经廊坊市人民医院诊断，被害人王风某左侧开放性血气胸、失血性休克、肺裂伤、肋间动脉断裂、膈肌裂伤、脾裂伤。经廊坊红十字骨伤科医院司法医学鉴定中心鉴定，被害人王风某身体所受损伤属重伤二级。

【案件焦点】

被害人的行为是否构成重大过错。

【法院裁判要旨】

北京铁路运输法院经审理认为：被告人郑小某故意伤害他人身体，致人重伤的行为，侵犯了他人的身体健康权，已构成故意伤害罪，依法应予惩处。北京铁路运输检察院指控被告人郑小某犯故意伤害罪的事实清楚，证据确实、充分，罪名成立。被告人郑小某明知他人报案而在现场等待，抓捕时无拒捕行为，供认犯罪事实的行为，系自首，本院审理期间，被告人郑小某认罪态度好，积极赔偿被害人的损失，取得被害人谅解，本院依法对被告人郑小某减轻处罚。对辩护人提出的被害人王风某对事件的起因有重大过错，对矛盾的激化负有直接责任的辩护意见。经查，双方因琐事发生口角争执、殴打，互不相让，王风某主动返回再次与被告人郑小某争吵、撕打的行为虽然对事件的起因起一定的作用，尚不构成重大过错，故对辩护人的上述意见不予采纳。对辩护人认为被告人郑小某系自首的意见，本院予以采纳。

北京铁路运输法院依照《中华人民共和国刑法》第二百三十四条、第六十七条第一款、第六十四条、第六十一条，《最高人民法院关于处理自首和立功具体应用法律若干问题的解释》第一条的规定，作出如下判决：

一、被告人郑小某犯故意伤害罪，判处有期徒刑一年。

二、在案扣押的弹簧刀一把，予以没收。

三、在案羽绒服一件、裤子一条、衬衣一件，退回北京铁路运输检察院处理。

【法官后语】

本案争议的焦点主要是被害人王风某的行为是否构成重大过错。

被害人过错是指对被害人实施的诱发犯罪行为人产生犯罪意识或激化犯罪行为的不当行为的否定性评价。被害人过错对犯罪分子的量刑有重要的影响。

被害人过错在具体犯罪案件中表现为多种多样，既有严重的犯罪行为，也有轻微的行政违法和民事侵权行为，并非所有的过错行为都会影响量刑。被害人过错行为包含有主体、客体、主观方面和危害后果、侵害法益等客观方面因素，因此，应该明确具有刑法意义的被害人过错行为的要件，才能更好地解决作为量刑情节的被害人过错行为的认定问题。被害人过错行为具有的特征：

1. 被害人过错行为属不当行为。被害人的过错行为是被害人有意识的不当行为。当被害人的过错行为成为导致犯罪发生的诱因，即可认为该行为是不当行为。

2. 被害人过错行为侵害了法益。被害人行为的侵害对象包括人身、财产、人格等权利和利益。侵害的正当法益又可分为一般后果和严重后果。

3. 被害人的行为应该具有违法性。行为的违法性通过两方面因素表现：行为违反的法律和侵害的法益。

4. 被害人的行为与被告人犯罪行为的产生存在关联性。法律上的因果关系都是指行为与行为结果之间的因果联系，主要是一种客观的联系。虽然作为量刑情节的被害人过错行为应该与被告人的犯行在原因或者结果方面有一定的关联，毫无关联时不能在被告人的量刑中予以考虑。

被害人的一般过错：被害人采取违法或不道德手段侵害犯罪行为人合法权益的行为。一般过错主要表现为一般的不道德的挖苦、辱骂或者是采取违法的轻微肢体动作。由此引发的犯罪的原因，以一般社会道德标准看，属于非常轻微或者可忽略不计的。

被害人的重大过错：主要指被害人实施了违反犯罪行为或者严重背离社会道德标准的行为，侵害了被告人或者其亲属的合法的人身、财产权利。主要表现有长期暴力等侵犯人身健康权利的，长期侵犯财产权利的。

被害人过错行为作为量刑考虑情节的立法依据有：目前关于被害人过错《刑法》没有明确规定，只在相关刑事司法政策以及会议纪要中体现。1999年最高人民法院在《全国法院维护农村稳定刑事审判工作座谈会纪要》中提出，对于婚姻家庭纠纷、邻里纠纷等民间矛盾激化引发的故意杀人犯罪，适用死刑一定要十分慎重，应当与发生在社会上的严重危害社会治安的其他故意杀人犯罪案件有所区别。对于被害人一方有明显过错或对矛盾激化负有直接责任，或者被告人有法定从轻处罚情节的，一般不应判处死刑立即执行。2007年最高人民法院在《关于构建社会主义和谐社会提供司法保障的若干意见》第十八条中强调，因被害方的过错行为引发的案件应当慎用死刑立即执行。《最高人民法院关于贯彻宽严相济刑事政策的若干意见》第二十二条强调，对于因恋爱、婚姻、家庭、邻里纠纷等民间矛盾激化引发的犯罪，因劳动纠纷、管理失当等原因引发、犯罪动机不属于恶劣的犯罪，因被害方过错或者基于义愤引发的或者具有防卫因素的突发性犯罪，应酌情从宽处罚。

本案辩护人提出被害人王风某对事件的起因有重大过错——被害人王风某与被告人郑小某因避让手推车发生口角争执、殴打，互不相让，被乘客拉开后，王风某再次返回与被告人郑小某争吵、撕打。辩护人认为，如果不是王风某再次返回，事情就不可能往下发展，双方已经被旁人劝开后，郑小某没有和王风某进行争吵、撕打，因此王风某再次返回对案件的发生有重大过错。笔者认为，从本案的被害人的陈述、证人证言及被告人自己的供述来看，被害人虽然是再次返回，但其返回后对被告人的行为仅限于谩骂，双方争吵，然后有肢体接触，被害人的上述行为应该只构成一般过错，争吵和肢体接触行为，尚不构成违法行为或者说是严重背离社会道德标准的行为，因此，被害人行为尚不构成重大过错。虽不构成重大过错，但该案属于民间矛盾，依照量刑规范化的相关规定，在量刑时亦可以适当考虑被害人的过错行为相应地减少被告人的基准刑。

编写人：北京铁路运输法院　曾智湄

13

互殴中正当防卫的准确认定

——毛阳某故意伤害案

【案件基本信息】

1. 裁判书字号

湖南省韶山市人民法院（2015）韶刑初字第78号刑事判决书

2. 案由：故意伤害罪

【基本案情】

被告人毛阳某与被害人毛世某系韶山市韶山乡某村某组村民，两人为叔侄关系且相邻而居。2015年6月16日9时许，毛世某将两家之隔的围墙进行加高，砌水泥砖，遭到被告人毛阳某的反对，认为会挡住其家窗户的通风和采光，毛世某不听，继续砌砖，被告人毛阳某将新砌的围墙砖推倒在地，进而双方发生冲突，两人均持锄头对峙，互相挥打，被告人毛阳某持锄头将被害人毛世某的左手臂、鼻子打伤。经韶山市公安局物证鉴定室鉴定，被鉴定人双侧鼻骨骨折，因左侧桡骨下端骨挫伤并外侧踝骨折，左肘肱桡肌、腕关节桡侧长伸肌、伸肌总腱、桡侧副韧带损伤致左肘关节活动功能障碍，屈曲活动度正常，伸展活动度为60°，左肘关节活动丧失度为15°。所受损伤评定为轻伤二级，符合锐性外力损伤特征。另查，被告人毛阳某因钝性外力致全身多处挫擦伤，其右上臂中段前侧皮下出血面积累计为52.25平方厘米，其所受损伤属于轻微伤。

【案件焦点】

双方因相邻纠纷引发持锄头挥打对方，致一人轻伤、一人轻微伤的后果。谁先动手表述不一，无目击证人，能否认定纠纷中存在正当防卫。

【法院裁判要旨】

韶山市人民法院经审理认为：被告人毛阳某故意伤害他人身体，致一人轻伤，其行为已构成故意伤害罪，依法应予惩处。被告人毛阳某及其辩护人关于被告人的行为属于正当防卫的辩解及辩护意见，本院审查认为，本案的起因，是被告人毛阳某与被害人毛世某因不能冷静处理相邻关系过程中所产生的普通民事纠纷致矛盾升级，双方持锄头发生打斗，双方在主观上均有侵害对方的故意，在客观上亦实施了针对对方的加害行为。从本案现有证据分析，双方只是一种互殴行为，并不是单方不法侵害行为，这种出于相互斗殴目的所采取的措施虽然具有一定的被动性，但行为的目的不具有防卫的意图，不具有正当性。因此，本案被告人的行为不构成正当防卫。本院对被告人及其辩护人的辩解、辩护意见不予采纳。被告人毛阳某到案后，如实供述自己的犯罪事实，依法予以从轻处罚。被告人毛阳某家属积极赔偿被害人的损失，本院对被告人毛阳某量刑时酌情从轻。本案系因邻里纠纷等民间矛盾引发，被害人毛世某对矛盾激化负有一定责任，本院对被告人毛阳某量刑时酌情从轻。

据此，韶山市人民法院依照《中华人民共和国刑法》第二百三十四条第一款、第四十五条、第四十七条、第六十七条第三款之规定，作出如下判决：

被告人毛阳某犯故意伤害罪，判处有期徒刑九个月。

【法官后语】

本案中被告人的行为是否构成正当防卫。我国刑法规定，构成正当防卫必须同时具备以下五个要件：(1) 必须是为了使国家、公共利益、本人或者他人的人身、财产权利和其他权利免受不法侵害而实施的。这种不法侵害可能是针对国家、集体的，也可能是针对自然人的；可能是对本人的，也可能是针对他人的；可能是侵害人身权利，也可能是侵害财产或其他权利，只要是为了保护合法权益免受不法侵害而实施的行为，即符合本要件。(2) 必须有不法侵害行为发生。所谓“不法侵害”，指对某种权利或利益的侵害为法律所明文禁止，既包括犯罪行为，也包括其违法的侵害行为。(3) 必须是正在进行的不法侵害。正当防卫的目的是为了制止不法侵害，避免危害结果发生，因此，不法侵害必须是正在进行的，而不是尚未开始，或者已实施完毕，或者实施者确已自动停止。否则，就是防卫不适时，应当承担刑事责任。(4) 必须是针对不法侵害者本人实行。即正当防卫行为不能对没有实施不法侵害行为的第三者（包括不法侵害者的家属）造成损害。（5）不能明显超过必要限度造成重大损害。正当防卫是有益于社会的合法行为，应受一定限度的制约，即正当防卫应以足以制止不法侵害为限。另一方面，不法侵害往往是突然袭击，防卫人往往没有防备，骤然临之，情况紧急，精神高度紧张。一般在实施防卫行为的当时很难迅速判明不法侵害的确实意图的危险程度，也没有条件准确选择一种恰当的防卫方式、工具和强度来进行防卫。因此，只要不是明显超过必要限度造成重大损害的，都应当属于正当防卫。

具体到本案中，被告人毛世某的行为不符合正当防卫的法定条件，属于互相斗殴的情形。第一，双方因毛阳某加高围墙发生争执，双方手中均持有锄头，结果致一方轻伤，一方轻微伤，斗殴双方均具有积极地不法侵害他人的意图与行为，客观上也是侵犯对方权益的行为。第二，被告人毛阳某的行为不具有防卫意图，不具有正当性。第三，被告人毛阳某的女儿毛某某证实其父亲见其被毛小某打伤，拿锄头猛挥，明显手段、时机、对象、限度均不符合正当防卫法定条件。故毛阳某的行为不属于正当防卫，符合故意伤害的犯罪构成要件。互殴行为在实践中表现往往十分复杂，要根据案件的具体情况，包括案件发生的时间、地点、环境、双方力量对比、智力状况、是否持有器械、不法侵害和防卫手段、强度等因素，全面、综合地考察分析，才能作出准确的判断。

编写人：湖南省韶山市人民法院　宋红

14

防卫过当的认定

——谭桂某故意伤害案

【案件基本信息】

1. 裁判书字号

广东省清远市清城区人民法院（2015）清城法刑初字第391号刑事判决书

2. 案由：故意伤害罪

【基本案情】

2014年12月20日凌晨1时许，清远市清城区东城街道某酒吧内有人员发生打斗，随后几名男子持刀来到酒吧意图往里冲，多名保安及辅警手持防爆钢叉上前阻拦并引发冲突。被告人谭桂某（系酒吧保安）夺下对方一名男子手中的刀具，在冲突和追赶过程中将被害人丁某和王某刺伤。经鉴定，被害人丁某的损伤程度为重伤二级，属九级伤残；被害人王某的损伤程度为重伤二级，属四级伤残。

【案件焦点】

谭桂某的行为是否构成正当防卫，是否应追究其刑事责任。

【法院裁判要旨】

清城区人民法院经审理认为，丁某、王某等人持刀在公共场所寻衅滋事意图伤害他人，被告人谭桂某履行职责，为使公共利益和他人身体免受正在进行的不法侵害而制止并意图控制他们，属于防卫行为，但在被害人已弃械逃跑并倒地的情况下仍使用刀具刺伤丁某、王某身体，致二人重伤，其防卫行为超过了必要限度，属于防卫过当，其行为触犯了刑律，构成故意伤害罪。被告人属于防卫过当，依法予以减轻处罚。被告人归案后能够如实供述自己的犯罪事实，依法可以从轻处罚。对于辩护人提出被告人的行为属于正当防卫的辩护意见，如上述证据及理由，已认定被告人是防卫行为，但防卫过当，应追究刑事责任。对于辩护人提出被害人存在重大过错，请求对被告人从轻处罚的辩护意见，因被告人防卫过当是基于认定被害人是不法行为为前提，已给予减轻处罚，若再次依据此项理由从轻处罚属于重复评价，因此，对该辩护意见，本院不予采纳。对于辩护人提出被告人无前科，是初犯、偶犯，请求对被告人从轻处罚的辩护意见，经查属实，本院予以采纳，可对被告人酌情从轻处罚。考虑到被告人是履行职责，为使公共利益及他人人身免受正在进行的不法侵害过程中防卫明显超过必要的限度，是防卫过当，且是初犯，归案后认罪态度较好，确有悔罪表现，放被告人于社会上改造确实不致再危害社会，对被告人可以适用缓刑。根据被告人的犯罪事实、情节及悔罪表现，以故意伤害罪判处被告人谭桂某有期徒刑一年六个月，缓刑二年。

【法官后语】

在司法实践中，正当防卫、防卫过当经常被用来作为辩护的理由。正确认识正当防卫、防卫过当的内容，有利于把握案件的性质，准确定性，精准裁判。

1. 防卫过当的认定

《刑法》第二十条规定，为了使国家、公共利益、本人或者他人的人身、财产和其他权利免受正在进行的不法侵害，而采取的制止不法侵害的行为，对不法侵害人造成损害的，属于正当防卫，不负刑事责任。正当防卫明显超过必要限度造成重大损害的，应当负刑事责任，但是应当减轻或者免除处罚。从上面的法律条文可知，正当防卫必须具备以下几个条件：(1) 不法侵害必须正在进行。在本案中，被害人丁某、王某等人持刀到娱乐场所寻衅滋事意图伤害他人，他们持刀叫嚣的行为虽然尚未真正伤害到他人的人身，但他们的行为已对他人的人身财产安全造成严重的威胁，如娱乐场所的保安不对其进行阻拦，他人的人身财产安全就很可能会受到不法侵害。因此，丁某、王某等人持刀叫嚣行为可以理解为正在进行的不法侵害行为。(2) 防卫的对象必须针对不法侵害者。在本案中，被告人谭桂其对丁某、王某等人进行驱赶、制服的行为正是针对不法侵害的实施者丁某、王某等人。(3) 必须有防卫的意图。在本案中，被告人谭桂某看到王某、丁某等人的不法侵害行为后，为了制止他们的不法侵害行为，保护公共利益和他人利益而采取的制止行为。因此，被告人谭桂某具有防卫的意图。(4) 防卫行为不能明显超过必要限度，造成重大损害。如果防卫行为超过必要限度，造成重大损害的应当认定为防卫过当，负刑事责任，但是应当减轻或者免除处罚。在本案中，被告人谭桂某履行职责，为了公共利益和他人身体免受正在进行的不法侵害而采取的制止行为并意图控制他们，属于防卫行为。但在追赶过程中，被告人谭桂某使用刀具刺伤丁某、三某的身体，致二人重伤，其防卫行为明显超过了必要的限度，应当认定为防卫过当，应负刑事责任。

2. 防卫过当与相互斗殴的区分

在司法实务中，很多人身伤害案件中常常带有被告人与受害人互相侵害的情节，因此在此类案件中，界定被告人的行为属于相互斗殴还是防卫过当具有重要的意义。防卫过当与相互斗殴的主要区分标准是有无防卫意识。如在本案中，被告人谭桂某与被害人王某、丁某等人具有相互打斗的行为，但被告人谭桂某进行打斗是为了履行职责，制服不法分子，其意识到自己的行为是与正在进行的不法侵害行为作斗争的，即被告人谭桂某具有防卫的意图。

防卫过当与相互斗殴的区别，除了防卫意识方面外，还应包括防卫人对损害结果不可能是直接故意。如果损害后果是防卫人的直接故意引起的，就意味着防卫人在实行正当防卫前，就已经知道自己的防卫行为必然会超过正当防卫的必要限度，而故意造成不应有的危害。那这种防卫行为不可能是正当防卫，也就不能构成防卫过当。在本案中，被告人谭桂某对自己防卫行为造成的后果不是直接故意的，虽然被告人在追赶过程中，持刀将被害人刺成重伤，但其在追赶前并不知道自己的行为会超过防卫的限度，发生危害社会的结果，被告人也是不希望发生危害社会的结果的。因此被告人谭桂某对将被害人刺成重伤的结果不是直接故意，应属于防卫过当。

编写人：广东省清远市清城区人民法院　潘文静

15

防卫过当与特殊防卫权的理解与适用

——莫某某故意伤害、甘某某帮助毁灭证据案

【案件基本信息】

1. 裁判书字号

北京市大兴区人民法院（2015）大少刑初字第185号刑事判决书

2. 案由：故意伤害罪、帮助毁灭证据罪

【基本案情】

2014年3月24日17时许，在北京市大兴区黄村镇大兴区第五中学附近，被告人莫某某与行人崔某发生碰撞，后崔某认为被告人莫某某对其有侮骂行为，遂折返至莫某某身边，从后面勒住莫某某的脖子，并击打莫某某头部，挑起与被告人莫某某的肢体冲突，莫某某在朋友帮助下挣脱未果后，持随身携带的刀具将崔某扎伤，

经法医鉴定为重伤二级。被告人甘某某看到莫某某扎伤崔某后，同莫某某一起逃离现场，并于当日20时许，在大兴区黄村镇北京市大兴区第二中学外某小吃店内将莫某某作案时使用的刀具上的血迹洗掉，并将刀藏于其位于本市大兴区黄村镇高米店北里×楼×单元602号的家中，后被民警查获。被告人莫某某、甘某某分别于2014年4月26日被抓获归案。

另经法院主持调解，被害人崔某与被告人莫某某的法定代理人就赔偿经济损失问题达成协议，由莫某某的法定代理人赔偿被害人崔某人民币七十万元，该协议已经履行，被害人对被告人表示谅解。

【案件焦点】

莫某某持刀伤人的行为是防卫过当构成故意伤害罪还是正当防卫（特殊防卫权）不负刑事责任。

【法院裁判要旨】

北京市大兴区人民法院经审理认为：被告人莫某某在与他人冲突中致对方重伤，其行为已构成故意伤害罪，依法应予惩处；北京市大兴区人民检察院指控被告人莫某某犯故意伤害罪，指控罪名成立。被告人莫某某犯罪时尚未成年，到案后如实供述犯罪事实，并赔偿被害人经济损失，获得被害人谅解，且被害人对案件发生存在严重过错，故依法对被告人莫某某减轻处罚并适用缓刑。

北京市大兴区人民法院依照《中华人民共和国刑法》第二百三十四条、第十七条第二款、第三款、第七十二条第一款、第七十三条第二款、第三款、第六十四条，《中华人民共和国刑事诉讼法》第二百七十七条第一款、第二百七十九条及《最高人民法院关于适用〈中华人民共和国刑事诉讼法〉的解释》第五百零五条第一款之规定，判决如下：

一、被告人莫某某犯故意伤害罪，判处有期徒刑一年，缓刑一年。

二、被告人甘某某犯帮助毁灭证据罪，判处拘役三个月，缓刑三个月。

三、在案扣押作案工具匕首一把，依法没收。

【法官后语】

本案争议的焦点是莫某某持刀伤人的行为是防卫过当构成故意伤害罪还是正当

防卫（特殊防卫权）不负刑事责任。公诉机关认为莫某某的行为不具有防卫性质，构成故意伤害罪。辩护人认为莫某某的行为属于正当防卫行使特殊防卫权，不负刑事责任。法院审理认为莫某某的行为具有防卫性质，但属防卫过当，构成间接故意，应以故意伤害罪定罪。

我国《刑法》第二十条第一、二款规定："为了使国家、公共利益、本人或者他人的人身、财产和其他权利免受正在进行的不法侵害，而采取的制止不法侵害的行为，对不法侵害人造成损害的，属于正当防卫，不负刑事责任。正当防卫明显超过必要限度造成重大损害的，应当负刑事责任，但是应当减轻或者免除处罚。"根据我国《刑法》的规定，正当防卫应具备以下条件：（1）主观上要求行为人具备防卫意图；（2）客观上必须存在现实的不法侵害；（3）对象上只能针对不法侵害者本人；（4）时间上不法侵害行为必须正在进行；（5）限度上防卫行为不能明显超过必要限度，造成重大损害。防卫过当是指明显超过必要限度造成重大损害，应当负刑事责任的行为。可见，是否明显超过必要限度并造成重大损害是区分防卫行为合法与非法、正当与过当的标志。实践中，"明显超过必要限度"大体有以下情形：（1）防卫行为所保护的利益明显小于对不法侵害人侵害的利益，造成不必要的重大损害；（2）不法侵害行为明显不具有紧迫性，防卫人却采取了强大、急迫的防卫手段，造成不必要的重大损害；（3）根据防卫的发展过程，明显没有必要采取对不法侵害人造成重大损害的防卫手段，即可制止不法侵害，但防卫人却采取了这种防卫手段，造成重大损害。

就本案而言，公诉机关认为莫某某的行为不具有防卫性质，而辩护人和法院都认为其行为具有防卫性质。判断莫某某的行为是否具有防卫性质，关键在于认定莫某某的行为是否是针对不法侵害行为实施的，是否是对正在进行的不法侵害行为实施的。莫某某是未满十六周岁的未成年人，且身高不足170厘米，被害人是成年人，且习练咏春拳，被害人从后面勒住莫某某的脖子，并击打莫某某头部，莫某某在朋友帮助下挣脱未果后，持随身携带的刀具将崔某扎伤，根据当时的情况及双方的力量对比，可以认为莫某某人身安全正遭受紧急不法侵害，如不加以反击，其合法权益将会进一步遭受损害。为免受正在进行的不法侵害，莫某某持刀伤人的行为具有防卫性质，属于防卫行为。那么，其持刀伤人的行为是否防卫过当呢？答案是肯定的。所谓防卫过当是指防卫行为明显超过必要限度造成重大损害，应当负刑事责任的行为。防卫是否超过必要限度，要看是否为足以有效制止不法侵害所必需，还要考虑所防卫利益的性质和可能遭受损失的程度，要与不法侵害行为可能造成损害的性质、程度大体相适应。从本案事实看，被害人实施的是从后面勒住莫某某的脖子，并击打莫某某头部的行为，虽然形成了一定危害，但通常情况下还不足以对其生命造成威胁，且当时路上行人很多，现场也有莫某某的朋友帮助其挣脱，莫某某却持刀反击，从防卫使用的工具看，防卫强度明显超过了必要限度。从防卫后果看，莫某某对被害人连刺数刀，造成被害人重伤二级，花去医药费40余万元，存在重大损害后果。因此，莫某某的防卫行为明显超过了必要限度，并造成重大损害，应当认定为防卫过当。关于罪过形式，笔者认为莫某某在持刀伤人时对自己行为的后果应有清楚的认识和意志，但却放任危害结果的发生，在这种情况下应是间接故意，应当成立故意伤害罪。

关于辩护人主张莫某某的行为属于正当防卫行使特殊防卫权，不负刑事责任的问题，我国《刑法》第二十条第三款规定："对正在进行的行凶、杀人、抢劫、强奸、绑架以及其他严重危及人身安全的暴力犯罪，采取防卫行为，造成不法侵害人伤亡的，不属于防卫过当，不负刑事责任。"特殊防卫作为正当防卫的一种，其特点为在对象上具有严格的限制，只能针对正在进行的行凶、杀人、抢劫、强奸、绑架以及其他严重危及人身安全的暴力犯罪，除此之外的犯罪，不能对犯罪人实施特殊防卫；另外特殊防卫没有必要限度的限制，不存在防卫过当问题。我们认为，刑法条文中所指的"行凶"必须是严重危及人身安全的暴力犯罪，否则不能成为特殊防卫的基础条件。本案中被害人的行为从暴力手段上看并未使用锐器、仅用手脚，侵害目的也只是为了教训莫某某、宣泄怒气，伤害后果也并未造成莫某某轻微伤以上的伤害，其行为远没有达到严重危及人身安全的程度，因此，莫某某在此过程中没有特殊防卫权。综上，公诉机关的意见及辩护人的主张均不能成立。本案应系防卫过当，属间接故意，成立故意伤害罪。

编写人：北京市大兴区人民法院　王国生

（二）犯罪的预备、未遂和中止

16

犯罪预备与犯罪未遂的辨析

——谷玉某抢劫案

【案件基本信息】

1. 裁判书字号

福建省晋江市人民法院（2015）晋刑初字第1367号刑事判决书

2. 案由：抢劫罪

【基本案情】

2014年9月15日，被告人谷玉某因没钱遂预谋抢劫出租车司机。同月17日凌晨0时许，被告人谷玉某携带事先准备好的一把砍刀、一条绳子窜至晋江市安海镇浪潮百货附近，雇乘被害人付明某的出租车到晋江市灵源街道灵水社区安置房路口，欲到灵源山上对被害人付明某实施抢劫。后因被害人付明某不肯开车到灵源山上，双方在山脚下因车费问题发生争吵，随后被巡逻队员发现，当场抓获被告人谷玉某，从其身上扣押到砍刀一把、绳子一条。

【案件焦点】

谷玉某的犯罪形态属于犯罪预备还是犯罪未遂。

【法院裁判要旨】

晋江市人民法院经审理认为：被告人谷玉某以非法占有为目的，采用暴力手段，欲强行劫取他人财物，其行为已构成抢劫罪。公诉机关指控的罪名成立。被告人谷玉某为实施犯罪而准备工具，制造条件，是犯罪预备，予以比照既遂犯减轻处罚；其归案后如实供述罪行，予以从轻处罚；其有曾因盗窃、嫖娼行为被行政处罚的劣迹，予以酌情从重处罚。综上，对被告人谷玉某予以减轻处罚。

晋江市人民法院依照《中华人民共和国刑法》第二百六十三条、第二十二条、第六十七条第三款、第六十四条之规定，判决如下：

一、犯罪人谷玉某犯抢劫罪，判处有期徒刑一年四个月，并处罚金人民币一千元。

二、扣押的作案工具砍刀1把、绳子1条（未随案移送），予以没收。

一审宣判后，犯罪人谷玉某没有提起上诉，该判决现已生效。

【法官后语】

本案争议的焦点在于被告人谷玉某的行为属于犯罪预备还是犯罪未遂。就本案而言，犯罪形态的认定关系到法律条款的具体适用及对被告人谷玉某的准确量刑。

具体到本案中，一种意见认为，被告人谷玉某的行为属于犯罪未遂。《中华人民共和国刑法》第二十三条第一款规定，已经着手实行犯罪，由于犯罪分子意志以外的原因而未得逞的，是犯罪未遂。本案中，被告人谷玉某在准备砍刀、绳子后，乘坐被害人付明某的出租车前往灵源山，欲实施抢劫，后被害人感觉有些不妥不肯开车上山，在山脚下与谷玉某因车费问题发生争吵，被巡逻队员发现而被抓获，因而未能得逞。其携带作案工具，选定作案目标，并前往作案地点，如果不是被巡逻队员发现的话，可能得逞，应视为已经着手实行犯罪，因其意志意外的原因而未能得逞，符合犯罪未遂的形态认定，应定为抢劫罪，属犯罪未遂。

另一种意见认为，被告人谷玉某的行为属于犯罪预备。《刑法》第二十二条第一款规定，为了犯罪，准备工具、制造条件的，是犯罪预备。本案中，被告人谷玉某为了实施抢劫而准备犯罪工具，选定作案目标，行为上尚未对被害人付明某流露出要劫取钱财的犯意，既未言语威胁也未亮出砍刀对被害人实行威胁或者殴打就被巡逻队员发现抓获，应视为尚未着手实行犯罪，仍属于为犯罪准备工具，制造条件，应认定为犯罪预备。

笔者持第二种意见，认为本案的犯罪形态应定为犯罪预备。是否已经着手犯罪，是犯罪预备和犯罪未遂的本质区别。如果行为人已经着手犯罪，那就不可能再有犯罪预备的问题了。判断是否“着手”，刑法理论上有主观说和客观说。持主观说的学者认为，凡是行为人的行为能够明显识别其犯罪意图时，就可以认定为着手犯罪；持客观说的学者认为，“着手”是犯罪实行行为的开始，只有当行为人已经开始实行某种犯罪法定构成要件的行为才是“着手”。笔者认为，应该从各个罪名的实际构成要件来判断，否则会以偏概全。各罪的“着手”各有不同，在司法实践中，判断是否“着手”还是要根据具体案件的情况，进行综合分析、判断及认定。具体到抢劫案件中，由于抢劫罪的成立，必须以行为人实施了暴力、威胁等法定的犯罪方式为要件，因此，只有行为人已经开始了实施上述特定的方法行为，才能视为犯罪着手。本案中，被告人谷玉某虽然准备作案工具，选定作案目标，搭乘被害人付明某的出租车前往灵源山，并具有随时实施抢劫的条件和可能，但自始至终毕竟未对被害人进行口头的威胁、恐吓，也未开始实施暴力、威胁等行为。所以，应当说，被告人谷玉某的行为尚停留在犯罪预备阶段，还不是抢劫罪的着手实施。被告人继续乘车前往作案地点伺机作案，整个过程其未自动放弃犯罪，而是被害人警觉后与其因车费问题进行争吵被巡逻队员发现才案发，其主观上没有自愿主动放弃犯罪，而是因外部原因未得逞，也不属于犯罪中止。综上，被告人谷玉某出于抢劫他人出租车主的犯罪目的，准备了刀、绳子等凶器，选定了抢劫对象，并诱骗开向预定路线，但这一系列行为毕竟只是为了实施抢劫作准备，仍属于准备工具和制造条件的范畴，尚未着手实施犯罪，其未着手实施抢劫行为，并非其主动放弃，而是因被害人警觉因车费正常，被巡逻队员发现，而使被告人的犯罪行为最终被迫停顿在犯罪预备的阶段。因此，认定被告人是抢劫罪的预备犯，是正确的。被告人离犯罪着手仅一步之遥，其预备行为的社会危害性程度相当之大。故法院的量刑是比较恰当的。

编写人：福建省晋江市人民法院　陈永哲

17

非法生产、销售烟草专卖品犯罪既遂与未遂的认定

——吴保某非法经营案

【案件基本信息】

1. 裁判书字号

福建省福鼎市人民法院（2015）鼎刑初字第386号刑事判决书

2. 案由：非法经营罪

【基本案情】

2015年8月21日23时许，被告人吴保某在未取得烟草专卖零售许可证的情况下，驾驶其浙C3××××号北京牌小车运输私自购买的多种品牌香烟共计2068条（价值共计人民币28.8473万元），欲将上述香烟从浙江省温州市运往福建省厦门市销售牟利。次日0时许，被告人吴保某运输上述香烟途经沈海高速公路福鼎服务区时被福鼎市烟草专卖局执法人员查获，所运全部香烟及车辆被查扣。

【案件焦点】

被告人吴保某的行为是否属非法经营犯罪未遂。

【法院裁判要旨】

福建省福鼎市人民法院经审理认为，被告人吴保某违反国家规定，未经烟草许可经营国家专营、专卖物品烟草，扰乱市场秩序，非法经营数额达28.8473万元，情节特别严重，其行为已构成非法经营罪，公诉机关指控罪名成立。关于辩护人提出本案应认定为犯罪未遂问题，法院认为，非法经营罪系行为犯，只要行为人实施了生产、购买、储存、运输、销售中的任一非法经营行为，即构成犯罪既遂，本案被告人吴保某在未取得烟草许可经营的情况下，主观上具有牟利为目的故意，客观上实施了非法收购、运输烟草的经营行为，且其行为已对国家烟草专卖制度这一犯

罪客体造成了损害，具备了非法经营罪的构成要件，应认定为非法经营罪既遂，辩护人关于犯罪未遂的辩护观点理由不成立，本院不予以采纳。但被告人吴保某归案后能如实供述罪行，属坦白，可从轻处罚，辩护人对此辩护意见，本院予以采纳。

福建省福鼎市人民法院依照《中华人民共和国刑法》第二百二十五条第（一）项、第六十七条第三款、第六十四条及《最高人民法院、最高人民检察院关于办理非法生产、销售烟草专卖品等刑事案件具体应用法律若干问题的解释》第三条第二款的规定，作出如下判决：

一、吴保某犯非法经营罪，判处有期徒刑五年，并处罚金人民币三万元。

二、扣押在案的涉案卷烟及作案工具浙C3××××号北京牌小车，由扣押机关予以没收，上缴国库。

【法官后语】

非法生产、销售烟草专卖品犯罪，以非法经营罪定罪处刑，这是在司法实践中已无争议的问题。目前认定犯罪既遂与否的通说是犯罪构成要件齐备说，即以某一犯罪行为是否齐备了刑分则中的某一罪名所要求的全部犯罪构成作为区分犯罪既、未遂的标准。非法经营烟草专卖品的非法经营行为是一个包括生产、收购、储存、运输、销售等一系列行为的复合行为，系行为犯，只要行为人实施了生产、购买、储存、运输、销售中的任一非法经营行为，即构成犯罪既遂。本案吴保某在明知自己未取得烟草许可经营的情况下仍为之，主观上具有牟利为目的故意，客观上实施了非法收购、运输烟草的经营行为，且其行为已对国家烟草专卖制度这一犯罪客体造成了损害，具备了非法经营罪的构成要件，应认定为非法经营罪既遂。此外，根据《最高人民法院、最高人民检察院关于办理非法生产、销售烟草专卖品等刑事案件具体应用法律若干问题的解释》第四条的规定，认定非法经营烟草制品的经营数额，在能查清销售或购买价格的情况下，按查清的价格计算；无法查清的，有品牌的，按查获地省级烟草专卖部门主管部门出具的零售价格计算。由此可见，即便在尚未销售的情况下，非法经营数额仍可认定，在非法经营数额可以认定的情况下，不存在犯罪未遂的问题。故此，本案吴保某的行为构成非法经营罪既遂，应在五年以上量刑，考虑到吴保某归案后能如实供述罪行，有坦白情节，予以从轻判处有期徒刑五年。

编写人：福建省福鼎市人民法院　潘其雄

18

破坏性手段盗窃的既遂标准的认定

——饶玉某盗窃案

【案件基本信息】

1. 裁判书字号

江苏省宜兴市人民法院（2015）宜刑二初字第360号刑事判决书

2. 案由：盗窃罪

【基本案情】

2015年上半年，被告人饶玉某伙同王某、曹某（均已判刑）经事先商量盗窃通信电缆线，并由王某、曹某出资购买了一辆报废的面包车用于装载电缆线。同年5月25日凌晨，被告人饶玉某伙同王某、曹某驾乘上述面包车至常州市武进区雪堰镇城西委前东路段及城西村某饭店路段，采用断线钳剪线等手段，窃得架设在高空中的HYA400×2×0.4等不同规格的通信电缆线合计673米，合计价值人民币12340元。

同年5月26日凌晨，被告人饶玉某伙同王某、曹某再次驾乘面包车至宜兴市周铁镇分水村漕分线路段南侧，采用上述相同的手段，由饶玉某在旁望风接应，王某、曹某将架设在高空中的规格为HYA200×2×0.4的通信电缆线230米剪断拉下，后王某、曹某被民警抓获，上述电缆线合计价值人民币3174元。

2015年8月25日，被告人饶玉某向宜兴市公安局投案，归案后如实供述了其盗窃的事实。案发后，公安机关追缴到规格为HYA200×2×0.4的通信电缆线230米及作案工具面包车1辆，并将通信电缆线发还给被害单位。

【案件焦点】

饶玉某的第二起盗窃行为是否属于犯罪既遂。

【法院裁判要旨】

宜兴市人民法院经审理认为，被告人饶玉某以非法占有为目的，伙同他人采用秘密手段窃取通信电缆线，数额较大，其行为已构成盗窃罪，且属于共同犯罪，应予惩处。对辩护人提出的被告人饶玉某系从犯的辩护意见，鉴于被告人饶玉某参与了共同犯意的形成过程，在共同犯罪中的作用与其他同案犯大体相当，属实行犯而非帮助犯，故不宜在本案中区分主从犯，对此辩护意见法院不予采纳。对辩护人提出的被告人饶玉某参与的第二次盗窃系未遂的辩护意见，由于被告人及其同案犯采用破坏性手段盗窃电缆线，电缆线两端被剪断后已处于盗窃行为人实际控制下，应属于犯罪既遂，不应认为财物尚未成功转移出作案现场而认定未遂，对此辩护意见法院不予采纳。被告人饶玉某采用破坏性手段盗窃，造成电信电缆网络损毁、通讯中断，应当从重处罚。被告人饶玉某曾因犯盗窃罪被判处有期徒刑，刑罚执行完毕后五年内又犯盗窃罪，且应当判处有期徒刑，属累犯，应当从重处罚。被告人饶玉某犯罪后能自首，庭审中能自愿认罪，均可予以从轻处罚。公诉机关指控的罪名成立，量刑建议恰当，本院予以采纳。据此，依照《中华人民共和国刑法》第二百六十四条、第二十五条第一款、第六十五条第一款、第六十七条第一款、第六十四条，《最高人民法院、最高人民检察院关于办理盗窃刑事案件适用法律若干问题的解释》第十一条的规定，判决如下：

被告人饶玉某犯盗窃罪，判处有期徒刑八个月，并处罚金人民币二千元；尚未追缴的赃物折价款人民币12340元，责令被告人饶玉某与已被判刑的王某、曹某共同退赔给被害单位。

【法官后语】

我国《刑法》第二十三条规定："已经着手实行犯罪，由于犯罪分子意志以外的原因而未能得逞的，是犯罪未遂。"因此，在我国"犯罪得逞"应成为认定构成犯罪既遂的标准，而对"犯罪是否得逞"的界定，应理解为犯罪行为是否具备了具体犯罪的全部构成要件。

盗窃罪，是指以非法占有为目的，秘密窃取数额较大的公私财物或者多次秘密窃取公私财物的行为。非法占有财物既是行为人的目的，也是法律所包含的结果，应当是盗窃罪构成的全部要件是否齐备和区分既遂与未遂的标准。盗窃既、未遂认定的理论在刑法理论学界一直是一个热门的话题，而国内外学术界也一直是众说纷纭，在理论和实践运用上不无争议。现阶段理论实践中，关于划分盗窃罪既遂与未遂界限的标准，主要有以下几种学说：

1. 失控说。这种学说是站在财物所有人和占有人的角度对盗窃既遂、未遂界定的一种学说。只要被害人丧失对自己财产的控制，不管行为人是否实际控制了财物，都应当认定盗窃既遂。该学说认为应将原财物的所有人或者占有人是否失去了对其财物的实际控制作为盗窃既遂与未遂的界定标准。如果所有人或占有人失去了对被盗对象的实际控制，则认定盗窃既遂；反之，则认定盗窃未遂。

2. 控制说。该学说主张以行为人是否实际控制被盗对象作为界定盗窃既遂和未遂的标准。若行为人已实际控制被盗对象，则认定盗窃既遂；若行为人未实际控制被盗对象，则认定盗窃未遂。实际控制并不要求被盗财物一定在行为人手上，也可能是被盗财物只有行为人知道在哪、只有行为人能够拿走等情形。

3. 失控或控制说。将以上两种学说合并，凡盗窃行为已使占有人脱离了对财物的控制的，或者行为人已经控制所盗财物的，均属既遂。

4. 失控加控制说。此学说对失控说与控制说予以扬弃，认为应当以盗窃行为人的行为使所盗财物脱离占有人的控制，并置于行为人的控制之下为盗窃罪的既遂标准。该学说的理由是：犯罪既遂即犯罪的完成，而盗窃罪犯罪完成的标志即盗窃行为人犯罪目的的实现，亦即通过盗窃行为使财物脱离占有人控制并置于自己控制之下，达到非法占有的目的。此种学说下，构成既遂既要求失主失控，又要求行为人控制。

在研究盗窃既遂未遂问题的众多相关学说中，“失控说”在学理上理论体系较为成熟，普遍适用性较强，具有较大的合理性，但缺点是“失之过严”。因而，在司法实践中，出于“刑法谦抑性”的考虑，很多法院系统的实务型专家主张采取“失控加控制说”，认为更为适应司法实践需要。由于盗窃案件情况的错综复杂，各种学说客观上都无法将所有的盗窃情形悉数囊括并完美解决。因此，可能只有对不同类型盗窃行为进行具体问题具体分析，才可能在界定盗窃既遂未遂的标准上找到科学的答案。

在本案中，被告人饶玉某及其同伙采取的是“破坏性手段”盗窃郊外架设空中的电缆线。《最高人民法院、最高人民检察院关于办理盗窃刑事案件适用法律若干问题的解释》第十一条规定了“采用破坏性手段盗窃公私财物，造成其他财物损毁的，以盗窃罪从重处罚”。在电缆线两端被剪断后，被害人电信公司即对电缆线失去了实际控制，并造成电信电缆网络损毁、通讯中断的实际损失。在电缆转移出作案现场前，巡逻赶来的警察，当场将被告人的同伙抓获归案。如果采用“失控加控制说”，则认定被告人及其共犯是否对该段电缆有了稳定而持续的占有状态，将成为认定既遂与否的障碍。

笔者认为，在采用破坏性手段盗窃的情况下，行为人的主观恶性程度更高，不能将行为人取得财物理解为行为人转移了财物的场所，更不能将取得理解为行为人藏匿了财物。如果适用“失控加控制说”则会“失之过宽”，有悖于司法解释从重打击破坏性手段盗窃的立法本意，因而应该适用“失控说”。不同于超市具有磁性防盗报警设施的情况，本案中警察的及时赶来并非受害人财物控制能力和范围的必然体现，因为行为人已完全使财物脱离了被害人电信公司的控制，而且处于随时可以转移出作案现场的状态，行为人被当场抓获宜理解为其盗窃既遂后案件的及时破获，而并非其盗窃行为没有既遂。

因此，考虑被告人及其同伙采取的破坏性盗窃手段和“失控说”的理论，被告人饶玉某参与的第二次盗窃，应属于犯罪既遂，不应因为财物尚未成功转移出作案现场而认定未遂，其采用的破坏性手段进行盗窃，造成了电信电缆网络损毁、通讯中断的损失后果，应当从重处罚。

编写人：江苏省宜兴市人民法院　高峰

19

贪污既遂应坚持非法占有和实际控制相统一的原则

——冯某某贪污、受贿案

【案件基本信息】

1. 裁判书字号

山东省淄博市临淄区人民法院（2015）临刑再字第1号刑事裁定书

2. 案由：贪污罪、受贿罪

【基本案情】

2011年被告人冯某某利用担任临淄区畜牧兽医局副局长的职务便利，趁国家对能繁母猪进行补贴的机会，通过在养殖专业合作社虚报头数的方式，从金岭鑫新养猪专业合作社套取公款5万元，后将其中的45000元钱据为己有。

2010年至2011年期间，被告人冯某某利用担任临淄区畜牧兽医局副局长及分管规模化养猪场改扩建项目、淄博市“菜篮子”工程财政补贴项目、能繁母猪补贴项目等多个项目的职务便利，多次收受梁天某、刘志某等多人好处费和购物卡共计82000元。

案发后，被告人冯某某的亲属于2014年3月10日向检察机关退缴赃款人民币12万元，并退回价值人民币35000元的购物卡；刘长某退回套取的公款人民币5000元。

【案件焦点】

被告人非法套取国家公款5万元是否构成贪污既遂。

【法院裁判要旨】

山东省淄博市临淄区人民法院经审理认为：被告人冯某某身为国家工作人员，利用职务上的便利，侵吞公款45000元，非法收受他人财物82000元，其行为已分别构成贪污罪、受贿罪。公诉机关指控的罪名成立，予以支持。被告人冯某某犯数罪，依法应数罪并罚。被告人冯某某归案后能够如实供述其贪污公款的犯罪事实，贪污罪系坦白，依法可从轻处罚；被告人冯某某归案后能够如实供述司法机关还未掌握的受贿罪的犯罪事实，受贿罪系自首，依法可减轻处罚。被告人冯某某归案后积极退赃，可酌情从轻处罚，对辩护人此点辩护意见予以采纳。

山东省淄博市临淄区人民法院依照《中华人民共和国刑法》第三百八十二条第一款、第三百八十三条第一款第（三）项、第三百八十五条第一款、第三百八十六条、第六十七条、第六十九条第一款、第六十四条、第六十一条之规定，判决如下：被告人冯某某犯贪污罪，判处有期徒刑二年六个月；犯受贿罪，判处有期徒刑三年六个月。决定执行有期徒刑五年。涉案赃款予以没收，由扣押单位上缴国库。

判决生效后，检察机关抗诉认为：原审对原审被告人冯某某受贿罪部分的认定事实和适用法律正确。但原审被告人冯某某在担任临淄区畜牧兽医局副局长期间，利用国家对能繁母猪补贴的机会，通过在养殖专业合作社虚报能繁母猪头数的方式，套取国家公款5万元，且该5万元已经打入了金岭鑫新养猪专业合作社账户，该犯罪行为已经既遂，原审被告人冯某某已经对该5万元取得了完全控制权。虽然事后只有4.5万元据为己有，也只是犯罪行为既遂以后的处分行为，并不影响对犯罪既遂行为的认定。原审仅以原审被告人冯某某实际占有的数额认定为贪污数额，属于认定事实及适用法律错误。原审被告人冯某某对原审判决受贿罪部分的认定事实和适用法律无异议，对原审判决贪污罪的罪名无异议，辩解称其贪污数额应为35000元。原审被告人冯某某的辩护人发表的辩护意见是：抗诉机关将5万元全部认定为贪污数额证据不足，对于原审被告人通过刘长某套取的5万元仅应当认定其中的35000元为贪污数额，对于剩余的15000元原审被告人既无贪污的主观故意也未实施贪污的客观行为，依法不能作为贪污罪的数额定罪量刑。

山东省淄博市临淄区人民法院经再审认为：我国刑法认定犯罪坚持主、客观相统一原则。综合本案全部证据，2011年临淄区能繁母猪实际存栏量与淄博市分配的补贴头数相差较大，虚报能繁母猪头数是临淄区畜牧兽医局为完成市里指标定下的原则，是单位的公开行为。临淄区畜牧兽医局确定把虚报套取的能繁母猪补贴资金按比例分解到各个乡镇，对养殖大户倾斜，其中包括刘长某所在的金岭鑫新养猪专业合作社。原审被告人冯某某作为分管副局长，能繁母猪补贴工作领导小组组长，主抓该项工作，2011年临淄区共计虚报近3000多头能繁母猪，其中包括金岭鑫新养猪专业合作社虚报的500头。公诉机关无有效证据证明原审被告人冯某某在虚报能繁母猪头数时，具有非法占为己有的贪污主观故意。2011年年底套取的能繁母猪补贴款这一国家公款（含金岭鑫新养猪专业合作社5万元）已经打入各养殖户账户，只能认定套取能繁母猪补贴款行为已经完成，但因缺少行为人的贪污故意这一主观要件，因此不能认定该犯罪行为已经既遂。贪污罪中的非法占有目的需结合公款的具体去向及行为人的处置意思来加以综合认定。综合原审被告人供述及证人刘长某、赵金某的证言，尽管证据之间不能相互印证临淄区畜牧兽医局赵金某局长对指控的5万元能繁母猪补贴款表态不再用作办公费用或职工福利这一情节，但原审被告人冯某某在刘长某补贴款到账后多次打电话催办的情况下，从2011年年底补贴款到账直至 2012 年 7 月，在相隔 7 个月时间之后，也即由刘长某购买了 35000 元的购物卡送至原审被告人处时，原审被告人冯某某才有了将套取的公款据为己有的主观犯意，更加符合常理和客观实际。

另一方面，公诉机关指控原审被告人侵吞的 1 万元现金事实，侦查阶段证人刘长某证实当时是原审被告人冯某某打电话给自己，因为孩子结婚需要用钱的地方多，所以叫他拿 1 万元现金过来，之后刘长某也另外随了原审被告人冯某某孩子结婚的份子钱。原审被告人冯某某也供述这 1 万元其实就是在刘长某厂里多上报的那 500 头能繁母猪所套取的 5 万元公款的一部分，而且在再审庭审调查阶段原审被告人冯某某也承认 1 万元的份子钱远远超出了正常的份子钱数。因此，该笔事实的认定并非孤证，而是被告人供述和证人证言之间相互印证。原审被告人侵吞的 1 万元应当认定为 5 万元公款中的一部分。对于该 1 万元，原审被告人冯某某既有贪污的主观故意，客观上也通过刘长某实施了贪污行为。对于 5 万元公款剩余的 5000 元，一直在刘长某所在的金岭鑫新养殖专业合作社账户上，案发后刘长某退回套取的公款人民币 5000 元。控辩双方对此均无异议。

综上，原审判决认定原审被告人冯某某在主观上侵吞 5 万元的故意不明显，从有利于被告人的原则，认定原审被告人冯某某贪污罪的数额为实际占有的 45000 元，并结合各量刑情节，以贪污罪判处原审被告人冯某某有期徒刑二年六个月，认定事实及适用法律并无不当。对于原审被告人冯某某及其辩护人的“将 5 万元全部认定为贪污数额证据不足”的辩解辩护意见，本院予以采纳，对于其“原审被告人通过刘长某套取的 5 万元仅应当认定其中的 35000 元为贪污数额”的辩解辩护意见，本院不予采纳。原审判决认定事实和适用法律正确，量刑适当，抗诉机关抗诉理由不能成立，应予驳回，原审判决应予维持。

山东省淄博市临淄区人民法院依照《中华人民共和国刑法》第三百八十二条第一款、第三百八十三条第一款第（三）项、第三百八十五条第一款、第三百八十六条、第六十七条、第六十九条第一款、第六十四条、第六十一条，《中华人民共和国刑事诉讼法》第二百四十五条、第二百一十九条，《最高人民法院关于适用〈中华人民共和国刑事诉讼法〉的解释》第三百八十九条第一款第（一）项之规定，裁定如下：维持本院（2014）临刑初字第 260 号刑事判决。

【法官后语】

犯罪构成是指我国刑法规定的，决定某一行为的社会危害性及其程度而为该行为构成犯罪所必需的一切主观要件和客观要件的有机统一。行为的主、客观相统一是犯罪构成的一大特征。任何犯罪都是在主观罪过支配下实施的行为，主观罪过产生于对客观世界的反映，而它产生后在客观上表现为特定行为对社会产生危害作用，而危害社会的行为等客观情况又成为检验主观方面的标准。因此，犯罪的主、客观要件是相互依存、互为前提、缺一不可的，形成了一个相互联系、相互作用又相互制约的有机统一体。

关于贪污罪既遂与未遂区分标准问题，刑法理论界通说和司法实践中采用“控制说”。该说主张贪污罪既遂的标准应当以行为人取得对公共财物的实际控制与支配为标准。全面准确理解这里的“实际控制”，应当注意以下几点：一是行为人对财物的“实际控制”，意味着财物既脱离了所有人的实际控制，又排除了第三人的实际控制。二是“实际控制”并非仅指财物完全转移到行为人手上。如票据、信用卡等财物，行为人虽未实际取得现金，但已使财物所有权人丧失了对该财物的实际控制，而行为人已经现实地具有随时支配财物的可能性时就已形成实际控制。三是实际控制财物，并非仅指行为人将财物非法据为已有，还包括转给其亲戚、朋友或者其他单位及个人非法占有。但是必须明确的是，即使有了实际控制，但行为人主观上缺乏非法占有的目的，也不能认定为贪污罪，更谈不上贪污罪的既遂。这里的非法占有的目的可以产生在事前或事中。

具体到本案，被告人冯某某作为分管副局长，能繁母猪补贴工作领导小组组长，在集体研究共计虚报近3000多头能繁母猪（其中包括金岭鑫新养猪专业合作社虚报的500头）的情况下，公诉机关无有效证据证明被告人冯某某在虚报能繁母猪头数时，具有非法占为已有的贪污主观故意。2011年年底套取的能繁母猪补贴款这一国家公款（含金岭鑫新养猪专业合作社5万元）已经打入各养殖户账户，只能认定套取能繁母猪补贴款行为已经完成，但因缺少行为人的贪污故意这一主观要件，因此不能认定该犯罪行为已经既遂。贪污罪中的非法占有目的需结合公款的具体去向及行为人的处置意思来加以综合认定。综合被告人供述及证人刘长某、赵金某的证言，尽管证据之间不能相互印证临淄区畜牧兽医局赵金某局长对指控的5万元能繁母猪补贴款表态不再用作办公费用或职工福利这一情节，但被告人冯某某在刘长某补贴款到账后多次打电话催办的情况下，从 2011 年年底补贴款到账直至 2012 年 7 月，在相隔 7 个月时间之后，也即由刘长某购买了 35000 元的购物卡送至被告人处时，其才有了将套取的公款据为己有的主观犯意，更加符合常理和客观实际。对于被告人冯某某收受的 1 万元，其既有贪污的主观故意，客观上也通过刘长某实施了贪污行为。对于 5 万元公款剩余的 5000 元，一直在刘长某所在的金岭鑫新养殖专业合作社账户上，案发后刘长某退回套取的公款人民币 5000 元，控辩双方对此均无异议。法院原审和再审认定被告人冯某某在主观上侵吞 5 万元的故意不明显，从有利于被告人的原则，认定其贪污罪的数额为实际占有的 45000 元，具有事实和法律依据。

编写人：山东省淄博市临淄区人民法院　刘海红

20

犯罪中止的认定

——赵某某强奸案

【案件基本信息】

1. 裁判书字号

北京市海淀区人民法院（2015）海少刑初字第 8 号刑事判决书

2. 案由：强奸罪

【基本案情】

公诉机关指控称，2014 年 5 月 19 日 4 时许，被告人赵某某溜门进入北京市海淀区四季青佟家坟一出租房内，趁被害人臧某（女，16 周岁）熟睡之际，抠、摸臧某生殖器，并使用语言威胁等方式欲强行与臧某发生性关系，因臧某反抗未能得逞。当日，被告人赵某某被抓获归案，后如实供述了自己的罪行。

被告人赵某某及其辩护人对起诉书指控的罪名及事实无异议。其辩护人的辩护意见为，被告人赵某某在犯罪过程中，并非客观因素所致，也并非欲而不能，而是在有可能完成犯罪的情况下，自愿放弃与被害人发生性关系，且被告人与被害人彼此相识，被告人并非因被害人的反抗而未得逞，而是在被害人拒绝与其发生性关系时，主动放弃与被害人发生性关系，故应认定被告人犯罪中止，而非犯罪未遂，鉴于被告人系初犯，认罪态度好，有悔罪表现，犯罪情节较轻，建议对其从轻处罚。

北京市海淀区人民法院经开庭审理查明：2014年5月19日4时许，被告人赵某某溜门进入本市海淀区四季青佟家坟一出租房内，趁被害人臧某（女，16周岁）熟睡之际，抠、摸臧某生殖器，并使用语言威胁等方式欲强行与臧某发生性关系，因臧某反抗未能得逞。当日，被告人赵某某被抓获归案，后如实供述了自己的罪行。

【案件焦点】

被告人赵某某的行为究竟是构成犯罪中止还是犯罪未遂。

【法院裁判要旨】

北京市海淀区人民法院经审理认为：被告人赵某某欲强行与未成年被害人发生性关系，其行为已构成强奸罪，应予惩处。北京市海淀区人民检察院指控被告人赵某某犯强奸罪的事实清楚，证据确凿，指控罪名成立。针对辩护人关于被告人赵某某的行为系犯罪中止的辩护意见，本院认为，犯罪中止是指在犯罪过程中，自动放弃或者有效地防止犯罪结果发生，从现有的证据来看，被告人赵某某深夜入室本欲强奸被害人，触摸被害人隐私部分而致其惊醒，在提出性要求遭到被害人明确拒绝且威胁未果后，被告人又怕“女孩嚷嚷，就麻烦了”，被迫放弃了强奸的主观故意，而非主动放弃，故此点辩护意见，本院不予采纳。被告人赵某某因意志以外的原因而未得逞，系强奸未遂，且认罪态度较好，故对其依法从轻处罚。

北京市海淀区人民法院依照《中华人民共和国刑法》第二百三十六条第一款、第二十三条、第六十七条第三款之规定，作出如下判决：

被告人赵某某犯强奸罪，判处有期徒刑三年。

【法官后语】

本案处理重点主要在于对犯罪中止和犯罪未遂的理解，本案中被告人赵某某的行为究竟是构成犯罪中止还是犯罪未遂。可从犯罪未遂和犯罪中止这两个概念中加以区分。

针对犯罪未遂，我国刑法界有不同理解，笔者同意犯罪构成要件齐备说。即犯罪未遂，是指犯罪行为没有完全具备刑法分则规定的某一犯罪构成要件。且犯罪未遂必须是由于犯罪分子意志以外原因。

针对犯罪中止，我国《刑法》第二十四条第一款规定："在犯罪过程中，自动放弃犯罪或者自动有效地防止犯罪结果发生的，是犯罪中止。"构成犯罪中止，必须具备如下条件：第一，犯罪中止只能发生在犯罪过程中，即只能发生在犯罪预备，犯罪实行和实行终了之后犯罪结果发生之前。第二，必须自动地中止犯罪或自动地防止犯罪结果发生。即行为人出于自己的意志停止可以进行下去的犯罪活动。第三，必须彻底地停止犯罪或自动有效地防止犯罪结果的发生。即行为人打消了完成该种犯罪的念头而不再实施该种犯罪。

通过以上分析不难看出，犯罪没有完成是否是出于犯罪分子意志以外的原因，是犯罪未遂与着手实行犯罪后的犯罪中止相区别的标志，至于犯罪未遂与预备阶段的犯罪中止的主要区别，也在于此。

从现有的证据来看，被告人赵某某深夜入室本欲强奸被害人，触摸被害人隐私部分而致其惊醒，在提出性要求遭到被害人明确拒绝且威胁未果后，被告人又怕"女孩嚷嚷，就麻烦了"，同时证据中，被告人供述说过"昨天晚上你和男朋友在屋里弄得响声弄得别人睡不着觉，我也来试试"这句话也证明被告人是知道每个房间的隔音性能较差，所以才会知道女孩如果嚷嚷的后果。因此，可以说，行为人是在受到阻碍或感到恐惧认为自己已不可能完成犯罪而停止犯罪的进行，被迫放弃了强奸的主观故意，而非主动放弃，因此，本案被告人的行为系强奸未遂。

编写人：北京市海淀区人民法院　王丽娟

21

向同案犯指认被害人后自动放弃实施抢劫是否构成犯罪中止

——李亮等抢劫案

【案件基本信息】

1. 裁判书字号

江苏省无锡市惠山区人民法院（2015）惠刑初字第00307号刑事判决书

2. 案由：抢劫罪

【基本案情】

黄大某曾受雇于张爱某，知晓张爱某每天携带大额货款回家。2015年1月中旬的一天，李亮、黄大某共谋抢劫并商定以张爱某为作案目标后，先后两次至张爱某位于无锡市惠山区某小区的住所附近观察其活动规律，黄大某将张爱某及乘坐车辆指认给李亮。后黄大某因害怕被认出，向李亮表示不去抢劫。

2015年1月24日上午，李亮向蒯立军提议抢劫，商定由李亮抢劫、蒯立军驾驶摩托车接应。当日15时许，李亮、蒯立军携带钢管等作案工具至张爱某住所附近十字路口蹲守，16时许，张爱某乘坐司机张生某驾驶的厢式货车回到小区。李亮尾随张爱某至小区地下车库电梯口，持钢管击打张爱某头部致其受伤，并抢到张爱某携带的内有现金人民币17万余元的电脑包，后被闻讯赶至现场的张生某夺回，李亮遂乘坐前来接应的蒯立军驾驶的摩托车逃离现场。经鉴定，张爱某的损伤已构成轻伤二级。2015年1月25日，公安机关将李亮、蒯立军、黄大某抓获归案。庭审中，李亮称没有叫蒯立军抢劫；蒯立军称没有抢劫，至地下车库接李亮是朋友之间帮忙，对李亮抢劫事前不知情；黄大某称属犯罪中止。

张爱某遭劫受伤，诊断为轻型颅脑外伤、脑震荡、头顶部皮肤裂伤，住院治疗

20 天，张爱某因受伤产生医疗费、住院伙食费、误工费、护理费、营养费、交通费等损失共计人民币 57199.15 元。审理过程中，张爱某提起附带民事诉讼，要求李亮、蒯立军、黄大某共同赔偿。

【案件焦点】

黄大某向李亮指认张爱某后自动放弃实施抢劫，李亮继续实施抢劫致人轻伤，黄大某的行为是犯罪中止还是犯罪既遂。

【法院裁判要旨】

江苏省无锡市惠山区人民法院经审理认为：1. 李亮在侦查阶段多次供认了其向被告人蒯立军提议抢劫，双方商定李亮实施抢劫、蒯立军负责接应的事实，此供述稳定且与现场勘验笔录、监控图像、侦查实验等证据相互印证。庭审中李亮翻供，却又不能合理解释。故对李亮的辩解，本院不予采信。2. 蒯立军在侦查阶段供认实施抢劫前与李亮商议由其负责驾车接应，这有李亮的多份稳定供述印证，且有现场勘验笔录、监控图像、侦查实验等证据在卷佐证共同抢劫的过程。蒯立军在庭审中的辩解及辩护人提出的无罪辩护意见缺乏事实证据，均不予采纳。3. 黄大某参与了抢劫张爱某的预谋，后引领李亮至张爱某住所附近蹲守，并向李亮指认了张爱某，应属抢劫罪的共犯。黄大某虽提出放弃实施抢劫，但并未采取有效措施阻止被告人李亮继续犯罪，故对黄大某的辩解本院不予采信。

李亮、蒯立军、黄大某以非法占有为目的，采用暴力手段抢劫他人钱财，致人轻伤，其行为均已构成抢劫罪，属共同犯罪。公诉机关指控的罪名成立，本院予以支持。李亮、蒯立军均属累犯，应当从重处罚。在共同犯罪中，李亮使用暴力积极实施犯罪是主犯，应按照所参与的全部犯罪处罚；蒯立军、黄大某起次要作用是从犯，根据各自的犯罪情节，故对蒯立军从轻处罚，对黄大某减轻处罚。

江苏省无锡市惠山区人民法院依照《中华人民共和国刑法》第二百六十三条，第二十五条第一款，第二十六条第一款、第四款，第二十七条，第六十五条，第六十四条，第三十六条第一款和《最高人民法院关于适用〈中华人民共和国刑事诉讼法〉的解释》第一百五十五条第一款、第二款，第一百六十三条，《中华人民共和国民法通则》第一百一十九条、第一百三十条以及《最高人民法院关于审理人身损害赔偿案件适用法律若干问题的解释》第十七条第一款之规定，作出如下判决：

一、李亮犯抢劫罪，判处有期徒刑六年，并处罚金人民币五千元。

二、蒯立军犯抢劫罪，判处有期徒刑四年，并处罚金人民币四千元。

三、黄大某犯抢劫罪，判处有期徒刑二年，并处罚金人民币二千元。

四、作案工具予以没收。

五、李亮、蒯立军、黄大某分别赔偿张爱某因受伤产生各项损失中的40039.41元、11439.83元、5719.91元。三人上述赔偿责任互负连带责任。

六、驳回张爱某的其他诉讼请求。

【法官后语】

本案涉及的主要问题是抢劫共同犯罪中的犯罪停止形态的认定。根据《刑法》第二十四条第一款规定："在犯罪过程中，自动放弃犯罪或者自动有效地防止犯罪结果发生的，是犯罪中止。"在单独犯罪中，认定是否属于犯罪中止并不复杂。但在共同犯罪中，由于犯罪主体的复数性和各共犯的分工不同，导致司法实践中对个别共犯停止行为的认定容易产生分歧，究其原因在于对共同犯罪各行为人如何承担刑事责任理解不统一。认定黄大某构成抢劫罪既遂，具体理由如下：

首先，在犯罪预备阶段为共同犯罪制造条件，即使未参加实行行为，也应当承担共同犯罪的刑事责任。本案中，李亮与黄大某基于共同的抢劫犯罪故意，相互联系、相互配合构成一个整体，刑事责任原理是"部分实行，全部责任"，即各共犯之间不仅要对本人实施的犯罪行为负责，而且要对其他共犯的行为负责。

其次，本案抢劫共同犯罪已构成既遂。李亮在黄大某先前指认行为的支配下继续实施了抢劫，致人轻伤，根据最高人民法院《关于审理抢劫、抢夺刑事案件适用法律若干问题的意见》第十条"抢劫罪侵犯的是复杂客体，既侵犯财产权利又侵犯人身权利，具备劫取物或者造成他人轻伤以上后果两者之一的，均属抢劫既遂"的规定，李亮虽然最终未劫得钱财，但在抢劫过程中致被害人轻伤，故整个抢劫共同犯罪已经达到既遂状态。

最后，黄大某虽然在着手犯罪后主动放弃了之后的抢劫实行行为，但不能成立犯罪中止。黄大某欲成立犯罪中止仅仅停止其本人的犯罪行为是不够的，还须以阻止其他共犯继续实行或者有效地防止犯罪结果的发生为必要要件，而事实上黄大某之后并未采取任何措施防止共同犯罪结果的发生。

综上，黄大某参与共同犯罪预谋、指认、蹲守踩点等行为与李亮、蒯立军后续的抢劫犯罪结果之间具有刑法上的因果关系，应认定黄大某构成抢劫罪既遂，至于其此后的自动停止行为可以在量刑时予以考虑。

编写人：江苏省无锡市惠山区人民法院　许景波

（三）共同犯罪

22

交通肇事罪中共同犯罪的定性分析

——朱某某、刘某某交通肇事案

【案件基本信息】

1. 裁决书字号

上海市奉贤区人民法院（2015）奉刑初字第875号刑事判决书

2. 案由：交通肇事罪

【基本案情】

2015年2月12日2时许，被告人刘某某明知被告人朱某某无相应驾驶资格，仍指使被告人朱某某驾驶中型普通客车。当日4时55分许，被告人朱某某驾驶上述车辆，沿本区大叶公路由西向东行驶至大叶公路2758号路段时，撞击前方未在路边行走的行人胡某某，致车辆受损，被害人胡某某，头、胸、腹部及骨盆部等全身多发损伤而死亡。案发后，被告人朱某某驾车逃逸。经上海市公安局奉贤分局交通警察支队调查认定，被告人朱某某、刘某某负事故的主要责任。

同年2月12日、25日，被告人刘某某、朱某某先后主动至公安机关投案，并如实供述了上述犯罪事实。

【案件焦点】

1. 被告人刘某某、朱某某是否构成交通肇事罪；2. 本案是否构成共同犯罪。

【法院裁判要旨】

上海市奉贤区人民法院经审理认为，被告人朱某某违反交通运输管理法规，因而发生重大事故，致一人死亡，已构成交通肇事罪，且属交通肇事后逃逸；被告人刘某某作为机动车所有人，明知被告人朱某某无相应驾驶资格，仍指使其违章驾驶并造成重大事故，致一人死亡，其行为亦已触犯刑律，构成交通肇事罪。公诉机关的指控成立。被告人朱某某、刘某某具有自首情节，依法可从轻处罚。案发后，二被告人在家属帮助下与被害人家属达成赔偿协议，并作出了赔偿，取得被害人家属的谅解，可酌情从轻处罚。综上，本院在量刑时一并予以考虑。依照《中华人民共和国刑法》第一百三十三条、第六十七条第一款、第七十二条第一款、第七十三条第二款、第三款之规定，判决如下：

一、被告人朱某某犯交通肇事罪，判处有期徒刑三年，宣告缓刑三年。

二、被告人刘某某犯交通肇事罪，判处有期徒刑一年，宣告缓刑一年。

【法官后语】

本案主要涉及两个核心问题：首先，被告人刘某某、朱某某是否构成交通肇事罪；其次，本案是否构成共同犯罪。

1. 被告人刘某某、朱某某构成交通肇事罪

本案中，被告人朱某某违反交通运输管理法规，因而发生重大事故，致一人死亡，根据我国《刑法》第一百三十三条，该行为已构成交通肇事罪，且属交通肇事后逃逸；被告人刘某某作为机动车所有人，明知被告人朱某某无相应驾驶资格，仍指使其违章驾驶并造成重大事故，致一人死亡，根据我国《刑法》第一百三十三条及《最高人民法院关于审理交通肇事刑事案件具体应用法律若干问题的解释》第七条，其行为亦已触犯刑律，构成交通肇事罪。

2. 关于共同过失犯罪

（1）共同过失犯罪的构成与特征

一般认为，共同过失犯罪是指2人以上的过失行为共同导致一定的危害结果，因而分别构成犯罪的情况。

共同过失犯罪有以下基本特征：

第一，犯罪主体为两个以上具有刑事责任能力的自然人。

第二，在主观方面都具有犯罪过失的罪过。犯罪过失的类型既可能是相同的，也可能是不同的。

第三，在客观上行为人都分别实施了危害社会的行为，并且共同导致了一个严重的危害结果，即每个人的行为都是危害结果发生的原因，都具有刑法上的因果关系。但每个人的行为对危害结果的发生所起的作用则往往是不同的。

(2) 共同过失犯罪与共同犯罪的区别

共同过失犯罪与共同犯罪是不同的犯罪形态。二者之间的主要区别可归纳为两点：

第一，在主观方面，共同犯罪的犯罪人具有共同的犯罪故意，犯罪人之间具有犯意联系；共同过失犯罪则是行为人分别具有犯罪过失，彼此之间不存在犯意联系。

第二，在客观方面，共同犯罪的犯罪人之间必须具有共同的犯罪行为，而且他们的犯罪行为通过犯意上的联系形成了互相协调的危害社会的一种合力；而共同过失犯罪在客观方面系各个行为人是各自孤立地实施了危害社会的行为。

共同过失犯罪与共同犯罪在构成要件、基本特征属性上都有明显区别，是不能混为一谈的。我国《刑法》第二十五条第二款规定："二人以上共同过失犯罪，不以共同犯罪论处；应当负刑事责任的，按照他们所犯的罪分别处罚。"这一立法规定既表明我国立法者对客观存在的共同过失犯罪认同的观点，又表明了对共同过失犯罪的立场，可见我国刑事立法对共同犯罪的规定是非常清楚、明确的。

(3) 共同过失犯罪具体类型分述

①过失的共同实行犯。所谓过失的共同实行犯，是指二人以上的过失实行行为共同构成过失犯罪的情况。比如甲、乙二人共同从楼顶将物体推下，因疏忽而致路人被砸死。甲、乙二人高楼推物之行为，皆出于疏忽大意的共同过失，且造成了路人的死亡。这就属于过失的共同实行犯之情况。

在刑法理论与实务对过失的共同实行犯存有两种观点。一种观点为积极说，认为过失的共同实行犯也可以成立共同犯罪。另一种观点为消极说，认为共同犯罪之成立必须在主观上具有对共同犯罪之认识，也即对于共同犯罪行为及其结果持希望或者放任之故意。我国刑法理论与实务界通常认为，过失的共同实行犯是不构成共同犯罪的。因为在共同的过失实行行为构成犯罪的场合下，行为人虽然对共同实行的自然行为有意思之联络，但却不可能具有对共同犯罪之认识，也即对于共同犯罪欠缺发生意思联络之可能，即缺少构成共同犯罪的要件。

②过失教唆犯。过失教唆犯，是指过失地引起他人实施过失犯罪之情况。过失教唆犯能否成立，刑法理论与实务界同样存在肯定说与否定说两种不同之见解。肯定说认为，过失教唆犯作为共同过失犯罪之一种同样能够成立。从司法实践的角度看，过失地引起他人实施犯罪的情况也是客观存在的。本案即为此种情况之适例。最高人民法院审判委员会2000年11月10日通过的《关于审理交通肇事刑事案件具体应用法律若干问题的解释》第七条规定，单位主管人员、机动车辆所有人或者机动车辆承包人指使、强令他人违章驾驶造成重大交通事故，具有本解释第二条规定情形之一的，以交通肇事罪定罪处罚。该条规定其实即属于理论中所谓过失教唆犯之情形。

同时，该解释第五条第二款中规定，交通肇事后，单位主管人员、机动车辆所有人、承包人或者乘车人指使肇事人逃逸，致使被害人因得不到救助而死亡的，以交通肇事罪的共犯论处。交通肇事罪是典型的过失犯罪，此即意味着，理论上我国刑法上共同过失犯罪是可以成立共同犯罪的。

③过失帮助犯。过失帮助犯，是指过失地助成他人犯罪之情形。对于过失帮助犯能否构成，刑法理论与实务中同样分歧较大。犯罪共同说与行为共同说就此又给出了迥然不同的回答。犯罪共同说认为，帮助行为必须以故意为立足点，过失帮助犯是根本不能成立的。行为共同说则认为，帮助行为本身就足以符合帮助犯的构成，而没有必要再去细究行为人之主观心态。

3. 本案两名被告人均构成交通肇事罪，但不成立共同犯罪

根据我国《刑法》第二十五条第一款的规定，共同犯罪是指二人以上共同故意犯罪。交通肇事罪是典型的过失犯罪，即使本案中刘某某明知被告人朱某某无相应驾驶资格，仍指使其违章驾驶机动车造成事故，系教唆犯，二者系共同的过失犯罪。另外，本案中不符合《最高人民法院关于审理交通肇事刑事案件具体应用法律若干问题的解释》第五条第二项的情形，故不存在二人共同犯罪一说。应当按照本案的犯罪事实、情节、性质对二人分别以交通肇事罪定罪处罚。

审判实务中，尤其是在处理如交通肇事罪、失火罪、医疗事故罪、重大责任事故罪等典型的、以过失为主观要件的犯罪时，涉及上述三种共同过失犯罪的案件情节并不少见。该类案件中的多名被告往往都在案件的发生中起到或大或小的作用，粗略来看非常容易和共同犯罪混淆。但是从我国刑法理论通说上类似情形都不构成共同犯罪（除交通肇事罪的特例外），需根据各被告人在犯罪中的情节、性质分别定罪量刑。

编写人：上海市奉贤区人民法院　周婧　盛俊杰

23

毒品犯罪中缺乏主观认知对共犯认定的影响

——侯永成、吕国有贩卖毒品、非法种植毒品原植物案

【案件基本信息】

1. 裁判书字号

云南省昭通市中级人民法院（2015）昭中刑一初字第64号刑事判决书

2. 案由：贩卖毒品罪、非法种植毒品原植物罪

【基本案情】

被告人侯永成与被告人吕国有系同村村民，两人事前相互知道对方种植有罂粟，案发前被告人吕国有告知被告人侯永成，联系到鸦片买家告诉他，他也有鸦片要出售。2014年11月24日晚，被告人侯永成联系到毒品买家后打电话告诉吕国有，买家已联系好，二人约定次日在巧家县县城交易。同年11月25日早晨，二被告人先后将各自的鸦片装在一方便面纸箱内乘车到巧家县城，在巧家县白鹤滩镇步行街某大酒店269房间等待买家，中午11时许，被告人侯永成、吕国有在房间出售鸦片时，被公安民警当场抓获，查获毒品鸦片可疑物4袋，经称量和鉴定，被告人侯永成持有的鸦片净重9537.72克，被告人吕国有持有的鸦片净重1272.14克。

2014年11月26日，被告人侯永成贩卖鸦片被公安机关抓获后，根据其供述，民

警在巧家县蒙姑镇干冲村中村社侯永成家侧边查获其种植并已收割的罂粟315株，在地名为“杨家小箐”的地内查获其种植且已收割的新鲜罂粟638株，共计953株。

【案件焦点】

1. 被告人侯永成与吕国有对贩卖毒品鸦片的事实是构成共同犯罪，还是个人仅对各自贩卖的毒品鸦片数量承担刑事责任，被告人侯永成是否成立片面共犯；2. 被告人侯永成、吕国有是构成贩卖毒品罪还是构成贩卖、制造毒品罪；3. 被告人侯永成非法种植毒品原植物的行为是否能被贩卖毒品鸦片的行为所吸收。

【法院裁判要旨】

云南省昭通市中级人民法院经审理认为：被告人侯永成、吕国有明知是鸦片而予以贩卖的行为构成贩卖毒品罪，应当依法判处；被告人侯永成非法种植罂粟953株的行为构成非法种植毒品原植物罪，应对侯永成数罪并罚。在贩卖毒品犯罪中，被告人侯永成、吕国有事先明知对方有鸦片待售，交易环节，二人各自提供毒品进行贩卖，二人的行为各自独立，相互间没有依附和支配关系，毒资也是各自收取，故二被告人应对各自的贩卖行为承担责任，不成立共同犯罪。公诉机关指控二被告人犯贩卖毒品的罪名成立，予以采纳，但提出二被告人在贩卖毒品中系共同犯罪的意见，不予采纳。被告人侯永成归案后主动供述了其种植毒品原植物的犯罪事实，自首成立。二被告人归案后能够如实供述犯罪事实，认罪态度较好，可以依法从轻判处。辩护人所提“本案不成立共同犯罪，二被告人应对各自的鸦片数量承担责任以及认罪态度好，请求从轻判处”的理由成立。

云南省昭通市中级人民法院依照《中华人民共和国刑法》第三百四十七条第二款第（一）项、第三百五十一条第一款第（一）项、第六十九条、第六十七条第一款、第三款、第五十七条、第六十四条之规定，作出如下判决：

被告人侯永成犯贩卖毒品罪，判处无期徒刑，剥夺政治权利终身，并处没收个人全部财产；犯非法种植毒品原植物罪，判处有期徒刑二年，并处罚金3000元。决定执行无期徒刑，剥夺政治权利终身，并处没收个人全部财产。被告人吕国有犯贩卖毒品罪，判处有期徒刑十五年，并处没收个人全部财产。对查获的毒品鸦片10809.86克依法予以没收。案件宣判后，公诉机关未抗诉、二被告人均未提出上诉，案件已经发生法律效力。

【法官后语】

1. 关于被告人侯永成与吕国有是否成立贩卖毒品罪的共同犯罪，如何承担责任，被告人侯永成是否成立片面共犯的问题。本案在审理过程中，对被告人是否构成共同犯罪，存在三种观点：一种观点认为，被告人吕国有事先联系侯永成，让其找到买家时告诉自己，此时双方已经有了共同贩卖毒品的犯意联络，后侯永成具体实施联系买家，包装毒品等行为，吕国有负责开房付费，二人在本案中都有客观行为，且行为给彼此都提供了帮助，所以二人明知是毒品鸦片而予以贩卖的行为成立共同犯罪，应当对共同贩卖的鸦片数量10809.86克承担责任；第二种观点认为，被告人侯永成与吕国有不成立共同犯罪，二人没有共同故意，也没有共同行为，二人没有相互配合，二人各卖各的，卖的钱也是各自的，是在同一时间同一地点卖给同一买家而已，仅在客观上有一定关联，属于典型的同时犯而不属于共犯，不应将二人各自贩卖数量合并计算，只应对各自贩卖鸦片数量承担责任；第三种观点认为，在贩卖毒品鸦片中，被告人侯永成、吕国有作为同村村民，他们彼此之间事先明确知晓对方都种植有鸦片，都知道对方有鸦片待售，但因吕国有找不到鸦片买家，才问侯永成找到鸦片买家没有？在交易环节，二人各自提供毒品进行贩卖，二人的行为各自独立，相互间没有依附和支配关系，毒资也是各自收取，故二被告人应对各自的贩卖行为承担责任，不成立共同犯罪。笔者同意第三种观点，我国《刑法》第二十五条规定，共同犯罪是指二人以上共同故意犯罪。同时刑法将共同过失犯罪、故意犯罪行为与过失犯罪行为结合，无意思联络的同时犯、故意内容不同、先后故意实施犯罪行为，彼此没有主观联系的、超出共同故意之外的犯罪、事前无通谋的行为均排除在共同犯罪之外。具体到本案，二被告人在主观方面缺乏共同的犯罪故意。首先，共同行为人须有共同犯罪的认识因素，也就是说各个共同行为人不仅认识到自己在实施某种犯罪，而且还认识到有其他共同犯罪人与自己一道在共同实施该犯罪；各个共同行为人认识到自己的行为和他人的共同犯罪行为结合会发生危害社会的结果，并且认识到他们的共同犯罪行为与共同犯罪结果之间的因果关系。其次，有共同犯罪的意志因素，即各共同犯罪人是经过自己的自由选择，决意与他人共同协力实施犯罪，并且，各共同犯罪人对共同犯罪行为产生的结果都有预知。

片面共犯是指参与同一犯罪的人中，一方认识到自己是在和他人共同犯罪，而另一方没有认识到有他人和自己共同犯罪。本案中，被告人侯永成显然是事先知道被告人吕国有有毒品鸦片待售，在自己通过他人联系上毒品销售下家的信息后，其将此信息告知吕国有的行为，更多的是出于“好意”，可以理解为一种“好意施惠”行为，对被告人侯永成主观犯意来说，他缺乏共同犯罪中的主观认知；同样，对于被告人吕国有来说，吕国有显然是知道，侯永成是要出售自己毒品鸦片的客观事实，自己也要与侯永成一道将自己手中的鸦片出售，而且，将自己的鸦片与侯永成所有的鸦片共同装在一个方便面纸箱内。因此，笔者认为，对被告人侯永成来说，也不成立片面共犯。二被告人在贩卖毒品鸦片方面，为各自的行为承担罪责，体现罪责刑相适应原则，也符合公平正义的价值理念。

2. 关于被告人侯永成是构成贩卖毒品罪还是构成贩卖、制造毒品罪的问题。我国《刑法》第三百四十七条规定的走私、贩卖、运输、制造毒品罪是实践中很常见的四个选择性罪名，对选择性罪名如何准确界定，在实践中有一个发展变化的过程，由按主要行为确定罪名，并列确定罪名，最高人民法院曾于《全国部分法院审理毒品犯罪案件工作座谈会纪要》作出了规定——“对同一宗毒品实施了两种以上犯罪行为并有相应确凿证据的，应当按照所实施的犯罪行为的性质并列确定罪名，毒品数量不重复计算，不实行数罪并罚”，如果行为人对同一宗毒品实施了两种以上的行为，但认定其中一种行为的证据不够确凿的，只按能够认定的行为性质定罪。被告人侯永成、吕国有在贩卖毒品过程中被当场抓获，对贩卖毒品的定性没有争议，但对侯永成是否构成制造毒品罪存在争议，在侦查阶段，被告人侯永成供述了其贩卖的毒品鸦片是其种植在其家地里收获、加工而来，但就如何加工、制造鸦片的过程及制毒工具的扣押提取，在卷宗内均无在卷证据予以证实，公诉机关也没有对制造毒品部分进行指控，故对被告人侯永成仅以贩卖毒品罪定罪处罚是恰当的。

3. 关于被告人侯永成非法种植毒品原植物的行为是否能被贩卖毒品鸦片的行为所吸收的问题。在刑法理论上，吸收犯是指一个犯罪行为因为是另一个犯罪行为的必经阶段、组成部分或当然结果，而被另一个犯罪行为吸收的情况。认定吸收犯要考量的两个条件是，首先存在数个相互独立的犯罪行为这是吸收犯成立的前提条件；其次数个犯罪行为，均发生在一个犯罪过程中。在处理上，吸收犯虽然存在两个犯罪行为，但由于一个犯罪行为已经被另外一个犯罪行为所吸收，因此只以一罪论处。具体到本案，被告人侯永成分别实施了非法种植毒品原植物罂粟的行为，同时也实施了贩卖毒品鸦片的行为，虽然成品鸦片是种植毒品原植物的必经结果，但这两个行为相互独立，没有必然的牵连和吸收关系。另外，我国刑法对贩卖毒品的行为与种植毒品原植物的行为分别规定了刑法条款和刑罚幅度，故对本案被告人应当分别构成贩卖毒品罪和非法种植毒品原植物罪，依法数罪并罚。

编写人：云南省昭通市中级人民法院　朱小二

24

非法持有毒品罪共犯的认定

——李宗友、向官权非法持有毒品案

【案件基本信息】

1. 裁判书字号

湖南省张家界市中级人民法院（2015）张中刑一终字第21号刑事裁定书

2. 案由：非法持有毒品罪

【基本案情】

2014年8月13日，被告人李宗友在张家界市火车站附近的某宾馆接受了李某某交给其的一包冰毒。同月15日中午，李宗友与被告人向官权取得联系，二人商量一同寻找买家。当天下午，有人通过尾数为1314的电话联系李宗友要求购买60克冰毒，李宗友害怕对方“黑吃黑”把冰毒抢走，于是让向官权带着冰毒在宾馆门口等候。民警接到群众举报后，在宾馆门口将向官权抓获，并从其左边裤子口袋内查获了净重77.993克的甲基苯丙胺（冰毒），随后民警又在宾馆418房间内将李宗友抓获。

【案件焦点】

非法持有毒品罪共同犯罪的认定。

【法院裁判要旨】

张家界市永定区人民法院经审理认为，被告人李宗友、向官权违反国家对毒品的管理规定，明知是毒品而非法持有甲基苯丙胺达77.993克，二被告人的行为均已构成非法持有毒品罪。公诉机关指控的犯罪事实与罪名成立，本院予以确认。本案是共同犯罪，在共同犯罪中，李宗友、向官权均起主要作用，均为主犯，应当按照其所参与的全部犯罪处罚，综合全案犯罪事实，向官权属于罪责较轻的主犯，可酌情从轻处罚。归案后，李宗友、向官权均能如实供述自己的罪行，依法可从轻处罚。对向官权当庭提出的其持有冰毒时并不明知的意见，经查，有同案人李宗友的供述、向官权在侦查阶段所作供述、检查笔录及照片等证据证明，向官权明知李宗友交给其的是冰毒，且将冰毒放入其裤子口袋中，故对向官权的辩解意见本院不予采纳。向官权曾因犯贩卖毒品罪被判处有期徒刑，在刑罚执行完毕以后五年内又故意犯应判处有期徒刑以上刑罚的非法持有毒品罪，是累犯、毒品再犯，应当从重处罚。判决如下：

一、被告人李宗友犯非法持有毒品罪，判处有期徒刑七年六个月，并处罚金人民币五千元。

二、被告人向官权犯非法持有毒品罪，判处有期徒刑七年六个月，并处罚金人民币五千元。

一审宣判后，向官权不服提出上诉，张家界市中级人民法院二审裁定：驳回上诉，维持原判。

【法官后语】

本案涉及非法持有毒品罪共同犯罪如何认定的问题。共同犯罪是指二人以上共同故意犯罪。认定共同犯罪需要着重考察行为人有无共同故意。本案中，直接持有毒品的行为人是向官权，而李宗友在被公安机关抓获时并没有直接持有毒品，那么需要判断李宗友是否构成非法持有毒品罪。

从法学理论上讲，非法持有毒品罪作为故意犯罪，也会存在着共同犯罪。而从实务上看，的确也存在着两个以上的行为人，明知是毒品而非法共同持有，即共同对同一宗毒品具有在事实上的控制或者支配关系的情形。典型的共同犯罪的非法持有毒品主要有：（1）两个以上行为人无法律依据而共同持有毒品，数量较大的。这种情形下的行为人往往拒不说明毒品的来源、去向。(2) 两个以上的行为人为吸食、注射毒品者代买用于吸食、注射的毒品，所买毒品数量较大，而代买者又并非为了获利的，可以非法持有毒品罪的共犯论处。(3) 两个以上的行为人均在案件中起着主要作用，并且共同具有为逃逸查处而藏匿毒品、转移毒品等恶劣情节的，则可以认定为非法持有毒品罪的共犯。

本案是属于非法持有毒品中的第三种情形，行为人对毒品有事实上的支配状态，但客观上发生了某些事件，行为人认为自己保管毒品不安全，为了藏匿、转移毒品，而将毒品委托给第三者保管。在此种情形下，行为人与第三者对毒品均具有支配状态，行为人为间接持有，第三者为直接持有，行为人与第三者明知是毒品而故意共同持有该毒品的，均构成非法持有毒品罪。具体到本案，李宗友为间接持有，向官权为直接持有，应当认定为共同犯罪。虽然向官权为直接持有者，但综合全案犯罪事实，李宗友是毒品的所有人，向官权只是暂时代李宗友保管毒品，故向官权属于罪责较轻的主犯，可酌情从轻处罚。

编写人：湖南省张家界市中级人民法院　刘少廷

25

相约携带他人枪支打猎是否构成非法持有枪支罪的共犯

——季庆某非法制造枪支、非法持有枪支案

【案件基本信息】

1. 裁判书字号

福建省福鼎市人民法院（2015）鼎刑初字第247号刑事判决书

2. 案由：非法制造枪支罪、非法持有枪支罪

【基本案情】

1. 非法制造枪支事实

2014年5月间，被告人季庆某购买钢管、木材等制枪材料后，在其位于浙江省

泰顺县雅阳镇新联村后庄××号家中，仿照季龙某（另案处理）所持有的自制鸟铳的样式，与季龙某共同制造鸟铳一支，并藏放于自家地下室，后转移藏放于季龙某位于浙江省泰顺县雅阳镇和平村广场路×号家中。

2. 非法持有枪支事实

2014年9月23日，被告人季庆某与季龙某经商议后，决定携带上述自制鸟铳以及季龙某的自制鸟铳一支，前往本市叠石乡官坑村打猎。当晚20时许，被告人季庆某驾驶浙CQ××××某牌面包车前往季龙某家中，与季龙某共同取出二支自制鸟铳及黑硝、钢珠等物，藏放于浙CQ××××某牌面包车后排。随后被告人季庆某驾车搭载季龙某从浙江省泰顺县雅阳镇出发，当行驶至本市叠石乡省际检查站时被福鼎市公安局民警查获。民警当场抓获被告人季庆某，并当场查扣自制鸟铳二支及黑硝、钢珠等物。经宁德市公安局刑事科学技术研究所鉴定，被查扣的二支自制鸟铳机械结构正常，以火药为动力，能正常击发，认定为枪支。

【案件焦点】

被告人季庆某对案发当晚公安机关从面包车上查获的属于季龙某（另案处理）的枪支是否构成非法持有枪支罪共犯。

【法院裁判要旨】

福建省福鼎市人民法院经审理认为：被告人季庆某违反枪支管理规定，伙同他人非法制造枪支一支，其行为已构成非法制造枪支罪。关于被告人季庆某对案发当晚公安机关从面包车上查获的属于季龙某的枪支是否构成非法持有枪支罪共犯的问题，本院认为，被告人季庆某与季龙某经商议后，决定共同携带两支枪支外出打猎，其主观上明知并且希望携带季龙某的枪支；客观上被告人季庆某与季龙某共同将枪支放置在由其驾驶的面包车上，实施了共同持有枪支的行为，故被告人季庆某构成非法持有枪支罪的共犯。因此被告人的行为已构成非法制造枪支罪、非法持有枪支罪，应数罪并罚，公诉机关指控罪名均成立。被告人季庆某归案后能如实供述主要犯罪事实，属坦白，可从轻处罚。辩护人提出的从轻处罚的辩护意见，本院予以采纳。辩护人认为不构成非法持有枪支罪的辩护意见，本院不予采纳。

福建省福鼎市人民法院依照《中华人民共和国刑法》第一百二十五条第一款、第一百二十八条第一款、第二十五条第一款、第六十九条第一款、第六十四条规定，判决如下：

一、被告人季庆某犯非法制造枪支罪，判处有期徒刑三年；犯非法持有枪支罪，判处有期徒刑六个月；数罪并罚，决定执行有期徒刑三年三个月。

二、扣押在案的枪支，由扣押机关予以没收。

【法官后语】

本案在审理过程中，对被告人与他人共同制造枪支一支并持有，持有该枪支的行为已被制造行为吸收，明显构成非法制造枪支罪，没有产生不同意见。但对被告人是否构成非法持有枪支罪的共犯，是否予以数罪并罚，产生了两种不同意见。

第一种意见认为，被告人季庆某不构成非法持有枪支罪的共犯，只有一罪。理由如下：1. 被告人季庆某与季龙某共同制造枪支一支并持有，持有该枪支的行为已被制造行为吸收；2. 浙江省泰顺县雅阳镇距离本市叠石乡省际检查站距离较近，被告人季庆某与季龙某的枪支接触时间短，季龙某对该枪支具有实际控制能力；3. 被告人季庆某虽与季龙某相约携带枪支打猎，但现有证据无法证实被告人季庆某对季龙某的枪支具有控制的能力，亦无证据表明被告人季庆某直接接触或实际使用季龙某的枪支。

第二种意见认为，被告人季庆某构成非法持有枪支罪的共犯，应当依法数罪并罚。理由如下：1. 被告人季庆某与季龙某经商议后，决定共同携带两支枪支外出打猎，其主观上明知并且希望携带季龙某的枪支；2. 被告人季庆某与季龙某共同将枪支放置在面包车上，客观上实施了共同持有枪支的行为。

笔者同意第二种意见，本案被告人季庆某违反法律，伙同他人非法制造枪支一支，其行为已构成非法制造枪支罪。对于被告人季庆某对案发当晚公安机关从面包车上查获的属于季龙某的枪支是否构成非法持有枪支罪共犯的问题。被告人季庆某与季龙某经商议后，决定共同携带两支枪支外出打猎，其主观上明知并且希望携带季龙某的枪支；客观上被告人季庆某与季龙某共同将枪支放置在由其驾驶的面包车上，实施了共同持有枪支的行为，故被告人季庆某构成非法持有枪支罪的共犯。因此被告人的行为已构成非法制造枪支罪、非法持有枪支罪，应数罪并罚，公诉机关指控罪名均成立。但被告人季庆某归案后能如实供述主要犯罪事实，属坦白，可从轻处罚。

编写人：福建省福鼎市人民法院　李显清

26

女性构成强奸罪共犯的认定

——向玲某强奸案

【案件基本信息】

1. 裁判书字号

湖南省张家界市中级人民法院（2016）湘08刑终8号刑事裁定书

2. 案由：强奸罪

【基本案情】

被告人向玲某在张家界市城区某KTV任公关经理。2014年4月中旬的一天，田际某（另案处理）在该KTV唱歌时，与被告人向玲某约定以2万元的价格为其找处女“开处”。被告人向玲某联系何某（另案处理）物色对象，黄某某（另案处理）得知此事后，让何某回复向玲某可以找到处女。同年4月24日15时许，黄某某、何某、田梦某（另案处理）在永定城区某酒店303房间商量决定找女孩去“开处”，从中盈利。当日下午，黄某某、田梦某来到永定区某中学门口，遇到放学出来的覃某某和孟某某（二人另案处理），黄某某、田梦某要求覃某某和孟某某帮忙找女学生。孟某某发现认识的被害人秦某某从学校里面出来，说秦某某是处女并将其叫到跟前。几人要秦某某一起玩去，然后往公交站台走，路上，黄某某和田梦某告诉被害人秦某某叫她出去是去卖淫，秦某某不愿意，田梦某威胁秦某某说，你现在不干也得干。当走到七路公交车站台要上车时，秦某某不上车被黄某某、田梦某和覃某某强行拖上了车。孟某某独自乘车回家。黄某某、田梦某和覃某某将秦某某带至某酒店607房间，期间，黄某某采取殴打等手段逼迫被害人秦某某就范。黄某某拿来衣服裙子要被害人秦某某换下校服，又将秦某某带去化妆后乘车去闽南某酒店与向玲某见面。被告人向玲某问秦某某年纪有多大时，黄某某、何某、田梦某将本来不满14周岁的秦某某说成15岁，被害人秦某某不敢出声。在去张家界某酒店的车上向玲某又问黄某某，秦某某到底有没有15岁，黄某某称也觉得秦某某没有15岁。之后，被告人向玲某再三叮嘱黄某某等人与客人见面时一定要说秦某某是初二的学生妹。21时许，被告人向玲某等人将被害人秦某某带到张家界某酒店628房间，不久覃某某离开酒店。在628房间，被告人向玲某收取了田际某人民币20000元的好处费。田际某在628房间对被害人秦某某进行了两次奸淫。被告人向玲某、黄某某、何某、田梦某一直在627房间等候。后被害人秦某某回到627房间时，被告人向玲某从包中取出10000元现金拿走200元后交给何某，何某给被害人秦某某2000元，给田梦某1000元，何某和黄某某分得3400元。23时许，黄某某、何某送被害人秦某某到永定城区文昌阁时被秦某某的亲属扭送至公安机关。

【案件焦点】

1. 向玲某的行为是否符合强奸罪的构成要件；2. 强奸罪与强迫卖淫罪的区别。

【法院裁判要旨】

湖南省张家界市永定区人民法院经审理认为：被告人向玲某伙同他人以殴打及胁迫手段，奸淫不满十四周岁的幼女，其行为已构成强奸罪。公诉机关指控被告人向玲某犯介绍卖淫罪的罪名不能成立，因为介绍卖淫罪是指在卖淫者和嫖客之间牵线搭桥、沟通撮合，使他人卖淫活动得以实现的行为。而本案中，被告人向玲某以盈利为目的，与田际某约定以2万元的价格帮其找处女。案发当天，何某接到被告人向玲某的电话和黄某某等人商议后，由黄某某等人到永定中学找女孩。被害人秦某某是初一在校学生，黄某某等人强行将被害人秦某某拉上公交车，在某酒店607房间为逼秦某某答应“开处”，以暴力及胁迫手段相威胁。田际某对秦某某可能是幼女没有尽到注意义务而与被害人秦某某发生了性行为，被告人向玲某对田际某实施强奸行为起到帮助作用。故公诉机关指控被告人向玲某犯介绍卖淫罪的罪名不成立，本院不予支持。本案属共同犯罪，在共同犯罪中，被告人向玲某起次要作用，是从犯，依法应当减轻处罚。对于辩护人提出被告人向玲某不知道也不应当知道被害人系幼女的辩解观点，与本院查明的事实不符，且未向法庭提交相关证据予以佐证，其理由不成立，本院不予采纳。被告人向玲某在庭审中如实供述自己的罪行，可依法从轻处理。被告人向玲某具有的量刑情节：1. 自愿认罪；2. 从犯。

湖南省张家界市永定区人民法院依照《中华人民共和国刑法》第二百三十六

条第一、二款，第二十五条第一款，第二十七条，第六十七条第三款之规定，作出判决如下：

被告人向玲某犯强奸罪，判处有期徒刑一年六个月。

宣判后被告人对判决不服，提起上诉。

湖南省张家界市中级人民法院经审理认为：原审判决认定事实清楚，证据确实、充分，定罪准确，量刑适当，审判程序合法。裁定如下：

驳回上诉，维持原判。

【法官后语】

本案难点及争议焦点集中在对向玲某所实施行为的定性问题及共同犯罪问题。向玲某到底是强迫卖淫还是强奸行为的共犯值得进行深入讨论。

1. 关于向玲某行为的性质认定

强奸罪分为两种类型，一是普通强奸，即使用暴力、胁迫或者其他手段，强行与妇女性交的行为；二是奸淫幼女，即与不满14周岁的幼女性交的行为。该案的特殊性在于田际某与被害人性交是由向玲某雇佣社会青少年采取强制手段而得以实现。对于田际某犯罪行为的定性直接关系对向玲某犯罪行为的定性。最高人民法院、最高人民检察院、公安部和司法部联合印发的《关于依法惩治性侵害未成年人犯罪的意见》第十九条规定，知道或者应当知道对方是不满十四周岁的幼女，而实施奸淫等性侵害行为的，应当认定行为人“明知”对方是幼女。对于不满十二周岁的被害人实施奸淫等性侵害行为的，应当认定行为人“明知”对方是幼女。对于已满十二周岁不满十四周岁的被害人，从其身体发育状况、言谈举止、衣着特征、生活作息规律等观察可能是幼女，而实施奸淫等性侵害行为的，应当认定行为人“明知”对方是幼女。

在该案中，案发前，被害人明确拒绝接受介绍卖淫的事情，进而遭到由向玲某雇佣的社会青年的毒打，到达酒店房间后被害人不发一言、表情痛苦，从其言谈举止来看可能是幼女，而田际某仍然与被害人发生性关系，故田际某对被害人未满14周岁的事实应当认定为“明知”。向玲某在本案中，在被害幼女不愿意从事卖淫活动的情况下，雇佣社会青年对被害幼女挟持并进行毒打，迫使被害幼女与特定的个人即田际某发生性关系，向玲某的行为成立强奸罪。

2. 向玲某的行为不构成强迫卖淫罪

强迫卖淫罪是指使用暴力、威胁、虐待等强制方法迫使他人卖淫的行为。主要构成要件为，使用暴力、威胁等方法迫使他人卖淫，行为对象既包括妇女，也包括幼女。行为的方法必须具有强迫性，该强迫性的判断以是否足以压制被害人反抗为要件。强迫卖淫的法定刑为5年以上10年以下有期徒刑，情节特别严重的处10年以上有期徒刑。一般情况下，强迫不满14周岁的幼女卖淫的，属于强迫卖淫罪情节特别严重的情形。

本案中，之所以认定为强奸罪，就是因为向玲某与田际某在案发前就已经达成了“找处女”买春的口头合意，在被害人到达酒店后，向玲某数次询问被害人年龄，可以认定向玲某已经通过体貌特征判断出被害人尚未达到14周岁的事实。向玲某一系列的行为其实为田际某强奸幼女提供了帮助。本案的共犯情形应属于“片面共犯”，即指参与同一犯罪的人中，一方认识到自己是在和他人共同实施符合构成要件的违法行为，而另一方没有认识到有他人和自己共同实施的情形。本案中，向玲某雇佣他人对被害人进行殴打迫使受害人与田际某性交；而田际某对向玲某雇佣他人对被害人进行殴打的情形并不知情，但向玲某雇佣他人使用强制手段强迫被害人卖淫的行为事实上为田际某强奸罪的既遂提供了帮助，故向玲某是强奸罪的共犯，而不构成强迫卖淫罪。

编写人：湖南省张家界市中级人民法院　刘少廷

27

间接授意构成污染环境罪的共同犯罪

——屈某、彭某某污染环境案

【案件基本信息】

1. 裁判书字号

重庆市第一中级人民法院（2015）渝一中法环刑终字第00443号刑事裁定书

2. 案由：污染环境罪

【基本案情】

被告人彭某某系被告人屈某雇佣的驾驶员，从事工业废水运输工作。2015年8月2日，彭某某根据屈某的安排，驾驶罐车到某化工厂废水池装运废水前往重庆大足污水处理厂进行污水处理。装车后罐车因水温过高出现故障，屈某指示彭某某将车开到修理厂修车，并多次要求屈某想办法处理罐车里的废水。同年8月6日晚上屈某以次日要用车为由，再次电话催促彭某某想办法处理废水。次日凌晨，彭某某将该罐车开到大足区通远桥处，将罐车里所装运的废水倾倒在通远桥下的河沟，导致大足化龙河出现长约1公里的污染带，大足城区饮用水源受到严重污染。屈某在得知废水被倾倒入通远桥下的河沟后，没有表示反对，也没有采取任何补救措施。

【案件焦点】

屈某在明知其雇员彭某某无法在本案客观条件下按照国家相关规定处理污水的情况下，仍以第二天要用车为由再三要求彭某某尽快想办法处理污水，其是否构成污染环境罪的共同犯罪。

【法院裁判要旨】

重庆市大足区人民法院经审理认为，被告人屈某虽然没有明确指使彭某某非法倾倒废水，但其作为彭某某的雇主，明知彭某某在短时间内不可能将废水进行正规处理，而只能采取违反国家环境保护法规及生产经营许可制度的方式非法处理，因用车需要仍再三催促彭某某尽快想办法处理掉废水。并且在知晓废水被倾倒在河沟后也没有采取任何补救措施。足以说明屈某对非法倾倒废水的行为进行了默示的间接授意，二人间接地形成了主观上的意思联络，构成污染环境罪的共同犯罪。

依照《中华人民共和国刑法》第三百三十八条、第二十五条第一款、第六十七条第三款、第五十二条、第五十三条之规定，判决：

一、被告人屈某犯污染环境罪，判处有期徒刑一年六个月，并处罚金50000元；

二、被告人彭某某犯污染环境罪，判处有期徒刑一年三个月，并处罚金20000元。

宣判后，被告人屈某不服提起上诉。重庆市第一中级人民法院裁定：驳回上诉，维持原判。

【法官后语】

司法实践中，污染环境案一般涉及雇员、雇主、单位负责人等多人，这也就往往涉及共同犯罪的认定问题。本案雇主屈某认为其并未指使彭某某非法倾倒污水，非法倾倒行为是彭某某的个人行为，与其无关。而法院认为屈某构成污染环境罪的共同犯罪，理由如下：

1. 明知雇员无法按照国家规定处理污染物，雇主仍要求其处理，是对污染环境行为的间接授意

在污染环境案中，雇主或单位负责人为了躲避法律责任，往往并不直接明确授意指使雇员或劳动者违反国家相关规定，非法处理污染物，而是概括地要求雇员或者劳动者尽快处理。在这种情况下，如果雇主明知雇员无法按照国家规定处理污染物，而只能采取违反国家环境保护法规及生产经营许可制度的方式非法处理，仍要求其处理的，是雇主对雇员的间接授意。因为在无法按照国家规定进行处理的情况下，雇员知晓雇主的实质意思所指，即不惜污染环境也要处理掉污染物，此时双方即在心理上形成了共同污染环境的意思联络。间接授意行为可以通过雇主与雇员事前和事后的行为进行综合分析判断。本案中，事前雇主屈某明知彭某某不可能在当天晚上把污水运往有资质的处理厂处理，仍以第二天要用车为由，要求彭某某想办法尽快处理。事后在得知污水被倾倒在河中后也没有告知环保机构或采取其他补救措施。这足以说明屈某明知自己对彭某某的要求会发生危害社会的结果，并且放任这种危害社会结果的发生，故屈某对彭某某进行了间接授意。

2. 间接授意构成污染环境罪的共同犯罪

共同犯罪在主观上要求有共同的故意，各行为人有相同的犯罪故意并且有意思联络。意思联络是指各行为人都能认识到自己的行为不是孤立无援，而是与他人主观上彼此联络，认识到整个犯罪活动具有内部一致性。所以不论是明示的直接授意，还是默许、暗示的间接授意，只要各行为人形成了上述意思联络，即是共同的故意。本案中，屈某通过暗示、默许对彭某某进行间接授意，二人形成了故意犯罪的意思联络。意思联络并不要求其预见因果关系的一切细节，只要预见到共同行为

会产生某种或一定的结果即可。所以，虽然屈某并不能预见彭某某何时何地通过何种方式处理废水，只要屈某能够预见或应当预见彭某某会非法处理废水从而对环境造成破坏，二人即形成意思联络，构成污染环境罪的共同犯罪。

3. 认定共同犯罪符合污染环境罪从传统人类中心到生态中心转变的立法本意

2011年《刑法》修改之前的重大环境污染事故罪条文表述的为“致使公私财产遭受重大损失或者人身伤亡的严重后果的”，保护的是人身、财产，这是传统的人类中心主义刑法观。人类中心主义把人类视为价值判断的唯一主体，其他存在的物具有的仅仅是工具价值，只需判断它能否满足和实现人的需要和利益。修改后的污染环境罪条文表述为“严重污染环境的”，保护的是生态环境本身，这就突破了我国传统法益保护的色彩，注重了生态环境法益的保护，实现了从人类中心主义转为生态中心主义的刑罚观。这种刑罚观的转变要求在司法中严格适用污染环境罪，准确认定共同犯罪，严惩污染环境的行为。加大打击环境犯罪力度，将污染环境直接行为人背后的授意人、指使人依法认定入罪，可以使得从事有关污染物产出、运输、处理等相关行业从业人员充分认识到污染环境行为带来的罪责后果，这有利于相关行业从业人员树立严格依规处理污染物的意识，从而有效减少污染环境的恶性事件，为“青山绿水、碧海蓝天”的生态环境创造条件。

编写人：重庆市第一中级人民法院　陈义熙　李遵礼

28

共同犯罪中主犯未到案可否对从犯定罪处罚

——张春艳贩卖毒品案

【案件基本信息】

1. 裁判书字号

北京市顺义区人民法院（2015）顺刑初字第01185号刑事判决书

2. 案由：贩卖毒品罪

【基本案情】

2015年4月23日至25日期间，贩毒人“青山”（与张春艳系朋友关系）通过短息联系张春艳，并称自己有毒品要被告人张春艳帮忙找销路。张春艳与奚宏某认识，系朋友关系，常以兄妹相称，张春艳后将此事告诉买毒人奚宏某，在张春艳的居间介绍下“青山”向奚宏某贩卖甲基苯丙胺（冰毒）89.8克。张春艳后被查获，涉案毒品已被收缴。

被告人张春艳辩称：其只是帮“青山”（贩毒人）和奚宏某（买毒人）之间介绍买卖毒品，从中并无获利，涉案毒品交易是上述二人之间的行为，与其无关，故认为自己的行为不构成贩卖毒品罪。

【案件焦点】

共同犯罪中主犯未到案，可否对从犯定罪处罚。

【法院裁判要旨】

北京市顺义区人民法院经审理认为：被告人张春艳明知他人实施贩卖毒品行为而为其居间介绍，其行为侵犯了国家对毒品管制与他人身体健康权，犯罪事实清楚，证据确实、充分，已构成贩卖毒品罪，且系共同犯罪，依法应予惩处。关于被告人张春艳认为其不构成贩卖毒品罪的辩解，有经当庭质证、认证的被告人供述、鉴定结论、短信记录等证据相互印证，足以认定被告人张春艳在贩毒人“青山”与购毒人奚宏某之间居间介绍促成毒品买卖，虽其未获利，但其在毒品交易中居间介绍的事实有据可证，故被告人张春艳的辩解无事实及法律依据，不予采纳；鉴于被告人张春艳在共同犯罪中帮助贩毒人“青山”联络买毒人，在“青山”贩卖毒品过程中无其他行为，故认定其在该共同犯罪中起次要、辅助作用，系从犯，故依法对其减轻处罚；鉴于被告人张春艳到案后如实供述犯罪事实，故依法对其从轻处罚。

北京市顺义区人民法院依照《中华人民共和国刑法》第三百四十七条第一款、第二款第（一）项，第二十五条第一款，第二十七条，第六十七条第三款，第五十二条，第五十三条，第五十五条第一款，第五十六条第一款，第六十四条作出如下判决：

一、被告人张春艳犯贩卖毒品罪，判处有期徒刑七年，并处罚金人民币七千元，剥夺政治权利一年。

二、在案扣押的手机一部，予以没收。

【法官后语】

本案涉及两个核心法律问题，一是毒品共同犯罪中主从犯的认定；二是主犯未到案，对从犯可否定罪处罚。

对于主从犯的认定，前提条件是须构成共同犯罪，《全国法院毒品犯罪审判工作座谈会纪要》中明确指出，居间介绍者受贩毒者委托，为其介绍联络购毒者，与贩毒者构成贩卖毒品罪的共同犯罪。本案现有证据能够证明“青山”是贩毒人，奚宏某是买毒人，张春艳在二者之间起到居间介绍的作用，且张春艳当庭供述也与上述证据证明的事实高度吻合，故可认定张春艳在此起犯罪中起居间介绍作用，构成贩卖毒品罪的共犯。《刑法》第二十六、二十七条明确规定，在共同犯罪中起主要作用的是主犯，起次要作用或辅助作用的是从犯，对从犯可以从轻或减轻、免除处罚。对毒品共同犯罪中主从犯的处罚上应区别对待，要综合犯罪分子的作用大小、具体行为、社会危害性、主观恶性等因素全面考量，做到定罪量刑符合罪刑相适应。本案张春艳在“青山”授意下帮其联系购毒人，但没有分得毒资，亦没有参与毒品的包装、运输、寄送、收款等行为，其在该犯罪行为中起次要或辅助作用，故应认定为从犯。

对于主犯未到案，可否对从犯定罪处罚的认定问题，在审理案件过程中存在两种不同意见：

第一种意见认为，主犯未到案，案件中从犯地位无法认定。理由一是共同犯罪是区分主犯、从犯的前提，现涉案的两名犯罪嫌疑人只有一人到案，不存在认定主从犯的理论基础；理由二是即使认定涉案两名犯罪嫌疑人构成共同犯罪，因未到案的犯罪嫌疑人可能提供新的证据，根据现有证据认定主从犯并定罪处罚过于草率，有悖于《刑法》罪刑相适应的基本原则。

第二种意见认为，主犯未到案，只要检察院指控的犯罪事实清楚，对指控犯罪事实举证的证据确实、充分，即可对被告人定罪处罚。理由是现有法律虽未有明确直接规定共同犯罪中主犯未到案，可对从犯定罪处罚的规定，但仍可在《刑事诉讼法》和《人民检察院刑事诉讼规则（试行）》寻得相关依据。《人民检察院刑事诉讼规则（试行）》第三百九十条规定，对案件进行审查后，认为犯罪嫌疑人的犯罪事实已经查清，证据确实、充分，应当提起公诉；《刑事诉讼法》第一百八十一条规定对公诉案件起诉书中有明确指控犯罪事实的，应当开庭审判；《刑事诉讼法》第一百九十五条规定案件事实清楚证据确实、充分，依法应作出有罪或无罪判决。上述法律条款从审查起诉到立案再到审理、判决，每一阶段的必要条件是事实清楚，证据确实、充分，即不论主犯或从犯是否全部到案，只要检察院指控犯罪分子的犯罪事实依法有据，达到犯罪事实清楚，定罪的证据确实、充分的临界条件，就可以对被告人定罪处罚，其中体现的内在逻辑则是《刑法》严厉打击违法犯罪行为、提高结案效率、节省司法资源、对犯罪分子不枉不纵的司法态度。不能因其他主犯或从犯未到案拒而不立、立而不审、审而不判。

综上，合议庭最终采纳了第二种意见，贩毒主犯“青山”虽未到案，但张春艳居间介绍贩毒的犯罪事实清楚，证据确实、充分，故依法应对其定罪处罚。

编写人：北京市顺义区人民法院　王海龙

29

同案犯隐瞒劫取金额时其他被告人的定罪量刑

——李佳强等抢劫案

【案件基本信息】

1. 裁判书字号

福建省厦门市中级人民法院（2015）厦刑终字第330号刑事裁定书

2. 案由：抢劫罪

【基本案情】

2014年10月，被告人谢天喜假冒朱文某之名与被害人黄顺某QQ聊天成为男女朋友，并于2014年11月19日以朱文某过生日为由，将被害人黄顺某从晋江骗至厦门。被告人李佳强安排朱文某、赵艳某（均另案处理）与被害人黄顺某会面，并将被害人带到厦门市海沧区石室禅院。期间，黄顺某以钱包大不好装为由，将其钱包寄放到朱文某随身携带的包中。钱包内有建设银行卡、农业银行卡、农村信用社银行卡各1张，暂住证2张，航空公司会员卡1张等物。16时许，被告人李佳强、谢天喜、槐永飞、欧阳建军四人到石室禅院后山一坟墓旁等候，被告人李佳强电话通知朱文某、赵艳某将被害人黄顺某带至上述地点，并以买水为由让朱文某、赵艳某离开，二人带走被害人黄顺某的钱包。之后，被告人李佳强、谢天喜、槐永飞、欧阳建军将被害人黄顺某围住，以“在山上挖个坑埋起来”“让你走不出厦门”，拍摄被害人身份证照片，如果报警要到被害人老家炸死他家人等相威胁，向被害人黄顺某索要钱物并逼问银行卡密码，拿到现金1100元、手机1部、福建农商银行卡1张及多张银行卡密码。被害人黄顺某称其银行卡中有4000多元，欲逃跑时，被被告人欧阳建军打了一拳。被告人李佳强电话通知朱文某和赵艳某取款，朱文某、赵艳某持被害人黄顺某寄放在朱文某处的建设银行卡在ATM机取款800元，持建设银行卡和农业银行卡在永辉超市分别消费55.10元和19.80元，所取现金交给了被告人李佳强。被告人李佳强安排被告人谢天喜、欧阳建军送被害人黄顺某到厦门北站乘动车离开厦门，欧阳建军言语威胁被害人不得报警。被告人李佳强、槐永飞持被害人黄顺某的农商银行卡在ATM机取款，发现卡中有3万余元，遂取出2万元。被告人李佳强将10000元存入其民生银行卡中；分给被告人槐永飞8000元；向被告人谢天喜谎称取款4000元，实际分给谢天喜少额赃款；未告知被告人欧阳建军取款数额，未分赃给欧阳建军。经鉴定，涉案手机价值人民币2675元。

2014年12月10日，公安机关依侦查抓获李佳强、谢天喜、槐永飞。被告人槐永飞到案后，带领公安机关抓获被告人欧阳建军。案发后，公安机关扣押被告人李佳强民生银行卡、农业银行卡各1张，槐永飞建设银行卡1张，冻结李佳强民生银行存款10565.64元、槐永飞建设银行存款8000元。2015年5月6日，欧阳建军亲属赔偿被害人经济损失1万元，黄顺某对欧阳建军的抢劫行为表示谅解。

公诉机关认为，被告人李佳强、谢天喜、槐永飞、欧阳建军以非法占有为目的，使用暴力及以暴力相威胁，当场劫得他人财物，其行为已构成抢劫罪。

被告人李佳强、槐永飞、谢天喜、欧阳建军对起诉指控的基本犯罪事实均无异议。被告人李佳强辩解其行为应构成敲诈勒索罪，而非抢劫罪。被告人槐永飞、谢天喜自愿当庭认罪。被告人欧阳建军辩解其抢劫金额应认定为4000元。被告人欧阳建军的辩护人提出辩护意见主要有：1. 被害人被抢劫时谎称银行卡中有4000多元，实有3万多元，被告人李佳强、槐永飞取款时临时起意取出2万元，隐瞒并私吞多取出的16000元，该部分欧阳建军没有占有故意，应由实行过限者承担。2. 欧阳建军在共同犯罪中作用较小应认定为从犯，不区分主从犯的，应认定其作用相对较小。

【案件焦点】

1. 被告人的行为是构成敲诈勒索罪还是抢劫罪；2. 本案是否存在实行过限，被告人谢天喜、欧阳建军是否对全案犯罪金额负责。

【法院裁判要旨】

厦门市海沧区人民法院经审理认为：

一、关于被告人李佳强辩解其行为应构成敲诈勒索罪，而非抢劫罪。经查，被害人黄顺某与四被告人无任何纠纷，被骗至厦，四被告人主观上具有非法占有黄顺某财物的故意；客观上，四被告人在偏僻地段，围住被害人，以将要实施暴力危害被害人生命安全的方式逼迫黄顺某交出财物，当场劫取黄顺某的现金、手机、银行卡及银行卡密码的行为符合抢劫罪的构成要件，构成抢劫罪。被告人李佳强相关辩解，不予采纳。

二、关于辩护人提出被害人称其银行卡中有4000元，被告人李佳强、槐永飞多取出16000元属实行过限，不应及于被告人欧阳建军的意见。经查，四被告人在逼问银行卡密码时，被害人黄顺某出于保护自身安全考虑，谎称其银行卡中只有4000多元。被告人李佳强、槐永飞负责取款，被告人谢天喜、欧阳建军负责看管被害人并送被害人离开厦门。本院认为，在共同犯罪中，因分工的不同，部分参与人员不知道具体犯罪金额的情况是客观存在的。本案四被告人共同劫得被害人的银行卡和银行卡密码，被告人谢天喜、欧阳建军之后的看管、控制行为，使被害人无法及时挂失银行卡，也使得被告人李佳强、槐永飞的取款行为得以顺利实施，上述看管、控制行为是抢劫犯罪的组成部分，与被害人的经济损失具有因果关系，被告人谢天喜、欧阳建军应对被害人全部经济损失承担责任。其次，四被告人实施抢劫犯罪的目的是非法占有被害人财物，侵财犯罪中被害人携带财物的数额具有不确定性，应以实际取得的金额作为犯罪数额，被告人李佳强、槐永飞根据被害人银行卡中存款情况，按当天取现限额取出2万元，没有明显超出被告人谢天喜、欧阳建军的主观故意，二人应当对此承担刑事责任。辩护人相关辩护意见，不予采纳。鉴于被告人李佳强、槐永飞隐瞒取款情况，仅分给谢天喜少额赃款，未给欧阳建军分赃，酌情对被告人谢天喜、欧阳建军从轻处罚。

被告人李佳强、谢天喜、槐永飞、欧阳建军以非法占有为目的，使用暴力及以暴力相威胁，当场劫得他人财物，价值共计人民币24649.9元，其行为均已构成抢劫罪。公诉机关指控的罪名成立。本案系共同犯罪，四被告人均积极参与抢劫犯罪，不区分主从犯。被告人欧阳建军在共同犯罪中作用相对较小且未分赃，被告人谢天喜仅分得少额赃款，可酌情从轻处罚。被告人槐永飞到案后能够如实供述基本犯罪事实，协助公安机关抓捕同案犯，有坦白情节和立功表现，依法可以从轻处罚。四被告人均承认起诉指控的犯罪事实，可酌情对四被告人从轻处罚。被告人欧阳建军亲属赔偿被害人经济损失，被害人表示谅解，可酌情对被告人欧阳建军从轻处罚。

厦门市海沧区人民法院依照《中华人民共和国刑法》第二百六十三条、第二十五条第一款、第六十八条、第六十七条第三款、第六十四条之规定，作出判决如下：

一、被告人李佳强犯抢劫罪，判处有期徒刑四年十个月，并处罚金人民币五千元。

二、被告人谢天喜犯抢劫罪，判处有期徒刑三年十个月，并处罚金人民币二千元。

三、被告人槐永飞犯抢劫罪，判处有期徒刑三年四个月，并处罚金人民币三千元。

四、被告人欧阳建军犯抢劫罪，判处有期徒刑三年四个月，并处罚金人民币一千元。

五、冻结在案的赃款人民币18565.64元，发还被害人黄顺某。

六、扣押在案的民生银行卡1张、建设银行卡1张，予以没收；农业银行卡1张，发还被告人李佳强。

李佳强以原判量刑过重为由提起上诉，其间，申请撤回上诉。厦门市中级人民法院经审理认为：原判认定事实和适用法律正确，量刑适当，审判程序合法。李佳强撤回上诉的申请符合法律规定，应予准许。

厦门市中级人民法院依照《最高人民法院关于适用〈中华人民共和国刑事诉讼法〉的解释》第三百零五条第一款、第三百零八条之规定，作出如下裁定：

准许上诉人李佳强撤回上诉。

【法官后语】

在刑法理论上，二人以上共同实行犯罪的，称为共同正犯。对共同正犯，我国刑法采用部分实行全部责任原则，即在共同共犯的场合，由于各正犯相互利用、补充其他人的行为，便使自己的行为与其他人的行为成为一体导致了结果的发生。因此，即使只是分担了一部分实行行为的正犯，也要对共同实行行为所导致的全部结果承担正犯的责任。成立共同正犯，要求二人以上主观上有共同实行的意思（意思的联络），客观上有共同实行的事实（行为的分担）。共同犯罪中，各共犯只对共同故意实行的犯罪承担责任，对他人超出共同故意实行的犯罪不承担责任。

本案中，被害人银行卡中实有3万余元，谎称只有4000多元，被告人李佳强、槐永飞取款2万元，并向谢天喜、欧阳建军隐瞒了取款金额，那么多取出的16000元是否属于实行过限呢？从案情来看，四被告人结伙以暴力相威胁，劫取被害人银行卡并逼问其银行卡密码，被害人出于保护自身安全考虑，只说了较少的金额。之后，李佳强、槐永飞负责取款，谢天喜、欧阳建军负责看管被害人并送被害人离开厦门。谢天喜、欧阳建军的看管、控制行为，使被害人无法及时挂失银行卡，也使得李佳强、槐永飞的取款行为得以顺利实施，上述看管、控制行为具有实现抢劫犯罪的现实危险性，与李佳强、槐永飞的取款行为成为一体导致了被害人2万余元的经济损失，谢天喜、欧阳建军应对被害人全部经济损失承担责任。其次，抢劫犯罪的目的是非法占有他人财物，侵财犯罪中被害人携带财物的数额具有不确定性，应以实际取得的金额作为犯罪数额，李佳强、槐永飞根据被害人银行卡中存款情况，按当天取现限额取出2万元，没有明显超出谢天喜、欧阳建军的主观故意，二人应当对此承担刑事责任。

对共同正犯采取部分实行全部责任原则，并不意味着否认区别对待。鉴于被告人李佳强、槐永飞隐瞒取款情况，仅分给谢天喜少额赃款，未给欧阳建军分赃，可以酌情对被告人谢天喜、欧阳建军从轻处罚。

编写人：福建省厦门市海沧区人民法院　牟燕　郭碧娥

30

共同犯罪中从犯罪名的认定及存在两个以上被害人时只取得一个被害人或被害人亲属的谅解时如何量刑

——毛光佳、孔令勇故意杀人案

【案件基本信息】

1. 裁判书字号

云南省高级人民法院（2015）云高刑终字第1398号刑事附带民事裁定书

2. 案由：故意杀人罪

【基本案情】

被告人毛光佳曾与被害人黄先某谈过恋爱，分手后便对黄先某怀恨在心，产生杀死黄先某的想法。2014年11月23日17时许，毛光佳叫被告人孔令勇驾驶云CB××××微型车送其到鲁甸县文屏镇，并告知孔令勇要打黄先某一顿，叫孔令勇到文屏镇湖滨小区四号街的摩托车门市帮其购买了一根旧的摩托车前减震器。后二人开车到黄先某上班的“鸿泰地产售楼部”旁等黄先某，黄先某下班后，二人开车跟踪黄先某至鲁甸县文屏镇文屏东路的“鸿泰地产”办公楼旁，见黄先某与男友蒋航某进入“鸿泰地产”办公楼并将卷帘门关闭。半小时后，毛光佳提摩托车前减震器翻墙进入“鸿泰地产”办公楼，孔令勇在外等候，毛光佳在二楼办公室用减震器将蒋航某打倒在沙发上，后将黄先某当场打死，又击打蒋航某头部后逃离现场与孔令勇会合。二人驾车逃走途中孔令勇为毛光佳购买矿泉水、牙刷用于擦洗鞋子上的血迹，毛光佳将摩托车前减震器丢入河中。当晚因同住该栋房屋的王某某发现异常并及时报案，蒋航某被送医院抢救。2014年11月27日民警将被告人毛光佳、孔令勇抓获，并在毛光佳的指认下找到作案工具摩托车前减震器。经鉴定，黄先某系外伤致闭合性颅脑损伤死亡；蒋航某为重伤二级。被害人蒋航某共用去医疗费人民币

38130.64元、护理费3200元、交通费2000元，蒋航某被评定为七级伤残，需后续治疗费12000元。经本院调解，被告人毛光佳、孔令勇的亲属与被害人黄先某的亲属达成协议，由毛光佳的亲属代毛光佳赔偿被害人黄先某的亲属经济损失人民币18万元，由孔令勇的亲属代孔令勇赔偿被害人黄先某的亲属经济损失人民币0.5万元。黄先某的亲属对被告人毛光佳、孔令勇的行为表示谅解，并请求人民法院对二被告人从轻处罚。毛光佳的亲属代为交纳了赔偿蒋航某的经济损失人民币2万元，孔令勇的亲属代为交纳了赔偿蒋航某的经济损失人民币0.5万元。蒋航某表示愿意接受被告人家属代二被告人赔偿的民事赔偿款，但不谅解二被告人，坚持要求二被告人连带赔偿全部经济损失。

【案件焦点】

1. 共同犯罪中从犯罪名的认定；2. 存在主要被害人及其他被害人的情况下，被告人只取得主要被害人或主要被害人亲属谅解时，对被告人能否从轻处罚。

【法院裁判要旨】

云南省昭通市中级人民法院经审理认为，被告人毛光佳因与被害人黄先某分手后，对黄先某怀恨在心，产生杀死黄先某的想法，后告知孔令勇自己要打黄先某一顿，并请孔令勇帮其购买作案工具，二人开车跟踪黄先某到案发现场附近，毛光佳进入现场打死黄先某，将蒋航某打成重伤二级，二人的行为已构成故意杀人罪。在共同犯罪中，被告人毛光佳提起犯意，并由其直接实施打死黄先某、打伤蒋航某的行为，系主犯。被告人毛光佳出于报复而杀人，主观动机卑劣，作案手段特别残忍，并造成了一死一重伤的严重后果，罪行极其严重。鉴于被告人毛光佳归案后如实供述自己的主要犯罪事实，其家属积极代其赔偿被害人黄先某的家属经济损失，并取得谅解，对被害人蒋航某也进行了一定的赔偿，故其尚不属于判处死刑必须立即执行的犯罪分子，但应对其限制减刑。被告人孔令勇明知毛光佳要打黄先某，受毛光佳的邀约积极为毛光佳购买作案工具，并开车与毛光佳跟踪黄先某，接送毛光佳逃离现场，送毛光佳丢弃作案工具，为毛光佳购买矿泉水、牙刷用于擦洗鞋子上的血迹，对毛光佳作案起辅助作用，属从犯。且其家属积极代其赔偿受害人黄先某的亲属，并取得谅解，也对被害人蒋航某进行了一定的赔偿，可对其减轻处罚。决定以故意杀人罪判处被告人毛光佳死刑，缓期二年执行，剥夺政治权利终身。对被告人毛光佳限制减刑。以故意杀人罪判处被告人孔令勇有期徒刑四年。由被告人毛光佳赔偿附带民事诉讼原告人蒋航某经济损失人民币7万元（含已交至本院的人民币2万元），由被告人孔令勇赔偿附带民事诉讼原告人蒋航某经济损失人民币0.5万元（已交至本院），二人承担连带赔偿责任。

上诉人（原审附带民事诉讼原告人）蒋航某提出上诉称，原判对被告人量刑过轻，附带民事判决赔偿过少。

云南省高级人民法院经审理认为，原审被告人毛光佳、孔令勇无视国法，毛光佳因与被害人黄先某恋爱分手后怀恨在心，持械将黄先某打死，将被害人蒋航某打成重伤；孔令勇在明知毛光佳欲殴打被害人，而帮毛光佳购买作案工具、驾车载毛光佳跟踪被害人及逃离现场，并购买清洗血迹的工具，二人的行为构成故意杀人罪。在共同犯罪中，毛光佳起主要作用，是主犯，应对其实施的全部犯罪承担罪责。毛光佳报复杀人，主观动机卑劣，作案手段残忍，造成一死一重伤的严重后果，罪行极其严重，本应依法严惩，但鉴于其归案后如实交代犯罪事实，供述自己的罪行，其亲属积极代为赔偿被害人黄先某亲属经济损失，并取得谅解，对被害人蒋航某也进行了一定赔偿，故对其量刑可从宽处罚，尚不属于判处死刑必须立即执行的犯罪分子，但应对其限制减刑。孔令勇起辅助作用，是从犯，且其亲属积极代为赔偿被害人黄先某亲属经济损失，并取得谅解，对被害人蒋航某也进行了一定赔偿，对其量刑可依法减轻处罚。裁定：

驳回上诉，维持原判。

【法官后语】

1. 关于从犯的罪名的问题。我国法律规定从犯是指在共同犯罪中起次要或者辅助作用的。对于从犯，应当从轻、减轻或者免除处罚。我们的法律只规定了对从犯的处理，并未直接规定对从犯应当如何定罪。其中在共同犯罪中起次要作用，是指起次要作用的正犯，是相对于起主要作用的正犯而言，虽直接参加实施了犯罪构成要件的行为，但所起作用属于次要的犯罪分子。其中在共同犯罪中起辅助作用是对于帮助犯而言的，是指没有直接参加犯罪的实行行为，但为正犯的犯罪创造便利条件，一般指为实施共同犯罪提供方便，创造有利条件，排除障碍。

从刑法理论上说，在我国占通说地位的为部分犯罪共同说，其又分为强硬部分犯罪共同说和温和部分犯罪共同说。强硬部分犯罪共同说主张既然是犯罪共同说，共犯（教唆犯、帮助犯）的罪名就必须从属于正犯，该说在字面含义上非常通俗易懂，也能为普通民众所接受，但如果教唆犯、帮助犯没有重罪的犯意，主犯犯重罪的情况下，对教唆犯和帮助犯也以重罪来定罪是否符合主客观相一致的原则呢？温和部分犯罪共同说则主张，在重合的轻罪范围内成立共同犯罪。

笔者认为两种观点都有可取之处，强硬部分犯罪共同说操作简单，通俗易懂，也容易为普通民众接收，温和部分犯罪共同说又能解决主客观相一致的问题。具体到本案中被告人孔令勇明知毛光佳要打受害人黄先某，而受毛光佳的邀约积极为毛光佳购买作案工具，并开车与毛光佳跟踪黄先某，接送毛光佳逃离现场，送毛光佳丢弃作案工具，为毛光佳购买矿泉水、牙刷用于擦洗毛光佳鞋子上的血迹，对毛光佳作案起辅助作用，属从犯。虽然孔令勇在侦查阶段曾供述自己劝毛光佳用手、脚打黄先某就可以了，对于商量时的情节二被告人均供述比较笼统，只是毛光佳说要打黄先某，根据通常的理解打就是一般的伤害，似乎对被告人孔令勇定故意伤害更为恰当，二人在故意伤害范围内成立共同犯罪，毛光佳超出二人共同故意范围外，怀着杀人的故意打死黄先某将蒋航某打成重伤的行为构成故意杀人罪。但仔细分析本案，孔令勇是属于帮助犯类型的从犯，一般通过正犯来确定罪名比较恰当，只有确有证据能证实帮助犯只知道正犯要犯轻罪，正犯超出了共谋范围犯重罪，帮助犯才只应在轻罪上与正犯构成共同犯罪。但本案中，从被告人孔令勇帮毛光佳购买的作案工具为摩托车前减震，毛光佳作案后明确告知孔令勇将黄先某打得很严重，孔令勇并称你把我害惨了，孔令勇仍然对毛光佳逃离现场、丢弃作案工具、清洗鞋子上的血迹提供帮助，故对其认定为故意杀人更为恰当。

总之，笔者认为对从犯进行定罪时，首先要区分属于何种从犯，对于起次要作用的从犯则根据其参与的犯罪情况来定罪，对于起辅助作用的教唆犯、帮助犯则通常根据强硬部分犯罪共同说来定罪，只有正犯超出共谋犯重罪时才采用温和部分犯罪共同说，在轻罪范围内与从犯构成共同犯罪。但是如有证据能证实帮助犯、教唆犯知道正犯可能犯重罪的，则应对其定重罪。

2. 关于一个案件中存在两个或两个以上的被害人，但被告人只取得一个被害人或被害人亲属谅解时，法院是否应当对被告人从轻处罚及从轻处罚的幅度问题。《刑法》第六十一条规定，对犯罪分子决定刑罚的时候，应当根据犯罪的事实、犯罪的性质、情节和社会的危害程度，依照本法的相关规定判处。法律规定比较原则性，且在我国《刑法》中并未将被害人及被害人亲属的谅解作为一个法定的从轻处罚情节加以规定，最高人民法院颁布《关于宽严相济刑事政策若干意见》第二十三条规定，被告人案发后对被害人积极进行赔偿、并认罪、悔罪的，依法可作为酌定量刑情节予以考虑，因婚姻家庭等民间纠纷激化引发的犯罪，被害人及其家属对被告人表示谅解的，应当作为酌定量刑情节予以考虑。

相对于只有一个被害人的案件及取得所有被害人谅解而言，存在两个或者两个以上的被害人或被害人亲属，但只取得部分被害人的亲属谅解时，到底该不该对被告人从轻处罚，从轻处罚的尺度如何把握就成为难题。就本案而言，经法院调解，被告人毛光佳、孔令勇的亲属与被害人黄先某的亲属达成协议，由毛光佳的亲属代毛光佳赔偿被害人黄先某的亲属经济损失人民币18万元。毛光佳的亲属代为交纳了赔偿蒋航某的经济损失人民币2万元，蒋航某表示接收被告人家属代为赔偿的民事赔偿款，但不谅解。根据本案毛光佳出于报复而杀人，动机卑劣，又是有预谋有准备的犯罪，并且作案手段特别残忍，并造成一死一重伤的严重后果，本应对其严惩。本案是一起典型的存在两个被害人的案件。针对本案造成黄先某死亡、蒋航某重伤的严重后果，认为主要被害人为黄先某，蒋航某处于相对较次的被害人地位，但只取得主要被害人家属的谅解的情形，是否对被告人从轻处罚及从轻到何种程度应慎重考虑，避免造成对各被害人的法益保护不公平的情况，故在说理部分也必须强调对相对较次的被害人被告人也进行了一定赔偿的重要意义。故根据案件的具体情节，即使不判处死刑立即执行，也应对其限制减刑。

总之，笔者认为存在两个或两个以上的被害人，只取得其中一个或部分被害人或被害人亲属的谅解，是否对被告人从轻处罚或从轻到何种程度处罚是个难题，应该分情况予以考虑。首先，应当根据被害人的具体情况能否划分主要被害人及相对较次的被害人、次要被害人，如能取的主要被害人或亲属的谅解，就应当作为量刑情节予以考虑。其次，还要考虑为何只能取得主要被害人或亲属谅解，未能取得其他被害人亲属谅解的具体原因，避免被告人或亲属案发后只针对主要被害人或亲属取得谅解，而忽略其他被害人的赔偿问题，造成不公平的现象出现。再次，还应具体考虑被告人的家庭收入条件及有无悔罪表现来综合考虑，避免出现出钱买刑，给社会造成不良的影响。最后，还应当综合考虑被告人犯罪的手段及情节，社会的可接受程度。

编写人：云南省昭通市中级人民法院　黄开奇

二、刑罚的具体运用

（一）量　　刑

31

把握涉枪案件量刑尺度，体现宽严相济刑事政策

——杨名某走私武器案

【案件基本信息】

1. 裁判书字号

广东省深圳市中级人民法院（2015）深中法刑二初字第148号刑事判决书

2. 案由：走私武器罪

【基本案情】

被告人杨名某捕前系青岛市某公司职工，2014年6月24日，杨名某与同事张某等四人到香港旅游，杨名某与张某在香港逛街时看到商店里的玩具枪做工逼真精美，就和张某各买了一把玩具枪，打算收藏，店家还送了一包塑胶BB弹和一个气瓶，因张某行李不够大，无法装下自己购买的仿真手枪，便将二把仿真手枪全部放入杨名某行李内。次日，被告人杨名某携行李经罗湖口岸入境时，未向海关申报即进入旅客通关通道，经人工检查，海关关员在其行李内查获有未向海关申报的仿真枪两支、BB弹若干。经深圳海关缉私局司法鉴定中心鉴定，上述两支仿真枪均为气枪。

庭审时，被告人杨名某表示认罪，对指控的犯罪事实没有异议，请求对其从轻判处。其辩护人提出被告人杨名某有正当职业和收入，其第一次到香港旅游期间，看到商店里有公开贩卖的仿真枪，误认为是可以合法携带入境的玩具枪支，就与同事张某各购买了一支，因张某行李无法装下仿真枪，其主动帮张某携带入境，也并未采取藏匿的方式通关，这说明杨名某并不清楚国家枪支管理规定，否则二人可以各携带一支仿真枪入境，即便被查获也不够起刑点，不会构成犯罪。杨名某主观上没有犯罪故意，客观上没有实施走私枪支行为，不构成走私武器、弹药罪。且涉案的仿真手枪是非制式仿真手枪，致伤力小于制式仿真手枪，已被海关查获，并未造成实际危害，情节显著轻微、危害不大，综合全案案情，请求对杨名某免予刑事处罚。

【案件焦点】

被告人杨名某的行为是否属于犯罪情节轻微，不需要判处刑罚，根据宽严相济的刑事政策能否免予刑事处罚。

【法院裁判要旨】

广东省深圳市中级人民法院经审理认为：被告人杨名某违反海关法规，逃避海关监管，走私以压缩气体等非火药为动力发射枪弹的枪支二支，其行为已构成走私武器罪。在案证据证实，被告人杨名某系青岛某热电厂员工，有正当职业和合法收入，其在赴港旅游时与同事分别购买了一支仿真枪，由杨名某携带入境。现无证据证实杨名某走私上述仿真枪有牟利或从事违法犯罪活动的目的，也无其他严重情节。被告人杨名某犯罪情节轻微，不需要判处刑罚，决定对其免予刑事处罚。依照《中华人民共和国刑法》第一百五十一条第一款、第三十七条、第六十四条，《最高人民法院、最高人民检察院关于办理走私刑事案件适用法律若干问题的解释》第五条第二款之规定，经审判委员会讨论决定，作出如下判决：

一、被告人杨名某犯走私武器罪，免予刑事处罚。

二、缴获的涉案二支仿真枪予以没收，由扣押机关依法处理。

【法官后语】

长期以来，我国对涉及枪支弹药的犯罪一直采取高压严打态势，在刑法条文中也得到了具体体现，《刑法》第一百五十一条规定：走私武器、弹药的，处七年以上有期徒刑，并处罚金或者没收财产；情节特别严重的，处无期徒刑，并处没收财产；情节较轻的，处三年以上七年以下有期徒刑，并处罚金。

制式枪支具有较大的杀伤力，任其泛滥会对人民群众的生命安全造成严重威胁，危害社会的稳定。经过长期的宣传教育，人们对制式枪支的社会危害性也有广泛的认识。对于涉及制式枪支的犯罪行为处以较重处罚，容易得到人民群众的支持和理解。然而，对于不能发射弹药的非制式枪支特别是以压缩气体为动力的仿真枪支，人们则有不同的理解和认知，不少人对于涉及此类枪支犯罪的社会危害性认知模糊。在实践中处理也要慎重处理，法院应该根据具体的案情把握好宽严相济的原则，以求收到良好的社会效果。

关于不能发射弹药的非制式枪支认定标准，目前的依据是公安部于2010年修订的《公安机关涉案枪支弹药性能鉴定工作规定》，该规定第三条第三项规定：对不能发射制式弹药的非制式枪支，按照《枪支致伤力的法庭科学鉴定判据》（GA/T 718－2007）的规定，当所发射弹丸的枪口比动能大于等于1.8焦耳/平方厘米时，一律认定为枪支。对于该标准，近年来理论界和实务界都有不同声音，主要意见是认为枪口比动能的规定造成涉枪犯罪入罪门槛较低。在实践中造成打击面过宽，对行为人量刑偏重，在具体案件中难以体现出量刑相适应原则。

针对上述问题，2014年9月10日生效的《最高人民法院、最高人民检察院关于办理走私刑事案件适用法律若干问题的解释》（以下简称《解释》）第五条第二项作了如下规定：走私的仿真枪经鉴定为枪支，构成犯罪的，依照《刑法》第一百五十一条第一款的规定，以走私武器罪定罪处罚。不以牟利或者从事违法犯罪活动为目的，且无其他严重情节的，可以依法从轻处罚；情节轻微不需要判处刑罚的，可以免予刑事处罚。

《解释》的颁布，使法官在办理走私仿真枪具体案件中有了较大的自由裁量权，能够针对不同案件予以区别对待。

本案中，被告人杨名某走私以压缩气体等非火药为动力发射枪弹的枪支两支，属于走私武器犯罪中情节较轻的情形，依法可在三年以上七年以下量刑，但根据本案具体情节和事实，在该区间量刑仍过重。杨名某有正当职业和合法收入，其赴港旅游时与同事各自购买了一支仿真枪，由杨名某携带入境。现无证据证实杨名某有牟利或从事违法犯罪活动的目的，也无其他严重情节。故法院认定其情节轻微不需要判处刑罚，可以适用《解释》第五条第二项的规定，经审判委员会讨论决定，决定对其免予刑事处罚。本判决在走私仿真枪具体案件的处理上体现了刑法宽严相济的原则。宣判后，检察机关在法定权限内未提出抗诉，被告人杨名某也未提出上诉，案件现已生效，收到了较好的社会效果。

编写人：广东省深圳市中级人民法院　涂平一

32

对未成年犯单处罚金的考量

——杨某某盗窃案

【案件基本信息】

1. 裁判书字号

广西壮族自治区田林县人民法院（2015）田少刑初字第3号刑事判决书

2. 案由：盗窃罪

【基本案情】

2015年5月4日15时25分，被告人杨某某到田林县河滨路被害人刘某经营的百货商店内买东西，后趁店员李淑某不注意之机，两次打开收银台抽屉盗取现金共计人民币2085元。案发后，被告人杨某某家属代为赔偿被害人损失共计2500元，并取得被害人谅解。

田林县人民检察院以被告人杨某某犯盗窃罪向田林县人民法院提起公诉。

被告人杨某某对公诉机关指控的犯罪事实、罪名没有异议，要求从轻处罚。

被告人杨某某的辩护人提出，被告人杨某某作案时未满十七周岁，且是初犯，犯罪后自愿认罪，并能赔偿被害人的损失取得谅解，恳请法庭对其从轻处罚。

【案件焦点】

被告人杨某某是否犯盗窃罪；如构成盗窃罪能否适用单处罚金。

【法院裁判要旨】

田林县人民法院经审理认为：杨某某以非法占有为目的，采用秘密方法窃取他人财物 2085 元，数额较大，其行为已触犯刑律，构成盗窃罪，应追究其刑事责任。本案事实清楚，证据确实、充分。公诉机关指控的罪名成立。被告人杨某某犯罪后能自愿认罪，依法可以从轻处罚。辩护人提出被告人杨某某在实施盗窃时未满十七周岁，且是初犯，并能赔偿被害人损失取得谅解，要求本院对其予以减轻处罚。与事实相符，本院予以认定。

被告人杨某某为未成年人，之所以犯罪，主要原因是法制观念淡薄，是非辨别能力差，心理成长不成熟及未能树立正确的人生观、价值观。从提交的调查资料反映，被告人杨某某之所以走上犯罪道路，同时也是被告人杨某某的父母对被告人杨某某疏于管教，缺乏监督与正确引导引起。对此，被告人杨某某的父母应引起重视，今后应加强对被告人杨某某进行法制教育，提高被告人杨某某的法制意识，树立被告人杨某某正确的人生观、价值观。而被告人杨某某更应吸取教训，悔过自新，自觉遵守法律法规，提高法律意识，成为一个守法公民。根据被告人的犯罪事实、性质、情节以及对社会的危害程度，依照《中华人民共和国刑法》第二百六十四条，第十七条第一款、第三款，第六十七条第三款，第五十二条，第五十三条及《最高人民法院、最高人民检察院关于办理盗窃刑事案件适用法律若干问题的解释》第一条第一款、第十四条的规定，判决如下：

被告人杨某某犯盗窃罪，判处单处罚金 1000 元（限判决生效后十日内缴纳），上缴国库。

【法官后语】

我国《刑法》第五十三条规定："罚金在判决指定的期限内一次或者分期缴纳。期满不缴纳的，强制缴纳。对于不能全部缴纳罚金的，人民法院在任何时候发现被执行人有可以执行的财产，应当随时追缴。由于遭遇不能抗拒的灾祸等原因缴纳确有困难的，经人民法院裁定，可以延期缴纳、酌情减少或者免除。"《最高人民法院关于审理未成年人刑事案件具体应用法律若干问题的解释》第十一条规定："对未成年罪犯适用刑罚，应当充分考虑是否有利于未成年罪犯的教育和矫正。对未成年罪犯量刑应当依照刑法第六十一条的规定，并充分考虑未成年人实施犯罪行为的动机和目的、犯罪时的年龄、是否初次犯罪、犯罪后的悔罪表现、个人成长经历和一贯表现等因素。对符合管制、缓刑、单处罚金或者免予刑事处罚适用条件的未成年罪犯，应当依法适用管制、缓刑、单处罚金或者免于刑事处罚。”我国现行刑事司法解释对未成年罪犯适用罚金刑持肯定态度。

而对未成年罪犯适用罚金，有的人则认为不适宜：首先，少年犯多半少有收入，若判处罚金亦多由其父母或亲属代为缴纳，对少年犯的教育有不良效果。其次，未成年罪犯正处于价值观的形成时期，对没有经济收入的未成年犯适用罚金刑，极有可能在未成年心理产生以钱赎刑的错误观念。最后，由未成年犯父母或亲属代为缴纳罚金的与刑法的罪责自负原则相悖，对于没有缴纳罚金能力的会存在执行难问题，损害法律的权威性。

我国《刑法》规定已满十四周岁不满十六周岁的未成年罪犯只需对犯故意杀人、故意伤害致人重伤或死亡、强奸、抢劫、贩卖毒品、放火、爆炸、投毒罪该八种重罪负刑事责任。而对未成年罪犯单处罚金，一般是对犯罪性质较轻或犯罪情节较轻的犯罪才有可能适用。也就是说犯罪性质较轻或犯罪情节较轻的犯罪的未成年人一般在十六周岁以上。笔者认为部分已满十六周岁不满十八周岁的未成年人，在犯罪时已经有工作及固定收入，所以对未成年人判处罚金刑是可行的。对于没有独立财产及经济来源的未成年犯，被判处罚金刑后将来也是可以实现的，我国《刑法》第五十三条已规定可随时追缴制度。最重要的是判处罚金刑特别是单处罚金，对未成年犯执行时不需要关押，是一种非监禁刑，而是剥夺了犯罪人直接劳动所获的报酬，使其经历痛苦的体验，以示警戒。同时，还能够迫使罪犯面临社会生活，通过劳动来重新获取金钱。所以罚金刑具有改变犯罪人的价值观念和行为方式，使其成为对社会有用的新人的作用。避免未成年犯进入劳改场所执行交叉感染，避免他们形成监狱型人格。

审理未成年犯罪的案件，特别是犯罪性质较轻或犯罪情节较轻的，应当不仅仅依据法律判处未成年罪犯相应的刑罚，更应对其积极实施保护和教育，与未成年罪犯的家庭沟通，让家庭参与挽救。本案，准确把握了未成年人保护的少年审判政策，对未成年罪犯单处罚金，可使未成年罪犯减轻压力，有信心到学校继续接受教育，也使未成年罪犯的家庭引起重视，加强对未成年犯的管教。

编写人：广西壮族自治区田林县人民法院　赵国秀

33

同一犯罪事实能否在具有牵连关系的数罪中同时作为加重情节适用

——刘某等非法采矿、行贿、对非国家工作人员行贿案

【案件基本信息】

1. 裁判书字号

广东省惠州市中级人民法院（2014）惠中法刑一终字第57号刑事裁定书

2. 案由：非法采矿罪、行贿罪、对非国家工作人员行贿罪

【基本案情】

2012年10月，被告人刘某与张某、李某、王某（后两人另案处理）商量在广东省龙门县密溪林场温屋村门坎山非法开采稀土矿，由李某、王某负责出资，给刘某240万元用于租山和疏通关系。于是，刘某便与该山承包者温某联系将山租下作为稀土矿场，由被告人张某在该矿场负责后勤管理，被告人周某、朱某、郭某作为采矿工人施工。其间，刘某给密溪林场九个村小组组长共9万元，叫他们不到该处巡查，之后又给密溪林场巡查小组四名工作人员共1.8万元，让他们放任其非法采矿行为。该稀土矿场从2013年3月1日正式开工直至同年5月26日被查获，经鉴定，造成矿产资源破坏价值人民币432.73万元。6月15日，被告人张某通过电话向公安机关投案自首，并带领公安机关将刘某抓获。公诉机关对被告人刘某以非法采矿罪、行贿罪追究刑事责任，对被告人张某、温某、周某、朱某、郭某犯非法采矿罪追究刑事责任。被告人刘某及其辩护人认为刘某在非法采矿犯罪中，主要负责协调关系，未参与其他罪行，应当以从犯论。

【案件焦点】

本案被告人所犯行贿罪和非法采矿罪客观上存在目的行为与手段行为的牵连，

故对于其非法采矿的损失，既是非法采矿罪的犯罪结果，同时又可视为行贿罪的犯罪结果，在对被告人以该两罪并罚时，是否将此犯罪结果同时纳入该两罪，均作为加重情节适用。

【法院裁判要旨】

广东省龙门县人民法院经审理认为：一、被告人刘某、张某、温某、周某、朱某、郭某的行为已构成非法采矿罪，且造成矿产资源破坏价值432.73万元，属于“情节特别严重”。在非法采矿中，被告人刘某负责协调关系，被告人张某负责后勤管理，两人均为主犯。因被告人张某有自首和立功情节，依法对其减轻处罚。被告人温某、周某、朱某、郭某在非法采矿中均起辅助作用，均应认定为从犯，且归案后均如实供述，认罪态度好，依法对四被告人减轻处罚。二、被告人刘某为排除对非法采矿的干扰，向9名村小组组长及4名密溪林场工作人员行贿的行为，分别构成对非国家工作人员行贿罪和行贿罪。三、行贿罪中，被告人刘某因行贿谋取不正当利益，造成矿产资源破坏价值432.73万元，认定为“使国家利益遭受重大损失”。

广东省龙门县人民法院依照《中华人民共和国刑法》第三百四十三条第一款、第一百六十四条第一款、第三百八十九条第一款、第三百九十条第一款、第九十三条第二款、第六十九条、第二十六条第一款、第四款、第六十七条第一款、第三款、第六十八条、第二十七条、第六十四条，《最高人民法院关于审理非法采矿、破坏性采矿刑事案件具体应用法律若干问题的解释》① 第三条，《最高人民法院、最高人民检察院关于办理行贿刑事案件具体应用法律若干问题的解释》第三条，《全国人民代表大会常务委员会关于〈中华人民共和国刑法〉第九十三条第二款的解释》之规定，判决：

一、被告人刘某犯非法采矿罪，判处有期徒刑三年，并处罚金三十万元；犯对非国家工作人员行贿罪，判处有期徒刑六个月；犯行贿罪，判处有期徒刑五年，总和刑期有期徒刑八年六个月，并处罚金三十万元，决定执行有期徒刑七年，并处罚金三十万元。

---

① 已被2016年《最高人民法院、最高人民检察院关于办理非法采矿、破坏性采矿刑事案件适用法律若干问题的解释》废止。

二、被告人张某犯非法采矿罪，判处有期徒刑一年六个月，并处罚金七万元。

三、被告人温某犯非法采矿罪，判处有期徒刑十个月，并处罚金五万元。

四、被告人周某、朱某、郭某犯非法采矿罪，判处有期徒刑九个月，并处罚金一万元。

上诉人刘某及其辩护人提出，对非法采矿的损失，理应纳入非法采矿罪犯罪构成及以“非法采矿，情节特别严重”量刑，不应重复作为行贿罪损失并以“因行贿谋取不正当利益，使国家利益遭受重大损失”量刑。

广东省惠州市中级人民法院经审理认为：一、在非法采矿罪中，原审判决认定事实清楚，证据确实、充分，定罪准确，审判程序合法，且在量刑中，已充分考虑各被告人的作用地位、犯罪情节进行处罚，量刑适当，予以维持。二、原审判决除认定上诉人刘某构成非法采矿罪之外，还认定其行为同时构成行贿罪和对非国家工作人员行贿罪，定罪准确，但原审判决将非法采矿行为造成矿产资源破坏价值432.73万元全部损失均认定为刘某的行贿行为造成的直接经济损失数额，以适用“使国家利益遭受重大损失”的情节，以致对刘某量刑加重，应予改判；三、对上诉人刘某的量刑改判如下：犯非法采矿罪，判处有期徒刑三年，并处罚金三十万元；犯行贿罪，判处有期徒刑十个月；犯对非国家工作人员行贿罪，判处有期徒刑六个月；总和刑期有期徒刑四年四个月，并处罚金三十万元，决定执行有期徒刑四年，并处罚金三十万元。

【法官后语】

本案的难点实质是同一犯罪事实能否在具有牵连关系的多个罪中同时作为加重情节适用的问题。这一问题在我国刑法学界是存在争议的，一种观点认为牵连犯本就存在着内部联系，而法律中规定的少数牵连犯应当数罪并罚的情形，其并罚的根源系行为的社会危害性和行为人的人身危险性的有机统一，因此，即使存在“重合、交叉部分”，犯罪事实作为各罪的量刑情节都应独立存在。另一种观点认为牵连犯在客观上存在目的行为与方法或手段行为的牵连或者原因行为与结果行为的牵连，其中一个罪的社会危害性体现在另一个罪上，量刑时考虑的只能是构成要件以外的其他表明行为的社会危害性程度的事实要素，否则就有悖于禁止重复评价的原则。笔者同意后一种观点，究其原因在于保障被告人权利，如果一犯罪事实已经作为一罪的加重情节在量刑时已经适用，若对于其另一罪量刑时再度适用此犯罪事实作为加重情节，将导致罪刑不相适应，对被告人量刑明显不公。

在本案中，行贿罪中不能适用非法采矿造成的环境破坏损失作为“使国家利益遭受重大损失”的加重情节，具体理由如下：一是非法采矿造成的环境破坏损失并非因刘某行贿行为造成的必然的直接经济损失。根据《最高人民法院、最高人民检察院关于办理行贿刑事案件具体应用法律若干问题的解释》第三条的规定，因行贿谋取不正当利益，造成直接经济损失数额在一百万元以上的，应当认定为刑法第三百九十条规定的“使国家利益遭受重大损失”，故此处经济损失应当为直接经济损失。非法采矿为多人、集体共同犯罪，虽然与刘某的行贿行为存在一定因果关系，但非法采矿的后果系通过投资、组织、生产等多个环节造成，刘某的行贿行为仅是其中一个环节，非法采矿行为造成矿产资源破坏价值432.73万元，显然不是刘某的行贿行为造成的直接经济损失数额，不当适用此情节导致全部损害后果由刘某个人直接承担。二是将导致对加重情节的重复评价。非法采矿行为造成矿产资源破坏价值432.73万元，这一犯罪结果已经由刘某在非法采矿罪以“情节特别严重”承担责任，而在行贿罪中不应当再次重复评价，成为行贿罪的加重情节，让被告人再次为同一犯罪结果承担责任。

近年来，在司法实践中，不少法院工作人员在定罪量刑时对一些定罪情节、量刑情节的重复性评价，不利于对犯罪分子的人权保护和公正判决，笔者希望通过此文对司法实践提供一些建议，完善现有的量刑制度，真正做到保护人权的法律政策。

编写人：广东省惠州市中级人民法院　邱玉薇

34

经同意入户对抢劫罪加重量刑认定之影响

——董晓丰抢劫案

【案件基本信息】

1. 裁判书字号

江苏省盐城市中级人民法院（2015）盐刑终字第00011号刑事裁定书

2. 案由：抢劫罪

【基本案情】

2014年9月2日21时许，经徐某某（另案处理）提议，被告人董晓丰与徐某某决定到徐某某家盗窃徐某某继母李凤某的现金，二人准备了头套、手套、口罩、绳子、抹布和水果刀等作案工具。当日23时30分左右，被告人董晓丰与徐某某蒙面进入二楼李凤某的房间，由徐某某望风，被告人董晓丰两次进入李凤某房间翻找钱财未果，随后二人一起进入房间翻衣柜时被李凤某发现。被告人董晓丰立即用抹布堵住李凤某的嘴，用绳子捆住李凤某的手脚，徐某某则按住李凤某的胳膊，并拿出随身携带的水果刀相威胁，被告人董晓丰抢过水果刀抵在李凤某面前，逼迫李凤某将钱交出来，后李凤某从柜子里拿出人民币9600元。被告人董晓丰分得人民币6000元，徐某某分得人民币3600元。

【案件焦点】

经被害人亲属同意入户进行抢劫，在量刑方面，能否升格为“入户抢劫”。

【法院裁判要旨】

江苏省阜宁县人民法院经审理认为：被告人董晓丰以非法占有为目的，以暴力、胁迫方法入户抢劫他人财物，其行为已触犯刑律，构成抢劫罪，依法应当判处十年以上有期徒刑、无期徒刑或者死刑，并处罚金或者没收财产。公诉机关指控被告人董晓丰犯抢劫罪的事实清楚，证据确实、充分，本院予以支持。对于被告人董晓丰提出的其行为不构成入户抢劫的辩解意见，本院认为，被告人董晓丰等人以实施盗窃犯罪为目的，非法进入被害人的住所，后以暴力、胁迫手段，劫取被害人钱财，其行为符合入户抢劫的构成要件，应认定为“入户抢劫”，被告人董晓丰的该点辩解意见，不符合相关法律规定，本院不予采纳。依照《中华人民共和国刑法》第二百六十三条第（一）项、第二十五条第一款、第五十六条第一款、第五十五条第一款、第六十七条第三款、第六十四条的规定，作出判决如下：

一、被告人董晓丰犯抢劫罪，判处有期徒刑十年六个月，剥夺政治权利三年，并处罚金人民币一万元。

二、继续追缴被告人董晓丰共同抢劫犯罪所得人民币九千六百元，发还被害人。

被告人董晓丰不服，认为一审判决量刑过重，提起上诉。

江苏省盐城市中级人民法院认为：上诉人董晓丰伙同他人以非法占有为目的，采用暴力、胁迫方法入室劫取他人财物，其行为已触犯刑律，构成抢劫罪，且属共同犯罪。上诉人董晓丰归案后如实供述犯罪事实，依法可以从轻处罚。关于上诉人董晓丰所提“原判认定入户抢劫不当，量刑过重”的上诉理由，经查，该上诉理由依据不足，本院不予采纳。原审判决认定事实和适用法律正确、量刑适当，程序合法，应予维持。依照《中华人民共和国刑事诉讼法》第二百二十五条第一款第（一）项的规定，作出如下裁定：

驳回上诉，维持原判。

【法官后语】

案涉被告人经被害人的亲属同意入户，实质是以合法形式掩盖非法目的，此与未经准许侵入他人住宅本质无异，在量刑方面仍当以入户抢劫论。理由如下：

入户抢劫属于抢劫罪的法定加重情节。《刑法》第二百六十三条规定，入户抢劫的，处十年以上有期徒刑、无期徒刑或者死刑，并处罚金或者没收财产。立法之所以要对入户抢劫加重处罚，是因为与一般抢劫相比，前者反映出行为人主观恶性更深，社会危害性更大，除侵害公民人身权和财产权外，还严重侵犯了公民住宅权，因为“户”是保障公民人身、财产安全和生活安宁的最重要场所，所以司法实践中对于入户抢劫的准确识别直接关系到罪责刑相适应原则的贯彻实施。

根据《最高人民法院关于审理抢劫、抢夺刑事案件适用法律若干问题的意见》第一条规定，认定入户抢劫时，应当注意三个问题：

一是“户”的范围。户是指供他人家庭生活和与外界相对隔离的住所。前者为功能特征，后者为场所特征。在户的相对封闭的空间区域内，居住者享有完全的占有、使用、支配和自由进出的权利，非经其同意或基于法定事由，任何人不得随意进入。

二是“入户”目的的非法性。强调进入他人住所须以实施抢劫等犯罪为目的。一方面，犯意形成须发生于入户之前或入户之时，否则根据犯罪主客观相统一原则，只能以一般抢劫定罪量刑；另一方面，行为人入户彻底违背了他人意志，这是一种未经居住者同意而又没有法律依据的进入他人住宅的非法行为，严重侵犯了他人住宅权。

三是暴力或者暴力胁迫行为必须发生在户内。对于入户实施盗窃被发现，行为人为窝藏赃物、抗拒抓捕或者毁灭罪证而当场使用暴力或者以暴力相威胁的，若暴力或者暴力胁迫行为发生在户内，可以认定为入户抢劫。

本案中，被告人董晓丰不仅主观上意识到“户”的存在，存有入户侵占他人财物的概括性故意，而且客观上在“户”内也当场实施了暴力行为，非法劫取了他人财物，具体而言：

1. 犯罪行为发生在被害人私人住宅中。案涉住宅是供被害人李凤某日常居住、生活和栖息的地方，是保障被害人私生活自由、免受外界干扰的相对封闭的个人空间，被告人的犯罪行为符合入户抢劫对犯罪地点特定化、固型化的要求。

2. 董晓丰入户彻底违背了被害人的意志。被告人经被害人的亲属徐某某同意入户，该入户看似合法，实质却是以合法形式掩盖非法目的，因为正是基于被告人来家做客的欺诈，被害人才会陷入错误认识，继而同意其入户，也就是说被害人的错误意思表示不能也无法阻却被告人非法入户的意图，况且后者事先备好抹布、绳子、水果刀等暴力作案工具，本身即足以证明其入户存有不法动机。此严重侵犯了被害人的住宅安宁权，符合入户抢劫对入户目的非法性的要求。

3. 在被害人住宅内当场实施暴力行为。尽管被告人入户前只具有盗窃而非抢劫的犯意，但是在盗窃过程中，因被发现而为制止被害人的反抗，当场堵住被害人的嘴和捆住被害人的手脚，同时以随身携带的凶器相威胁，致使被害人不敢反抗而被迫交出财物，此亦符合盗窃形态转化后的抢劫罪特征。

编写人：江苏省阜宁县人民法院　刘干

35

量刑规范要兼顾被害人方利益和态度

——徐启某交通肇事案

【案件基本信息】

1. 裁判书字号

河南省信阳市中级人民法院（2015）信刑终字第50号刑事判决书

2. 案由：交通肇事罪

【基本案情】

2014年7月23日9时24分，被告人徐启某持证驾驶豫SL9×××号轿车从107国道周家山出发准备到信阳市平桥区光明路棉麻中转站，由西往东行驶至信阳市羊山新区新七大道新十二街交叉口中乐百花酒店附近路段时，与相对方向杨某驾驶的大阳电动车沿人行横道线左转弯由北向南行驶至南边快车道时发生相撞，造成大阳电动车乘坐人刘某当场死亡、杨某受伤和两车受损的交通事故。案发后，被告人徐启某电话报警，喊路人抬起电动车抢救伤员，在现场等候交警处理。

经信阳市公安交通警察支队事故处理大队认定，徐启某负该起事故的主要责任，杨某负该起事故的次要责任，刘某无责任。徐启某和刘某丈夫马某某均对上述责任认定有异议，申请信阳市公安交通警察支队复核，信阳市公安交通警察支队复核结论：事故处理大队事故认定事实清楚，证据充分，程序合法，交通事故认定客观正确，经集体研究维持原事故认定。

【案件焦点】

法院能否因被害人近亲属对被告人量刑态度的变化，而在量刑的实体处理上随之变化。尤其一审判决后，二审期间该态度又发生重大转变的情况下，法院应当如何依法、依现实作出判决。

【法院裁判要旨】

平桥区人民法院经审理认为，被告人徐启某违反交通运输管理法规，因而发生重大事故，致一人死亡，一人受伤，其行为已构成交通肇事罪，应依法惩处。平桥区人民检察院指控被告人犯罪的事实清楚，证据确实、充分，罪名成立。辩护人关于被告人徐启某有自首情节的意见，经查，案发后，被告人徐启某电话报警，喊人抬起电动车抢救伤员，在现场等待交警处理，供认犯罪事实，其行为应认定为自首，依法可从轻处罚。根据被告人徐启某犯罪的事实、犯罪的性质、情节和对于社会的危害程度，依照《中华人民共和国刑法》第一百三十三条第一款、第六十七条第一款的规定，经审判委员会讨论决定，以被告人徐启某犯交通肇事罪，判处有期徒刑一年十个月。

平桥区人民检察院抗诉称：原审法院在未鉴定杨某损伤程度的情况下作出判决，属认定事实不清，导致量刑畸轻。

徐启某上诉及其辩护人辩护称：原判认定徐启某承担事故的主要责任错误，原判量刑过重，请求判处缓刑。

信阳市中级人民法院经审理认为，平桥区人民法院认定事实清楚，证据确实、充分，定罪正确，审判程序合法。抗诉机关平桥区人民检察院抗诉理白、徐启某及其辩护人上诉辩称“原判量刑过重”理由均不能成立。鉴于徐启某委托其亲属与被害人杨某及被害人刘某的近亲属的和解系双方真实意思表示，和解形式符合法律规定，可适用缓刑。经审判委员会讨论决定，判决如下：

一、撤销平桥区人民法院（2014）平刑初字第334号刑事判决，即被告人徐启某犯交通肇事罪，判处有期徒刑一年十个月；

二、上诉人（原审被告人）徐启某犯交通肇事罪，判处有期徒刑一年十个月，缓刑二年。

【法官后语】

随着社会经济的不断发展，汽车已作为日常交通工具走进千家万户，包括普通工人、农民家庭。但由于道路硬件、管理软件不完备，以及机动车驾驶人、其他非机动车驾驶人包括行人在内的诸多人员交通安全意识还不是很强，交通肇事犯罪呈日益上升趋势。在司法实践中，由于各种因素的影响，量刑过轻或过重现象均时有发生，统一交通肇事罪的裁判标准、量刑规范化，显得非常迫切。惟有如此，才能彰显法律的公正公平，构建和谐稳定社会。

本案既是一起普通的交通肇事案件，也是一起典型的交通肇事案件，在规范化量刑处理上尤值得深思。

案件一审审理期间，被害人刘某丈夫马某某及伤者杨某明确表示不提起刑事附带民事诉讼，不谈民事赔偿问题，只要求对被告人徐启某重判。马某某系信阳市人大代表，审理期间不断向市有关领导反映，甚至干扰正常的审理秩序。合议庭成员依据河南省高级人民法院印发《〈关于常见犯罪的量刑指导意见〉实施细则》交通肇事罪量刑标准细则合理计算，得出最终的宣告刑后提交审判委员会讨论决定，以交通肇事罪判处被告人徐启某有期徒刑一年零十个月。信阳中院二审审理过程中，被害人杨某及被害人刘某近亲属提起附带民事诉讼，经调解，被告人徐启某家人与被害人及近亲属自愿达成和解协议：被告人徐启某亲属分别代为赔偿被害人杨某人民币13.5万元、刘某近亲属人民币100万元。后经中院审判委员会讨论决定：被告人徐启某犯交通肇事罪，判处有期徒刑一年零十个月，缓刑二年。

在规范化的基础上，一、二审的量刑均考虑了被告人、被害人及其亲属多方面的原因。通过对本案例进行分析发现，交通肇事犯罪的原因多发，后果严重，量刑时必须多方兼顾，才能公正公平地维护各方权益。归纳起来主要有以下几个方面：

1. 考虑被害人及其近亲属的对立情绪，尽量从重处罚，给二审消除矛盾、促成调解创造条件。本案中，被告人徐启某负主要责任，伤者负次要责任，死者无责任。被告人经济条件较好，有赔偿能力；被害人系某公司财务主管（个体），家庭殷实，明确表示不在乎赔偿款。且伤者与死者近亲属系亲戚关系，二者利益一致，不提起附带民事诉讼，要求严惩被告人。这就要求我们承办法官在量刑时不能死板教条地同普通的案件按规范化量刑指标细则取中幅度量刑，而是要考虑怎样才能最有效地化解矛盾、解决矛盾。既然被害人不提起附带民事诉讼，那就意味着矛盾在一审得不到解决，量刑上就要考虑从重处罚，基准刑确定为最高刑；一人受伤可考虑“其他可以增加刑罚量的情形”，酌情增加刑罚量；其具有自首情节，就得减少基准刑比例，得出的刑期为有期徒刑一年零六个月，该刑罚仍不能体现从重处罚，合议庭运用“可以在20%的幅度内调整”，又增加了四个月刑期，确定宣告刑为有期徒刑一年零十个月。被害人亲属在法官解释量刑规范后得知已把所有量刑情节从重考虑后，勉强接受，表示走法律程序，不再缠闹；被告人在没有赔偿的情况下被判处相对较重的刑期亦能理解，希望上诉赔偿后能从轻处罚。至此，一审对被告人从重判处，即消除了被害人的对立情绪，又为二审化解此案奠定了基础。

2. 认真查明事实真相，确保被告人的合法权益得到保护。一审审理期间，被害人亲属对信阳市公安交通警察支队事故处理大队道路交通事故认定书认定徐启某负主责不认可，坚持认为徐启某应当负全责；对交警支队提供的录像资料亦持怀疑态度，认为录像资料不完整；认为徐启某没有报警，不属于自首。对此，合议庭成员非常慎重，多次向被害人亲属解释事故认定的理由及法律依据，会同被害人亲属到案发现场听取被害人及亲属的陈述意见，走访现场勘查的民警，通知勘查民警、鉴定人员出庭作证，查明案件的事实真相，打消被害人及亲属的疑虑。审理中即支持了被害人亲属的合理要求，又保护了被告人的合法权益，为公正判决打下坚实的根基。

3. 充分发挥合议庭职能作用，既能掌控制全局，又保证了司法的公正、公平、公开。审理中，合议庭成员协同一致，耐心细致地做被害人亲属的工作，共同商讨解决此案的办法，确保被害人亲属不采取极端方式上访、闹事，同时兼顾被告人的罪、责、刑相适应，罚当其罪，最大限度地维护司法权威。

综上所述，交通肇事犯罪的原因颇多，被害人各不相同，同时个案各有特点。因此，人民法院在审理此类案件时要找准被告人、被害人双方的切入点，有针对性地进行审理，结合其法定或者酌定从轻及从重情节、认罪态度、赔偿谅解情况，既能最大限度地保护被告人、被害人双方的合法权益，又能解决矛盾，达到法律效果与社会效果的统一。

编写人：河南省信阳市平桥区人民法院　刘振厚

36

上下游犯罪的个案量刑应均衡考量

——杜国某等非法捕捞水产品，刘训某、严荣某掩饰、隐瞒犯罪所得案

【案件基本信息】

1. 裁判书字号

江苏省无锡市中级人民法院（2015）锡环刑终字第1号刑事裁定书

2. 案由：非法捕捞水产品罪，掩饰、隐瞒犯罪所得罪

【基本案情】

1. 2014年6月至11月2日，被告人杜国某先后组织被告人张玉某、李法某、盛祝某在未依法取得捕捞证的情形下，驾驶渔船至太湖贡湖水域采用电捕的方式非法捕捞60余次，共计捕得太湖青虾1500余千克。被告人杜国某购得上述太湖青虾后，无锡市滨湖区北桥水产市场16－17号摊位实际经营者被告人刘训某先后60余次代为销售，共计销售得款人民币（币种下同）9万余元，刘训某从中赚取手续费（1元/500克，下同）3000余元。

2. 2014年6月至11月2日，被告人杜锡某先后组织被告人陆吉某、马玉某在未依法取得捕捞证的情形下，驾驶渔船至太湖贡湖水域采用电捕的方式非法捕捞40余次，共计捕得太湖青虾550余千克。被告人杜锡某购得上述太湖青虾后，无锡市滨湖区北桥水产市场14号摊位经营者被告人严荣某先后20余次代为销售450余千克，共计销售得款4万余元，严荣某从中赚取手续费800余元。

【案件焦点】

作为下游犯罪的掩饰、隐瞒犯罪所得罪的量刑是否可以机械认定为“情节严重”而高于上游犯罪的量刑。

【法院裁判要旨】

江苏省无锡市滨湖区人民法院经审理认为：被告人杜国某、杜锡某、陆吉某、马玉某、张玉某、李法某、盛祝某违反保护水产资源法规，多次结伙在禁渔期使用禁用的工具捕捞水产品，情节严重，其行为均已构成非法捕捞水产品罪。被告人刘训某、严荣某明知被告人杜国某、杜锡某要求代为销售的青虾为非法捕捞所得，仍然多次代为销售，情节严重，其行为均已构成掩饰、隐瞒犯罪所得罪。各被告人庭审中均自愿认罪，悔罪表现较好，可予以酌情从轻处罚。被告人张玉某、李法某犯罪后有自首情节，可以从轻处罚。被告人杜锡某、陆吉某、马玉某归案后如实供述罪行，可以从轻处罚。被告人张玉某2011年3月8日被安徽省芜湖县人民法院判处有期徒刑一年，2011年10月27日刑满释放，其于2014年又犯非法捕捞水产品罪，构成累犯，应当从重处罚。根据被告人严荣某、陆吉某、马玉某的犯罪情节、认罪态度，符合缓刑的适用条件，该院认为可对其宣告缓刑。

无锡市滨湖区人民法院依照《中华人民共和国刑法》第三百一十二条、第三百四十条、第二十五条第一款、第六十四条、第六十五条第一款、第六十七条第一款、第三款、第七十二条第一款、第七十三条之规定，作出如下判决：

一、被告人杜国某犯非法捕捞水产品罪，判处有期徒刑一年。

二、被告人杜锡某犯非法捕捞水产品罪，判处有期徒刑十个月。

三、被告人张玉某犯非法捕捞水产品罪，判处有期徒刑九个月。

四、被告人李法某犯非法捕捞水产品罪，判处有期徒刑八个月。

五、被告人盛祝某犯非法捕捞水产品罪，判处有期徒刑八个月。

六、被告人陆吉某犯非法捕捞水产品罪，判处拘役五个月，缓刑六个月。

七、被告人马玉某犯非法捕捞水产品罪，判处拘役五个月，缓刑六个月。

八、被告人刘训某犯掩饰、隐瞒犯罪所得罪，判处有期徒刑九个月，并处罚金2000元。

九、被告人严荣某犯掩饰、隐瞒犯罪所得罪，判处有期徒刑六个月，缓刑一年，并处罚金2000元。

十、扣押在案的用于捕捞的犯罪工具予以没收。

宣判后，无锡市滨湖区人民检察院提起抗诉，认为一审判决未对被告人刘训某、严荣某判处三年以上有期徒刑，导致量刑畸轻。请求二审依法改判。

江苏省无锡市中级人民法院经审理认为：非法捕捞水产品罪与掩饰、隐瞒犯罪所得罪之间系上下游犯罪，一般而言，对于下游犯罪的处刑不能高于上游犯罪。根据原审被告人杜国某、杜锡某等人非法捕捞水产品犯罪的处刑情况，对于原审被告人刘训某、严荣某以掩饰、隐瞒犯罪所得罪适用情节严重，处刑上将明显违背罪责刑相适应的原则。

故此，抗诉机关请求二审改判的抗诉意见，该院不予支持。

江苏省无锡市中级人民法院依照《中华人民共和国刑事诉讼法》第二百二十五条第一款第（一）项之规定，裁定如下：

驳回抗诉，维持原判。

【法官后语】

《刑法修正案（六）》加重了对“掩饰、隐瞒犯罪所得、犯罪所得收益罪”的处罚力度，即“情节严重”的，法定最高刑由三年提高至七年。而“情节严重”一般是指掩饰、隐瞒严重犯罪的犯罪所得及其收益，或者掩饰、隐瞒犯罪所得及其收益数量巨大，或者多次掩饰、隐瞒犯罪所得及其收益等情形。但在司法实践中，对情节严重的适用标准存在很大争议，因为标准模糊，一方面法院不敢适用三到七年的法定刑幅度，造成轻重失衡，另一方面也造成量刑标准不统一，同样数额、情节的案件在不同地区判决结果差异很大。为此，2015年5月29日《最高人民法院关于审理掩饰、隐瞒犯罪所得、犯罪所得收益刑事案件适用法律若干问题的解释》（以下简称《解释》）发布，就情节严重的具体情形作出了相应的规定。对照本案，被告人刘训某先后60余次，被告人严荣某先后20余次代为销售非法捕捞的太湖青虾，且每次代为销售太湖青虾都是一个独立的行为，即独立的主观意图，独立的掩饰、隐瞒行为，独立的行为结果，符合《解释》第三条第一款第（二）项规定的“掩饰、隐瞒犯罪所得及其产生的收益十次以上”的情节严重的次数标准，根据《刑法》第三百一十二条规定，应当在三年以上七年以下量刑，并处罚金。检察机关即以此为由提出抗诉，认为一审法院适用法律错误，导致量刑畸轻。

本案在讨论中，形成两种意见：第一种意见认为，被告人刘训某、严荣某代为销售非法捕捞的太湖青虾的次数，根据《解释》的明确规定，已经符合掩饰、隐瞒犯罪所得、犯罪所得收益罪中“情节严重”的情形，应当判处三年以上有期徒刑。

考虑到量刑轻重失衡的情形确实存在，可以在判处有期徒刑三年的同时处以缓刑。第二种意见认为，本案中非法捕捞水产品罪系上游犯罪，其量刑最高格为三年以下有期徒刑，且获取犯罪利益最大的被告人杜国某被判处有期徒刑一年，被告人杜锡某被判处有期徒刑十个月，一般而言，掩饰、隐瞒犯罪所得罪的社会危害性要小于上游犯罪，客观上被告人刘训某仅获利3000余元，严荣某仅获利800余元，如果判处获得犯罪利益较小的刘训某、严荣某三年以上有期徒刑，将导致下游犯罪刑格远高于上游犯罪刑格的现象，量刑轻重失衡，违反罪责刑相适应原则。故被告人刘训某、严荣某的犯罪行为不应适用《解释》中对于“情节严重”的规定。

笔者同意第二种意见，《解释》对于“情节严重”标准的规定，主要是因为本罪的上游犯罪多为侵财性犯罪，其中，盗窃的比例高达90%以上，诈骗、抢夺、职务侵占的比例占8%左右。对于案涉环境资源犯罪，应在罪责刑相适应原则的基础上考虑量刑均衡。以掩饰、隐瞒非法狩猎的犯罪所得为例，因为上游犯罪非法狩猎罪的最高刑期为三年有期徒刑，购买非法狩猎的野生动物行为构成犯罪的，不宜轻易适用《刑法》第三百一十二条第一款的“情节严重”条款而在三年有期徒刑以上量刑，即不论购买多少野生动物，都宜在三年有期徒刑以下处刑，而不能在三年以上七年以下有期徒刑的幅度内处罚。不仅如此，在同一案件的处理过程中，考虑到上下游犯罪实行者的罪责大小，作为上游犯罪的非法狩猎罪的刑罚应高于掩饰、隐瞒犯罪所得罪的刑罚。

同理，非法捕捞水产品罪与掩饰、隐瞒犯罪所得罪之间亦系上下游犯罪。一方面，从刑法规制角度而言，《刑法》第三百四十条将“情节严重”作为上游犯罪的非法捕捞水产品罪的入罪标准之一，且规定最高刑为有期徒刑三年，足见该罪的社会危害性相对其他暴力性犯罪而言较小。另一方面，从司法实践角度而言，鉴于非法捕捞水产品罪的犯罪对象系活物，通常必须当天捕捞当天销售，决定了该罪特点是数量少、次数多。作为该罪下游犯罪的掩饰、隐瞒犯罪所得罪的实行行为很容易突破代为销售十次以上的界限，达到“情节严重”的标准。

故此，作为加入犯的掩饰、隐瞒犯罪所得罪，刑期一般不宜高于本犯——非法捕捞水产品罪的量刑，即不宜简单或者机械地认定为已达到“情节严重”情节，否则将明显违背罪责刑相适应原则，不利于全案的罪责刑均衡。

编写人：江苏省无锡市中级人民法院 周科 王星光

37

污染环境犯罪案件能否将被告人缴纳生态修复资金作为酌情从轻处罚的量刑情节

——李良某污染环境案

【案件基本信息】

1. 裁判书字号

福建省漳州市龙文区人民法院（2015）文刑初字第123号刑事判决书

2. 案由：污染环境罪

【基本案情】

被告人李良某自2014年10月以来向王荣某承租位于漳州市龙文区朝阳镇樟山村的厂房，从事螺丝、机电产品和钢管家具配件等电镀生产加工，该加工厂没有办理相关的环保手续，且未配套建设任何废水处理设施，生产废水未经处理便通过车间外的PVC管直排外环境。2014年12月2日，经龙文区环境保护监测站工作人员现场采样并由漳州市环境监测站监测鉴定，加工厂除油车间（南侧车间）外PVC管破裂处总铬浓度为12.7mg/L，超过国家规定排放标准11.7倍。2015年2月11日，被告人李良某主动到漳州市公安局龙文分局投案。审理期间，被告人李良某向法院缴纳生态修复资金人民币5万元，并缴交相关款项人民币2万元。

【案件焦点】

被告人李良某在案件审理期间缴纳生态修复资金人民币5万元能否作为酌情予以从轻处罚的量刑情节。

【法院裁判要旨】

漳州市龙文区人民法院经审理认为：被告人李良某违反法律规定，非法排放含有毒物质铬的生产废水，严重污染环境，其行为构成污染环境罪，应予追究其刑事责任。公诉机关指控的罪名成立，予以支持。被告人李良某犯罪以后自动投案并如实供述自己的罪行，是自首，依法可以从轻处罚；被告人及时采取措施，主动缴纳生态修复款项用于环境恢复，具有悔罪表现，在刑事审判过程中可作为从轻处罚的酌定情节，酌情予以从轻处罚。根据犯罪人李良某的犯罪情节及悔罪表现，对犯罪人李良某可依法宣告缓刑。

漳州市龙文区人民法院依照《中华人民共和国刑法》第三百三十八条、第六十二条、第六十七条第一款、第七十二条第一款、第七十三条第一款、第三款以及《最高人民法院、最高人民检察院关于办理环境污染刑事案件适用法律若干问题的解释》① 第一条第（三）项、第十条第（三）项和《最高人民法院关于处理自首和立功具体应用法律若干问题的解释》第一条、第三条的规定，作出如下判决：

犯罪人李良某犯污染环境罪，判处有期徒刑一年三个月，缓刑二年，并处罚金人民币二万元。

【法官后语】

该案例涉及被告人缴纳生态修复资金是否可以酌情从轻处罚的问题。经办法官认为，在具体量刑方面将被告人能否采取措施减轻污染程度、恢复生态环境作为一种酌情从轻处罚的考量情节，有利于促使被告人更主动地对遭受破坏的环境予以修复，也更加符合立法本意。因此可将被告人缴纳生态修复资金作为酌情从轻处罚的考量情节。

《最高人民法院关于常见犯罪的量刑指导意见》及福建省高级法院的《〈关于常见犯罪的量刑指导意见〉实施细则》对污染环境罪都没有具体的量刑指导意见。在实践中不同地区对量刑幅度的把握与掌控不尽相同。本案在《刑法》第三百三十八条定罪处罚的框架内，尝试将被告人缴纳生态修复资金作为予以从轻处罚的量刑情节，在惩罚了污染环境行为的同时，使遭受破坏的生态环境尽可能地得到恢复。同时参照实施细则中“对于积极赔偿被害人经济损失的，综合考虑犯罪性质、赔偿

① 此处指《最高人民法院、最高人民检察院关于办理环境污染刑事案件适用法律若干问题的解释》（法释〔2013〕15号），现已被《最高人民法院、最高人民检察院关于办理环境污染刑事案件适用法律若干问题的解释》（法释〔2016〕29号）替代。

数额、赔偿能力、认罪、悔罪等情况，确定从宽的幅度”的规定，可以看出，立法者是鼓励被告人采取积极赔偿以挽回相关损失的，并在量刑时予以从宽处理。在环境污染案件中，不仅要对犯罪分子进行惩戒，更为关键的是要最大限度地使遭受到破坏的生态环境得到恢复。在本案的处理过程中将被告人缴纳生态修复资金作为酌情从轻处罚的考量情节，促使造成环境污染的被告人积极主动地缴纳生态修复资金用以恢复被破坏的生态环境，对实施了污染环境行为的被告人具有警醒和教育作用，同时也诠释了“污染环境罪”的立法精神，也体现了刑罚以教育、挽救为主，惩罚为辅的理念，并具有良好的价值导向。

编写人：福建省漳州市龙文区人民法院　林跃轶　刘翔

（二）累　　犯

38

犯前罪时未成年不构成累犯

——陈某等聚众斗殴案

【案件基本信息】

1. 裁判书字号

新疆生产建设兵团第八师中级人民法院（2015）兵八刑终字第25号刑事判决书

2. 案由：聚众斗殴罪

【基本案情】

2014年5月4日17时许，新疆石河子市某地产公司军垦路“世纪华庭”项目部土建班经理何光某、毛开某等人带领50余名民工到该房地产公司办公楼前索要工钱，被告人张宏某闻讯后赶到现场，何光某、毛开某等人把张宏某当成该房地产公司负责人而向其逼要工钱。张宏某随即给被告人张伟某打电话告知其有人到公司闹事，安排其带人到公司。张伟某即电话纠集被告人郭宇某、陆某（在逃），郭宇某电话纠集被告人陈某、阿某、薛某、张某、李建某、巴某（在逃）等人，巴某电话纠集四人（在逃，身份不明），陆某又纠集五人。当日 18 时许，张伟某、郭宇某、陈某、阿某、薛某、张某、吴小某、李建某、杨某等十余人先后赶到石河子市北泉镇百翠园院内与张宏某汇合。张宏某当面向张伟某授意：若不好好谈就打他们，后躲入办公室。张伟某、郭宇某、陈某、阿某、薛某、张某、吴小某、李建某、杨某对被害人何光某、毛开某、赵小某、侯某、昝秀某等人拳打脚踢，致毛开某轻伤二级。阿某持砍刀用刀背砍伤被害人何光某，致其轻微伤。

【案件焦点】

1. 犯前罪时系未成年人，是否构成累犯；2. 能否因其有犯罪前科而从重处罚。

【法院裁判要旨】

新疆维吾尔自治区石河子市人民法院经审理认为：被告人张宏某因民工索要工钱，纠集被告人张伟某，被告人张伟某纠集被告人郭宇某，被告人郭宇某又纠集被告人陈某、阿某、薛某、张某、李建某，聚众在公共场所斗殴，致一人轻伤、一人轻微伤，其行为均已构成聚众斗殴罪。被告人陈某曾因犯罪被判处有期徒刑以上刑罚，刑满释放后五年内再犯应当判处有期徒刑以上刑罚之罪，是累犯，依法应对其从重处罚。

新疆维吾尔自治区石河子市人民法院依照《中华人民共和国刑法》第二百九十二条第一款、第二百九十二条第一款第（四）项、第二十五条第一款、第六十五条、第六十七条、第六十八条、第六十一条的规定，作出如下判决：

被告人陈某犯聚众斗殴罪，判处有期徒刑三年零六个月。

（其他被告人的判刑情况略）

陈某不服一审判决，以“其因犯抢劫罪被判处刑罚时未满十八周岁，不属于累犯。一审认定其系累犯适用法律错误，对其量刑偏重”为由提起上诉。新疆生产建设兵团第八师中级人民法院经审理认为：原审被告人张宏某因民工索要工钱一事，与上诉人陈某、张伟某、杨某及原审被告人郭宇某、阿某、薛某、张某、李建某、吴小某等人，在公共场所聚众斗殴，致一人轻伤、一人轻微伤，其行为均已构成聚众斗殴罪。上诉人陈某提出其不构成累犯，原判量刑偏重的意见，经查，其2009年因犯抢劫罪被判处刑罚时，未满十八周岁，根据相关法律规定，其不构成累犯。对陈某的上诉意见予以采纳。原判认定事实清楚，证据充分，审判程序合法，对上诉人陈某的量刑不当，二审予以改判。

新疆生产建设兵团第八师中级人民法院依照《中华人民共和国刑法》第二百九十二条第一款、第二百九十二条第一款第（四）项、第二十五条第一款、第六十五条、第六十七条、第六十八条及《中华人民共和国刑事诉讼法》第二百二十五条第一款第（一）项、第（二）项的规定，作出如下判决：

一、维持新疆维吾尔自治区石河子市人民法院（2014）石刑初字第412号刑事判决中第二项至第十项及第一项的定罪部分；

二、撤销新疆维吾尔自治区石河子市人民法院（2014）石刑初字第412号刑事判决中第一项的量刑部分；

三、上诉人（原审被告人）陈某犯聚众斗殴罪，判处有期徒刑三年。

【法官后语】

累犯是法定从重处罚情节，累犯认定直接影响到量刑结果。2011年2月颁布的《刑法修正案（八）》对原法中累犯的认定进行了修改，将未成年人犯罪排除在累犯之外，同时增加了特殊累犯的规定。审判实践中应加以注意。

本案中，陈某前罪所犯抢劫罪被判处有期徒刑一年六个月，并处罚金人民币五百元。2011年1月11日刑满释放，五年之内其再犯新罪，新罪是应当判处有期徒刑以上刑罚之罪，但由于其犯前罪时不满十八周岁，依法不能认定其属累犯。一审认定陈某系累犯，对其从重处罚，属于适用法律错误。二审予以纠正，是正确的。

结合法律规定并联系审判实践，认定犯罪分子是否构成累犯应从以下几方面考量：

1. 主体只能是自然人。由于现行法律规定，对单位犯罪只能判处罚金刑，单位再犯罪，无法满足累犯的法定条件，单位不能成立累犯。

2. 前罪必须是被判处有期徒刑以上刑罚的。“被判处有期徒刑以上刑罚”中“有期徒刑以上刑罚”不仅指有期徒刑，还包括无期徒刑、死刑。前罪被判处有期徒刑并宣告缓刑的，在缓刑考验期内又犯新罪，只需撤销缓刑，与后罪数罪并罚，依法不构成累犯。

3. 后罪应当是判处有期徒刑以上刑罚之罪。“有期徒刑以上刑罚”是指被判处有期徒刑以上刑罚的宣告刑，并非指该罪的法定刑包括有期徒刑以上刑罚。

4. 后罪发生的时间必须在前罪的刑罚执行完毕或者赦免以后五年以内。“刑罚执行完毕”的立法用语表述不够严谨，审判实践中是指主刑执行完毕，附加刑尚未执行完毕的，以主刑执行完毕之日为累犯期间的起算时间。“刑罚执行完毕”要求刑罚实际上被执行。实际上，原判刑罚为无期徒刑以上刑罚的，通过减刑而刑罚变动，实际能执行完毕的仍是有期徒刑。假释意味着直接宣告原判刑罚执行完毕，包括对有期徒刑、无期徒刑的罪犯假释。

5. 前罪和后罪必须都是故意犯罪，不包括过失犯罪。

6. 犯罪分子在犯前罪和后罪时必须年满十八周岁。前罪跨越十八周岁前后，是否构成累犯？一种情形是所犯的是同种罪，最终按一罪处理，只有一个宣告刑，对十八周岁前后的行为无法独立地进行刑罚裁量，那么不宜认定为累犯。另一种情形是所犯的是数罪，如果满十八周岁后所犯罪行达到判处有期徒刑以上刑罚的，那么依法仍构成累犯。

7. 前罪和后罪都是危害国家安全犯罪、恐怖活动犯罪、黑社会性质组织犯罪的，不受“应判处有期徒刑以上刑罚”和“刑罚执行完毕后五年内再犯”的限制。未成年人是否构成上述特殊累犯？笔者认为，刑法已明确将未满十八周岁的未成年人排除在一般累犯之外，那么也应包括特殊累犯在内的累犯适用，以期与全面保护未成年人权益的立法本意相契合。

另外，对未成人有犯罪前科的，不应作为酌情从重处罚的情节。《最高人民法院关于常见犯罪的量刑指导意见》中就规定：“对于有前科的，综合考虑前科的性质、时间间隔长短、次数、处罚轻重等情况，可以增加基准刑的10%以下。前科犯罪为过失犯罪和未成年人犯罪的除外”。因此，在本案中，对陈某量刑时不应考虑前科而酌情对其从重处罚。

编写人：新疆生产建设兵团第八师中级法院　张君

39

犯罪行为跨十八周岁前后的累犯认定

——罗海某盗窃案

【案件基本信息】

1. 裁判书字号

北京市第一中级人民法院（2015）一中刑终字第2191号刑事裁定书

2. 案由：盗窃罪

【基本案情】

2015年2月2日14时许，被告人罗海某钻窗进入本市海淀区四季青什坊院××号出租房内，窃取被害人王某某（男，29岁）电脑主机1台，经鉴定价值人民币2279.05元。现赃物已起获发还。2015年2月5日，被告人罗海某被公安机关抓获，后如实供述了上述犯罪事实。

罗海某还于2013年7月因犯盗窃罪被海淀区人民法院以（2012）海刑初字第3977号刑事判决书判处有期徒刑三年，罚金人民币四千元，2014年11月2日刑满释放。（2012）海刑初字第3977号刑事判决书经审理查明：罗海某于2011年7月起，陆续纠集被告人赵成某、陈晓某、赵某及王某等人，在海淀区、石景山区、门头沟区、朝阳区等地实施盗窃行为。同年10月3日开始，上述人员共同租住房屋，经被告人罗海某统一安排，分组实施盗窃，共同挥霍赃款。

根据（2012）海刑初字第3977号刑事判决书查明的犯罪事实，罗海某在十八周岁后实施的盗窃犯罪行为是故意犯罪且明显应当判处有期徒刑以上刑罚。（2012）海刑初字第3977号刑事判决书认为，罗海某实施部分犯罪时不满十八周岁，系未成年人犯罪，对其从轻处罚，判处有期徒刑三年，罚金人民币四千元。

【案件焦点】

犯罪行为跨十八周岁前后的累犯认定。

【法院裁判要旨】

北京市海淀区人民法院经审理认为，被告人罗海某以非法占有为目的，入户盗窃他人财物，数额较大，其行为已构成盗窃罪，应予惩处。被告人罗海某曾因故意犯罪被判处有期徒刑，仍不思悔改，在刑罚执行完毕后五年内又故意犯应当判处有期徒刑以上刑罚之罪，系累犯，对其依法从重处罚。鉴于被害人罗海某在到案后及庭审过程中均能如实供认犯罪事实，认罪态度较好，依法对其从轻处罚。北京市海淀区人民法院依照《中华人民共和国刑法》第二百六十四条、第六十五条第一款、第六十七条第三款、第五十三条之规定，判决如下：

被告人罗海某犯盗窃罪，判处有期徒刑一年，罚金人民币二千元。

一审宣判后，罗海某以原判对其量刑过重为由提起上诉。

北京市第一中级人民法院经审理认为，上诉人罗海某以非法占有为目的，入户盗窃他人财物，数额较大，其行为已构成盗窃罪，依法应予惩处。罗海某系累犯，依法对其从重处罚。鉴于罗海某到案后如实供述，认罪态度较好，依法可对其从轻处罚。罗海某关于原判对其量刑过重的上诉理由，缺乏法律依据，本院不予采纳。一审法院根据罗海某犯罪的事实、犯罪的性质、情节及对于社会的危害程度所作出的判决，事实清楚，证据确实、充分，定罪及适用法律正确，量刑适当，审判程序合法，应予维持。北京市第一中级人民法院依照《中华人民共和国刑事诉讼法》第二百二十五条第一款第（一）项之规定，裁定如下：

驳回上诉，维持原判。

【法官后语】

《刑法》第六十五条第一款规定："被判处有期徒刑以上刑罚的犯罪分子，刑罚执行完毕或者赦免以后，在五年以内再犯应当判处有期徒刑以上刑罚之罪的，是累犯，应当从重处罚，但是过失犯罪和不满十八周岁的人犯罪的除外。"

根据该规定，认定累犯除了符合构成累犯的其他条件之外，犯罪分子在犯前罪和后罪时必须都是年满十八周岁以上的人。如果犯前罪时是不满十八周岁的未成年人，即使犯后罪时年满十八周岁，也不构成累犯。但对于前罪的犯罪行为跨十八周岁前后的，是否构成累犯，则存在不同的意见。

回到本案中，对于罗海某的行为是否构成累犯，存在两种不同的意见：

第一种意见认为，罗海某的行为不构成累犯。罗海某在实施部分犯罪时不满十八周岁，系未成年人犯罪，应认定为“不满十八周岁的人犯罪”，根据《刑法》第六十五条第一款的规定，应排除累犯适用。

第二种意见认为，罗海某的行为构成累犯。罗海某满十八周岁后的犯罪为故意犯罪且明显应当判处有期徒刑以上刑罚，罗海某在刑罚执行完毕五年内，又再犯应当判处有期徒刑以上刑罚的盗窃犯罪，应当认定为累犯。

笔者同意第二种意见。理由如下：

《最高人民法院关于审理未成年人刑事案件具体应用法律若干问题的解释》第十二条规定，行为人在达到法定刑事责任年龄前后均实施了犯罪行为，只能依法追究其达到法定刑事责任年龄后实施的犯罪行为的刑事责任。行为人在年满十八周岁前后实施了不同种犯罪行为，对其年满十八周岁以前实施的犯罪应当依法从轻或者减轻处罚。行为人在年满十八周岁前后实施了同种犯罪行为，在量刑时应当考虑对年满十八周岁以前实施的犯罪，适当给予从轻或者减轻处罚。

从该司法解释体现的精神来看，犯罪行为跨法定刑事责任年龄前后、十八周岁前后的，并不能因为在法定刑事责任年龄之前、十八周岁之前实施了部分犯罪行为，就认为是“无刑事责任能力的人犯罪”或“不满十八周岁的人犯罪”，如此认定，过于武断、片面。因此，第一种意见并不妥当。

犯罪行为跨十八周岁前后的，十八周岁后故意实施的犯罪行为与单纯的年满十八周岁后故意实施犯罪行为在本质上并无区别。从某种意义上说，十八周岁前后持续故意实施犯罪行为比十八周岁后才故意实施犯罪行为的人身危险性要大，教育改造的难度也要大。如果说十八周岁后才故意实施犯罪行为，其实施的犯罪行为被判处有期徒刑，刑罚执行完毕或赦免以后，再犯罪进而符合累犯的条件，构成累犯，应当从重处罚，那么犯罪行为跨十八周岁前后的，已满十八周岁后故意犯罪且被判处或者明显应当判处有期徒刑以上刑罚，刑罚执行完毕或赦免以后，再犯罪进而符合累犯的条件，如认为其不构成累犯，则明显是法律适用的不平等，也无任何合理的理由。

因此，对于前罪的犯罪行为跨十八周岁前后的，是否构成累犯，应根据不同的情况进行分析。

1. 行为人满十八周岁前实施的罪行单独评价构成犯罪，但满十八周岁后实施的行为单独评价不构成犯罪的，对于这种情况，虽然犯罪行为跨十八周岁前后，但十八周岁后实施的行为单独评价不构成犯罪，故应认定为“不满十八周岁的人犯罪”，即使刑罚执行完毕或者赦免以后，在五年以内再犯应当判处有期徒刑以上刑罚之罪的，也不应当认定构成累犯。

2. 行为人满十八周岁前实施的行为与满十八周岁后实施的行为综合评价构成犯罪，但满十八周岁后实施的行为单独评价不构成犯罪的，对于这种情况，行为人满十八周岁后实施的行为不具有独立性，将十八周岁前实施的行为排除后不构成犯罪，不符合累犯成立的条件，应当认定为“不满十八周岁的人犯罪”，并排除累犯适用。否则，明显有违认定累犯要求“犯罪分子在犯前罪和后罪时必须都是年满十八周岁以上的人”这一制度设计的目的。

3. 不论行为人满十八周岁前的罪行情况如何，行为人成年以后实施的罪行单独评价已构成犯罪。这种情况又可以分成两种情形，一种情形是行为人十八周岁前后的行为属于异种数罪，十八周岁后实施的罪行单独构成犯罪。这种情况下，十八周岁后的行为在定罪、量刑时，均有其独立性，如果属于应被判处有期徒刑以上刑罚，行为人在刑罚执行完毕或者赦免以后，在五年以内再犯应当判处有期徒刑以上刑罚之罪的，是累犯，应无异议。

另一种情形是行为人十八周岁前后的行为属于同种罪。这种情况下，因为在前罪定罪量刑时，所有罪行按一罪处理，并只有一个宣告刑，对各个犯罪行为不存在独立的刑罚裁量。被告人最终判处的刑罚，是综合考量其所有罪行和量刑情节之后的结果。在此种情况下，是否意味着在排除行为人满十八周岁前的罪行后，剩余的罪行是否还应判处有期徒刑以上刑罚无法具体判断？笔者认为，答案是否定的。因为前罪作出判决时，对行为人的各种从轻、减轻处罚的量刑情节必已全面查清，在此基础上，结合已经查明的事实，按照《最高人民法院关于常见犯罪的量刑指导意见》等有关规定，足以判断行为人十八周岁以后实施的犯罪行为是否明显应当判处有期徒刑以上刑罚。对此，并不因存在既有的判决而妨碍了主观的能动判断。这种主观能动判断的方法，在法律规定和司法实践中均大量存在。例如，认定重大立功中，“重大犯罪”“重大案件”“重大犯罪嫌疑人”标准，一般是指犯罪嫌疑人、被告人可能被判处无期徒刑以上刑罚或者案件在本省、自治区、直辖市或者全国范围内有较大影响等情形。认定“可能”判处无期徒刑，实际上也指的是根据已掌握的案件事实较为明显应判处无期徒刑以上刑罚，而至于最终的判决结果，是否因为其他量刑情节而未判处无期徒刑以上刑罚则不是应考量的因素。

此外，行为人成年后继续实施同种罪行与实施异种数罪并无任何实质上的不同，如果人为地在累犯认定方法上将二者区别对待，必将造成法律适用的不统一，进而导致二者量刑上的不平衡，这明显违反了法律平等适用的基本原则。

综上，行为人在十八周岁前后实施数罪或者数个行为，如其已满十八周岁后的犯罪为故意犯罪且被判处或者明显应当判处有期徒刑以上刑罚，在刑罚执行完毕或者赦免五年内，又故意再犯应当判处有期徒刑以上刑罚之罪的，应当认定为累犯。因此，第二种意见是正确的。

编写人：北京市第一中级人民法院　林辛建

40

执行完毕后的刑罚被改判后累犯的认定

——齐某、谭晓某诈骗案

【案件基本信息】

1. 裁判书字号

江苏省扬州市江都区人民法院（2015）扬江刑初字第00172号刑事判决书

2. 案由：诈骗罪

【基本案情】

2014年5月至11月期间，被告人齐某伙同被告人谭晓某及胥大某（已判刑）合谋由被告人齐某假装收购旧币，被告人谭晓某、胥大某假装出售旧币，谎称可以赚取差价，以收购旧币缺钱为由，骗取他人财物，在扬州市江都区小纪镇、丁伙镇、砖桥等地，诈骗得逞3起，骗得人民币24000元。其中被告人齐某参与诈骗3

起，涉案金额人民币24000元；被告人谭晓某参与诈骗1起，涉案金额人民币6000元。具体事实分述如下：

1. 2014年5月17日，被告人齐某伙同胥大某在扬州市江都区丁伙镇，利用上述手段，骗得姜某人民币11000元。

2. 2014年5月21日，被告人齐某伙同胥大某在扬州市江都区小纪镇宗村加油站附近，利用上述手段，骗得李某人民币7000元。

3. 2014年11月23日，被告人齐某、谭晓某在扬州市江都区仙女镇民和村超洋生态园北侧树林里，利用上述手段，骗得韦某人民币6000元。

上述涉案赃款已追回并发还被害人，其中被告人齐某退出赃款人民币14000元，分别发还被害人姜某人民币5000元、被害人李某人民币6000元、被害人韦某人民币3000元；被告人谭晓某退出赃款人民币3000元，已发还给被害人韦某。

另查明，2014年7月13日，被告人齐某伙同胥大某在扬州市江都区小纪镇兴旺村，利用上述手段，欲骗取徐某人民币11000元，后被徐某亲属识破，未骗得财物。

2014年12月15日，被告人谭晓某到扬州市江都区公安局投案，并如实供述了上述犯罪事实。

又查明：被告人齐某因犯抢劫罪，于2010年8月3日被江苏省沭阳县人民法院以（2010）沭刑初字第0505号刑事判决书判处有期徒刑四年六个月，并处罚金人民币二千元，经减刑于2013年12月20日释放。该判决于2015年2月15日被江苏省宿迁市中级人民法院撤销，改判为被告人齐某犯抢劫罪判处有期徒刑五年，并处罚金人民币二千元，并确定增加的刑期由所犯新罪审判机关一并处理。

为执行（2010）沭刑初字第0505号刑事判决所判处的罚金刑，被告人齐某于2013年10月19日向江苏省盐城市中级人民法院缴纳罚金人民币五百元，尚有罚金人民币一千五百元未执行。

【案件焦点】

被告人齐某是否构成累犯。

【法院裁判要旨】

江苏省扬州市江都区人民法院经审理认为：被告人齐某、谭晓某以非法占有为目的，虚构事实，隐瞒真相，骗取他人钱财，数额较大，其行为均已构成诈骗罪，应依法予以惩处。被告人齐某、谭晓某共同故意实施诈骗行为，是共同犯罪。被告人齐某曾因犯抢劫罪，被江苏省沭阳县人民法院判处有期徒刑，原判有期徒刑刑罚执行完毕以后，客观上在五年以内再犯应当判处有期徒刑以上刑罚之罪，其主观恶性深，人身危险性大，符合累犯构成的条件，是累犯，依法应当从重处罚；被告人齐某归案后，如实供述犯罪事实，是坦白，依法予以从轻处罚。被告人谭晓某犯罪以后自动投案，如实供述犯罪事实，是自首，依法予以从轻处罚；被告人谭晓某曾因犯罪受刑事处罚，又故意实施诈骗犯罪，主观恶性较深，应酌情从重处罚。被告人齐某、谭晓某退出赃款，均可酌情从轻处罚。被告人齐某所犯抢劫罪原判有期徒刑执行完毕后，原判刑期被江苏省宿迁市中级人民法院予以改判，并确定增加的刑期由所犯新罪审判机关一并处理，故本院对被告人齐某原犯抢劫罪新增加尚未执行的有期徒刑六个月，以及因该抢劫罪所判处的罚金刑被告人齐某尚未缴纳的罚金人民币一千五百元，与其新犯诈骗罪实行并罚。公诉机关指控被告人齐某、谭晓某犯诈骗罪的事实清楚，证据确实、充分，指控的罪名正确，以被告人齐某是累犯、具有坦白情节和以被告人齐某原犯抢劫罪尚有余刑未执行应与新犯诈骗罪一并执行以及以被告人谭晓某是自首提请依法处罚的理由成立，予以采纳。

江苏省扬州市江都区人民法院依照《中华人民共和国刑法》第二百六十六条、第二十五条第一款、第六十五条第一款、第六十七条第一款、第三款、第七十一条、第六十九条、第四十七条之规定，判决如下：

一、被告人齐某犯诈骗罪，判处有期徒刑七个月，并处罚金人民币六千元；与原犯抢劫罪尚未执行的有期徒刑六个月，罚金人民币一千五百元并罚，决定执行有期徒刑一年一个月，并处罚金人民币七千五百元。

二、被告人谭晓某犯诈骗罪，判处拘役三个月十五天，并处罚金人民币二千元。

【法官后语】

被告人齐某、谭晓某诈骗一案事实清楚，证据确实、充分，争议焦点主要是被告人齐某是否构成累犯。所谓累犯，是指因犯罪而受过一定的刑罚处罚，刑罚执行完毕或者赦免以后，在法定期限内又犯一定之罪的犯罪人。我国《刑法》第六十五条规定，被判处有期徒刑以上刑罚的犯罪分子，刑罚执行完毕或者赦免以后，在五年以内再犯应当判处有期徒刑以上刑罚之罪的，是累犯，应当从重处罚，但是过失犯罪和不满十八周岁的人犯罪的除外。笔者认同判决意见，即应当认定齐某构成累犯。理由如下：

1. 齐某在原生效判决确定的有期徒刑刑罚实际执行完毕后五年内客观上又实施了诈骗犯罪。本案认定齐某是否构成累犯，关键在于对“刑罚执行完毕”的理解。对“刑罚执行完毕”的认定，应坚持客观形式要件，以犯罪行为人再次犯罪之前生效判决确定的刑罚是否已经实际执行完毕作为认定累犯的依据，除非前次判决被改判为拘役、管制或者无罪。在改判加重原判刑罚的情况下，原生效判决确定的有期徒刑以上刑罚已经实际执行完毕，认定行为人构成累犯符合刑法的基本原则，也没有超出累犯认定的基本内涵。前罪刑罚执行完毕后，犯罪分子再次犯罪说明其人身危险性高，主观恶性深。累犯制度设立目的在于通过规定严厉的法律后果，重点打击那些在有一定期限内主观恶性深、人身危险性大的犯罪分子，预防其再次犯罪。齐某于2013年12月20日刑满释放后，本应对犯罪有深刻明确的认识，知罪悔罪，不重蹈犯罪的覆辙，然而齐某却于2014年7月再次犯罪，足以证明其不思悔改，主观恶性深，有严重的人身危险性，对其就应该从重处罚，才能抑制其再次犯罪。

2. 认定齐某构成累犯，符合罪责刑相一致的原则。从齐某的多次犯罪前科来看，齐某对其犯罪行为并无做到彻底的悔改，在刑罚执行完毕后，其变本加厉，多次实施犯罪行为，尤其是在实施本案诈骗犯罪过程中，前两次诈骗行为被查获后公安机关对其取保候审，但就在取保候审期间，齐某又再次以同样的手段实施了第三次诈骗犯罪行为，可见，其主观恶性和人身危险性较为突出，必须对其予以严惩。齐某在原生效判决确定的刑罚执行完毕后，又再次犯罪，对其依法认定为累犯进而从重处罚，符合罪责刑相一致的刑法基本原则。

3. 认定齐某构成累犯，符合“任何人不得从其不法行为中获利”的原则。在原生效判决中，齐某因为隐瞒自己的犯罪前科，而使得对其抢劫罪的判决未能认定为累犯，未对其从重处罚。刑满释放后，其五年内又再次实施诈骗犯罪，此次如果因为原生效判决被撤销而加重判处的六个月有期徒刑尚未执行，不对其认定累犯从重处罚，则会给广大民众一种误解，即隐瞒自己的前科可以获得更轻的处罚，即使被发现纠正了还能继续获得更轻的处罚，而如实坦白交代则面临更重的处罚，从而促使人们积极地从事非法行为而无所顾忌，这不仅违反了立法本意和法理原则，还放纵和鼓励犯罪分子隐瞒前科来逃避从重处罚，刑法上的公平正义就难以实现。

4. 认定齐某构成累犯，有利于人们更好地预测自己的行为，实现刑法的可预测性。本案中，齐某本人也预测到自己2013年12月20日刑满释放后五年内再次犯罪，会被认定为累犯应从重处罚，而其却在明知后果的情况下依然再次犯罪，人民法院依法对其认定为累犯进行从重处罚，并不超出其本人的预测。因此在本案中，判决认定齐某构成累犯对其从重处罚后，齐某并没有提出异议，而是服判未上诉。

编写人：江苏省扬州市江都区人民法院　袁江华　蒋杂云

（三）自首与立功

41

“留在现场”与“现场等待”类型自首的理解与认定

——刘西昌故意杀人案

【案件基本信息】

1. 裁判书字号

北京市高级人民法院（2015）高刑复字第471号刑事裁定书

2. 案由：故意杀人罪

【基本案情】

北京市第一中级人民法院经公开审理查明：被告人刘西昌于2015年1月27日14时许，在北京市石景山区某电器商场二层营业厅，因生活琐事与妻子杨某（女，殁年40岁）发生争吵，后持事先准备的剪刀刺扎杨某胸部多刀，伤及心脏、双侧肺脏及肝脏，致杨某急性失血性休克死亡。

被告人刘西昌作案后明知他人报案而在现场等候，案发后40分钟许刘西昌被民警传唤到案。

【案件焦点】

刘西昌作案后留在现场是否构成自首，属于何种类型的“主动到案”。

【法院裁判要旨】

北京市第一中级人民法院经审理认为，被告人刘西昌持剪刀向他人致命部位胸腹部猛刺数刀，故意非法剥夺他人生命，犯罪性质恶劣，情节后果严重，社会危害性大，其行为已经构成故意杀人罪，依法应予惩处。北京市人民检察院第一分院指控被告人刘西昌犯故意杀人罪，证据确实，指控的罪名成立。考虑本案系家庭情感矛盾引发；且被告人刘西昌作案后明知他人报案而在现场等候，被民警现场传唤到案，无拒捕行为，其到案后能够如实供述犯罪事实，系自首，故依法对被告人判处死刑，可不立即执行。对于辩护人所提被告人有自首情节等其他辩护意见，酌予采纳；对于被害人近亲属张文某及其诉讼代理人所提请求对被告人判处死刑的其他意见，不予采纳。

北京市第一中级人民法院依照《中华人民共和国刑法》第二百三十二条、第四十八条、第五十一条、第五十七条第一款、第六十七条第一款、第六十一条，《最高人民法院关于处理自首和立功若干具体问题的意见》第一条之规定，判决如下：

被告人刘西昌犯故意杀人罪，判处死刑，缓期二年执行，剥夺政治权利终身。

本案一审宣判后，公诉机关没有抗诉，被告人及附带民事诉讼原告人均未提起上诉，本案依法报请北京市高级人民法院死缓复核。北京市高级人民法院于2015年11月2日作出（2015）高刑复字第471号刑事裁定书，核准被告人刘西昌犯故意杀人罪，判处死刑，缓期二年执行，剥夺政治权利终身的刑事部分判决。

【法官后语】

按照刑法的规定，自首有两个构成要件，即自动投案、如实供述自己的罪行。现实生活复杂多变，会存在各种各样的到案方式，如实供述后还可能存在反复翻供、比重就轻等情形。为此，最高人民法院于1998年颁布了《关于处理自首和立功具体应用法律若干问题的解释》，于2010年颁布了《关于处理自首和立功若干具体问题的意见》（以下简称《意见》），对视为自动投案、如实供述自己的罪行的情形进行了规定。其中《意见》明确规定了“犯罪后主动报案，虽未表明自己是作案人，但没有逃离现场，在司法机关询问时交代自己罪行的”与“明知他人报案而在现场等待，抓捕时无拒捕行为，供认犯罪事实的”应视为自动投案。根据上述规定，如果犯罪嫌疑人犯罪后主动报警，同时现场其他群众也报警，后犯罪嫌疑人留在现场，这就涉及犯罪嫌疑人是“留在现场”，还是“现场等待”问题。实践中，如何准确区分上述两种不同种类的到案方式，这关系到具体准确适用司法解释问题。

1. “主动报案”要求必须与民警联系上，而“明知他人报案”并不要求明知他人与民警联系上。《意见》规定的“留在现场”的前提是“犯罪后主动报案，虽未表明自己是作案人”，而不仅仅是“犯罪后主动报案”，即是说，这里的主动报案，要求必须与民警联系上了，可能说了“有刑事案件发生的事实”，但未表明自己是作案人。而《意见》规定的“现场等待”的前提是“明知他人报案，抓捕时无拒捕行为”，显然这里的“明知”并不要求明知他人与民警具体联系上，可能实际的报警人员与“明知”的报警人员不一致，这里的“明知”是一种概括性的明知，只是要求民警来了，不能抗拒抓捕。犯罪后对他人报案的明知性，通常分为两层含义：一是行为人听见、看见或者被明确告知已有人报案；二是依照正常人的标准，应当判断案发后现场有其他人报案，例如，案发现场有大量围观群众等。而本案中，刘西昌在案发后三次主动拨打“110”报警，但其使用的蓝牙耳机掉在地上，刘西昌不知道是否拨通“110”，甚至在后来供述中表示不知道拨打的是“110”，还是“120”；而从“110”接处警记录来看，并未有刘西昌拨打“110”的记录，因此刘西昌这里的报案还未与民警联系上，因此不能把其“在现场”的行为视为“留在现场”。而本案案发时间14时许，地点是人员密集的某电器销售场所，刘西昌作案后，现场有大量围观人员，刘西昌也始终供述案发后听到有人喊报警、喊救护车，在这种情况下，刘西昌“在现场”的行为应视为“现场等待”。

2. “留在现场”和“现场等待”均要求主动性和自愿性，不能被动在现场。“留在现场”和“现场等待”均是消极地在现场等待民警的抓捕、控制，没有积极地将自己交给公安机关抓捕、控制，但这必须是犯罪嫌疑人在没有强制控制力、本可以逃匿的前提下，主动、自愿在现场等待民警到案，而不是一种无奈处境。例如，犯罪嫌疑人案发后被群众控制、阻拦或因受伤、突发疾病等无法离开现场，甚至留在现场是为了等待继续实施犯罪等，均不应视为“主动投案”。当然，这里的“在现场”并要求犯罪嫌疑人出于特定的动机和目的，出于真心悔悟，为了争取宽大处理，抑或是因为亲友、现场群众的劝说，抑或是迫于法律的威慑力等，均不影响“主动投案”的认定。本案中，案发现场确有很多群众围观，但案发后被告人始终蹲坐在被害人旁边，未有逃离现场的行为，围观群众亦未有将其控制的行为，按照被告人供述，其在案发后就是要等待民警到来，对自己的行为负责，因此被告人“在现场”属于“现场等待”，应视为“主动投案”。

3. 民警来到现场时，“留在现场”和“现场等待”均要求不能抗拒抓捕，不能有脱逃行为。“留在现场”和“现场等待”均是消极地在现场等待民警的抓捕、控制，在民警到达现场后，应主动承认犯罪行为，并自愿置身于司法控制之下，且在此后的押解过程中顺从配合。本案中，刘西昌在民警到达现场时，就供认“因感情纠纷将其妻子扎伤”的事实，在民警将其控制传唤至鲁谷派出所过程中始终配合民警工作，无逃跑、抗拒等行为，符合“现场等待”型自首构成要件的要求。

4. “留在现场”和“现场等待”均要求如实供述犯罪事实。犯罪嫌疑人自动投案后，要如实交代自己的主要犯罪事实，且所供述的“自己的罪行”要在司法机关掌握其主要犯罪事实之前主动交代。犯罪嫌疑人对自己行为性质的辩解不影响“如实供述”的认定。例如，刘西昌到案后，始终辩解称其是因为感情纠纷，持剪刀吓唬被害人，其不是有意伤害被害人，其辩护人也发表了被害人存在一定过错的辩护意见，但这些均属于对具体犯罪行为性质的不同理解和认识，不影响刘西昌如实供述其主要犯罪事实的认定。

综上，被告人刘西昌理应知道他人已经报案而自愿在现场等待，配合民警的抓捕，如实供认自身罪行，符合自首的立法本意，故本案认定刘西昌有自首行为是适当的。

编写人：北京市第一中级人民法院　张乾雷

42

“形迹可疑”的审查与认定

——李世某盗窃案

【案件基本信息】

1. 裁判书字号

云南省昭通市鲁甸县人民法院（2015）鲁刑初字第36号刑事判决书

2. 案由：盗窃罪

【基本案情】

2014年6月20日凌晨，被告人李世某携带开锁工具游窜到鲁甸县文屏镇西正街、文屏西路，使用开锁工具打开甲药店卷帘门，进入该店内，未寻找到钱物后离开药店。接着，被告人李世某又用开锁工具打开甲药店西侧的乙精品店卷帘门，进入该店内，在收银台内盗得现金人民币630元。随后，被告人李世某又用开锁工具打开丙医院卷帘门，进入该院收费室，盗走抽屉内的现金人民币200余元。

另查明，被告人李世某从乙精品店盗得的现金人民币630元，公安机关已发还被害人乙精品店；从丙医院盗得的现金人民币200余元，被告人李世某已退赔被害人丙医院；2014年6月20日凌晨4时许，被告人李世某离开丙医院后，在鲁甸县文屏镇滨河路丁药房门口被公安民警带到公安机关盘查，被告人李世某对三次入室盗窃的犯罪事实供认不讳。

【案件焦点】

准备实施盗窃时被公安民警盘查，主动交待之前三次盗窃，是否成立自首。

【法院裁判要旨】

鲁甸县人民法院经审理认为，被告人李世某三次入室盗窃他人财物的行为已构成盗窃罪，应依法惩处。被告人李世某在盗窃甲药店犯罪中，因意志以外的原因而未得逞，属于犯罪未遂，被告人李世某因形迹可疑被公安民警带到公安机关询问时，如实供述其三次入室盗窃的犯罪事实，属于自首，且所盗财物已全部退赃、退赔，本院决定依法对被告人李世某从轻处罚。据此，依照《中华人民共和国刑法》第二百六十四条、第二十三条、第六十四条、第六十七条第一款判决被告人李世某犯盗窃罪，判处罚金人民币1500元。

【法官后语】

被告人李世某供述，2014年6月20日凌晨4时许，其走到鲁甸县文屏镇滨河路丁药房门口时，准备实施盗窃行为，在其还未拿出作案工具时，就遇到公安民警盘查。面对公安民警的盘查，被告人李世某主动交待其三次入室盗窃的犯罪事实。且公诉机关只指控被告人李世某交待的三次入室盗窃，并不认为被告人李世某在丁药房门口的行为属于盗窃犯罪。

由于上述原因，被告人李世某是否成立自首，就成为本案审查的关键。

根据最高人民法院《关于处理自首和立功若干具体问题的意见》的规定，罪行未被有关部门、司法机关发觉，仅因形迹可疑被盘问、教育后，主动交代了犯罪事实的，应当视为自动投案。

本案中，公诉机关是否指控被告人李世某在丁药房门口的行为，被告人李世某的该次行为是否构成犯罪，公安机关是否已发现被告人李世某实施盗窃行为等一系列问题的审查与认定，涉及被告人李世某是否成立自首的问题。首先，可以肯定，公诉机关并未将被告人李世某在丁药房门口的行为作为犯罪行为指控，没有指控就没有审判，人民法院更不能将被告人李世某的行为作为犯罪行为予以审查和认定。其次，公安民警只是认为被告人李世某可疑，即对被告人李世某进行盘查，至于被告人李世某做了什么事，公安机关并未掌握，被害人亦是天亮后才到公安机关报案。说明公安机关并未发现被告人李世某的犯罪事实，亦未将被告人李世某定为犯罪嫌疑人。最后，公安民警对被告人李世某进行盘问时，亦未在被告人李世某身上发现与盗窃犯罪有关的物品。

综上所述，本案被告人李世某属于典型的“罪行未被有关部门、司法机关发觉，仅因形迹可疑被盘问、教育后，主动交代其犯罪事实”的情形，且被告人李世某归案后，一直如实供述其犯罪事实，认罪态度好，应当认定为自首。

编写人：云南省昭通市鲁甸县人民法院　段琼梅

43

携带有关物品如何认定“形迹可疑”型自首

——罗某放火案

【案件基本信息】

1. 裁判书字号

云南省红河哈尼族彝族自治州中级人民法院（2016）云25刑终14号刑事裁定书

2. 案由：放火罪

【基本案情】

2015年6月9日16时许，个旧市杨家田蜈蚣山路边发现多处火情，个旧市森林公安民警到达现场后，经多方调查发现，曾在火灾现场附近出现的罗某行迹颇为可疑，遂在杨家田水库坝梗上找到了罗某，随即对其进行盘查，并从其身上发现打火机一只。经盘问、教育，罗某如实供述了6月9日当天，其用随身携带的打火机先后三次在个旧市杨家田蜈蚣山路边、水库边松树林内故意纵火，造成过火有林地面积120平方米，数株树林受损的犯罪事实。

【案件焦点】

能否认定罗某为自首。

【法院裁判要旨】

个旧市人民法院经审理认为：被告人罗某无视国法，为泄私愤故意放火引起森林火灾，危害公共安全，尚未造成严重后果，其行为已构成放火罪。公诉机关指控的犯罪事实清楚，证据确实、充分，定性准确，本院予以确认；建议对被告人罗某在有期徒刑二年至四年之间量刑的意见恰当，本院予以采纳。被告人罗某犯罪后自动投案并如实供述自己的犯罪事实，是自首，可以减轻处罚。

个旧市人民法院依照《中华人民共和国刑法》第一百一十四条、第六十七条第一款之规定，作出如下判决：

被告人罗某犯放火罪，判处有期徒刑二年六个月。

一审宣判后，被告人罗某以“原判量刑过重”为由提出上诉。红河哈尼族彝族自治州中级人民法院经审理认为：原判认定事实清楚，适用法律正确，审判程序合法，量刑适当，依照《中华人民共和国刑事诉讼法》第二百二十五条第一款第（一）项之规定，作出如下裁定：

驳回上诉，维持原判。

【法官后语】

本案罗某涉嫌放火罪犯罪事实清楚，证据确实充分，但对于罗某能否认定为自首，存在两种不同的意见。

第一种意见认为，罗某因形迹可疑被公安机关盘问，虽然其主动如实交代了自己的罪行，但同时公安机关从其身上发现了放火所用的打火机，属于与“犯罪有关的物品”，根据《关于处理自首和立功若干具体问题的意见》的相关规定，罗某的行为不能认定为“形迹可疑”型自首。

第二种意见认为，罗某在被公安机关盘问时，主动交代自己的犯罪事实，尽管从罗某身上发现了“犯罪有关的物品”即打火机，但这个打火机并表现不出任何犯罪可疑物特征，其之所以被确定为作案工具，仍然是基于罗某的主动交代。故罗某的行为符合“形迹可疑”型自首的规定。

本案裁判重点主要在于对“形迹可疑”型自首的理解，尤其是携带物品如何认定的问题。根据《关于处理自首和立功若干具体问题的意见》之规定“罪行未被有关部门、司法机关发觉，仅因形迹可疑被盘问、教育后，主动交代了犯罪事实的，应当视为自动投案，但有关部门、司法机关在其身上、随身携带的物品、驾乘的交通工具等处发现与犯罪有关的物品的，不能认定为自动投案。”结合本案，合议庭分别从立法本意、构成要素、物品特征的方面作了综合分析。

首先，从自首制度的立法本意来看。设立自首制度的目的一方面是鼓励犯罪人主动归案，认真悔过，争取宽大处理；另一方面是节约司法资源，若犯罪人能够积极投案，如实供述自己的罪行，则可以减少公安机关证据收集的时间和精力，提高办案的效能，节约司法资源。本案中，罗某仅因形迹可疑被盘问，即交代了犯罪事实，而此时公安机关并未掌握其涉嫌放火的任何证据，即便从其身上找到了与作案有关的“打火机”，但若罗某不主动交代，公安机关仍无法迅速侦破。故罗某的交代不仅表现了其认罪悔过的态度，而且使该案得以迅速侦破，这完全符合自首制度立法本意。

其次，从“形迹可疑”型自首的构成要素来看。“形迹可疑”型自首主要包括三方面要素：(1) 罪行未被司法机关发觉；(2) 仅因行为人形迹可疑而使司法人员产生怀疑，并无其他客观证据证实行为人的罪行；(3) 行为人出于主观意愿自动交代罪行。本案中，罗某的行为完全符合认定“形迹可疑”型自首的构成要素。

最后，从与“犯罪有关的物品”的特征来看。“犯罪有关的物品”应该具有明确的指向性，如果司法机关仅凭发现的物品便足以认定行为人有重大作案嫌疑的，则行为人的如实交代只是对罪行的坦白。比如司法机关从行为人身上发现带有血迹的菜刀、无法说出号码的手机以及违禁物品等，行为人被盘问交代的则不属于形迹可疑，而是有犯罪嫌疑，不应认定为“形迹可疑”型自首。如果从行为人处查获无信息可查的物品，如手套、打火机、口罩等，仅凭这类物品与具体案件难以建立直接、明确、紧密联系，司法机关对行为人盘问对破案具有实质意义，此时，行为人交代则应属“形迹可疑”型自首。本案中，虽然从罗某随身携带的物品里搜到了打火机，但因打火机属于非排他性物品，在没有罗某主动交代的情况下，仅凭一只打火机难以与放火案建立直接、明确、紧密联系，该案的侦破还是由于罗某的如实供述，故罗某的行为仍符合“形迹可疑”型自首的特征。

编写人：云南省红河哈尼族彝族自治州个旧市人民法院　罗曼

44

交通肇事案件中自首的认定

——徐某某交通肇事案

【案件基本信息】

1. 裁判书字号

山东省淄博市临淄区人民法院（2015）临刑再字第2号刑事判决书

2. 案由：交通肇事罪

【基本案情】

2014年10月1日12时50分，徐某某驾驶鲁CD8×××号重型半挂牵引车，顺临淄区凤凰路由北向南行驶至临淄区张辛路凤凰路口，在向东左转弯过程中，因观察情况不够，将驾驶自行车的李国某撞倒后碾压，致李国某当场死亡，车辆损坏，造成重大交通事故。李国某经法医鉴定系重度颅脑损伤合并创伤性休克死亡。经临淄交警大队认定，徐某某负事故的全部责任。事故发生后徐某某在不明知发生事故的情况下继续驾车前行，在得知自己驾车造成交通事故后，即停车拨打报警电话和急救电话积极处理，在没有打通的情况下立即给山东皇城昊东物流有限公司车队队长胡国某打电话，告知车辆发生交通事故一事，在后者及单位相关领导赶到事故现场前后，徐某某一直在车旁边等候交警处理。在交警到达事故现场后，徐某某如实供述了自己的犯罪事实。

案发后，本案涉及民事部分已立案处理。在本案审理过程中，徐某某自愿赔偿被害人亲属经济损失80000元，取得了被害人亲属的谅解，被害人亲属建议法院对其从轻处罚，并适用缓刑。

【案件焦点】

本案被告人徐某某能否认定为自首。

【法院裁判要旨】

山东省淄博市临淄区人民法院原审认为：被告人徐某某违反交通运输管理法规，发生重大交通事故，致一人死亡，负事故的全部责任，其行为已构成交通肇事罪。公诉机关指控的罪名成立。被告人徐某某在得知自己驾车造成交通事故后，即停车积极处理，在主观上没有肇事后逃逸的故意，因此公诉机关对被告人徐某某驾车逃逸的指控本院不予支持。被告人徐某某认罪态度较好，取得了被害人亲属谅解，可酌情从轻处罚。辩护人发表的辩护意见予以采纳。

山东省淄博市临淄区人民法院依据《中华人民共和国刑法》第一百三十三条、第七十二条第一款、第七十三条第二、三款、第六十一条之规定，判决如下：被告人徐某某犯交通肇事罪，判处有期徒刑二年，缓刑二年。

判决生效后，检察机关抗诉认为：原审被告人徐某某主动到公安机关投案系自首行为，原审判决遗漏法定从轻、减轻的量刑情节，属于认定事实错误，适用法律错误，应予纠正。原审被告人徐某某对原审判决除自首外的交通肇事的犯罪事实无异议，辩称其行为构成自首，请求依法从轻处罚。

山东省淄博市临淄区人民法院再审认为：原审被告人徐某某违反交通运输管理法规，发生重大交通事故，致一人死亡，负事故的全部责任，其行为已构成交通肇事罪。公诉机关指控的罪名成立。原审被告人徐某某在得知自己驾车造成交通事故后，即停车积极处理，在主观上没有肇事后逃逸的故意，因此原公诉机关对原审被告人徐某某驾车逃逸的指控本院不予支持。原审被告人徐某某认罪态度较好，取得了被害人亲属谅解，可酌情从轻处罚。

关于原审被告人徐某某自首的认定。最高人民法院《关于处理自首和立功若干具体问题的意见》规定，犯罪嫌疑人犯罪后主动报案，虽未表明自己是作案人，但没有逃离现场，在司法机关询问时交代自己罪行的或者明知他人报案而在现场等待，抓捕时无拒捕行为，供认犯罪事实的，应当视为自动投案，如实供述自己的罪行的，则构成自首。交通肇事后保护现场、抢救伤者，并向公安机关报告的，应认定为自动投案，构成自首的，因上述行为同时系犯罪嫌疑人的法定义务，对其是否从宽、从宽幅度要适当从严掌握。本案中，事故发生后原审被告人徐某某在不明知发生事故的情况下继续驾车前行，在得知自己驾车造成交通事故后，即停车拨打报警电话和急救电话积极处理，其停车等候交警处理等一系列行为应视为主动到公安机关投案，并如实供述自己的犯罪事实。根据《中华人民共和国刑法》第六十七条之规定，犯罪后自动投案，如实供述自己罪行的，是自首。因此，原审被告人徐某某构成自首。对于自首的犯罪分子，可以从轻或减轻处罚。原审判决未对原审被告人徐某某及其辩护人自首的辩解和辩护意见进行归纳，对于原审被告人徐某某的自首事实没有认定，在判决书中也没有对于是否构成自首进行相应的法律评价，遗漏了法定从轻、减轻的量刑情节，依法应予纠正。抗诉机关及其原审被告人徐某某的抗诉意见和辩解意见成立，本院予以采纳。

山东省淄博市临淄区人民法院依照《中华人民共和国刑法》第一百三十三条、第七十二条第一款、第七十三条第二、三款、第六十七条、第六十一条，《中华人民共和国刑事诉讼法》第二百四十五条、第二百一十九条，《最高人民法院关于适用〈中华人民共和国刑事诉讼法〉的解释》第三百八十九条第一款第（三）项之规定，判决如下：

一、撤销山东省淄博市临淄区人民法院（2014）临刑初字第549号刑事判决；

二、原审被告人徐某某犯交通肇事罪，判处有期徒刑一年，缓刑一年。

【法官后语】

交通肇事罪存在自首情节。根据最高人民法院《关于处理自首和立功若干具体问题的意见》（以下简称《意见》）的规定，交通肇事后保护现场、抢救伤者，并向公安机关报告的，应认定为自动投案。这是交通肇事罪自首最典型的形态。当然，在司法实践中，由于各种主客观原因，有时肇事人并未完全实施保护现场、抢救伤者、向公安机关报告三项行为，能否认定为自动投案，还是要具体考察肇事人是否符合投案的主动性和自愿性，是否自愿置于司法机关控制之下等待法律制裁。可区分以下情形：(1) 交通肇事后忙于抢救伤者，委托他人代为报案的，这种情形符合《最高人民法院关于处理自首和立功具体应用法律若干问题的解释》（以下简称《解释》）第一条规定的“为了减轻犯罪后果，委托他人先代为投案”的情况，应认定为自动投案。(2) 交通肇事后主动报案，虽未表明自己是作案人，但没有逃离现场或者将伤者送往医院后如实告知公安机关自己所处位置，在公安机关询问时如实供述自己罪行的，这符合《意见》第一条规定的第一种视为自动投案的情形（犯罪后主动报案，虽未表明自己是作案人，但滞留在现场，当司法机关询问时交代自己罪行的)，应认定为自动投案。(3) 交通肇事后明知他人已经报案而留在现场等待，或者送伤者就医后在医院等待，归案后又如实供述自己罪行的，这符合《意见》第一条规定的第二种视为自动投案的情形（明知他人报案而在现场等待，抓捕时无拒捕行为，供认犯罪事实的)，应认定为自动投案。(4) 交通肇事后能及时抢救伤者，但并未亲自或者委托他人报案，亦不明知他人已经报案，在现场或者医院被抓获，归案后能如实供述自己罪行的，需要综合考虑交通事故发生后的各种情况以及肇事人的具体行为，审慎作出判断。由于抢救伤者是交通事故发生后最迫切的事项，为了鼓励肇事人及时抢救伤者，一般来说，如果没有充分的证据证明肇事人有不愿接受法律制裁的意图，就可以认定为自首。

本案中，事故发生后原审被告人徐某某在不明知发生事故的情况下继续驾车前行，在得知自己驾车造成交通事故后，即停车拨打报警电话和急救电话积极处理，其停车等候交警处理等一系列行为应视为主动到公安机关投案，并如实供述自己的犯罪事实。根据《刑法》第六十七条和上述《意见》《解释》之规定，应认定为自首。

编写人：山东省淄博市临淄区人民法院　刘海红

45

强制隔离戒毒期间主动如实供述办案机关尚未掌握的其他犯罪事实，能否认定自首

——储昌某盗窃案

【案件基本信息】

1. 裁判书字号

湖南省怀化市靖州苗族侗族自治县人民法院（2016）湘1229刑初11号刑事判决书

2. 案由：盗窃罪

【基本案情】

2015年6月26日中午12时许，被告人储昌某与他人来到靖州县艮山口烟草站，后被告人储昌某来到车间内的办公室窗外，用塑料管绑上铁丝钩，钩出吴某某放在该办公室板凳上的手提包，盗走包内黄金项链一根及现金人民币600元。

后经鉴定，被盗黄金项链价值为人民币2080元。

2015年7月14日，被告人储昌某在强制隔离戒毒期间，主动向执行机关交代该犯罪事实。

公诉机关认为被告人储昌某具有自首、累犯的量刑情节，建议本院对被告人储昌某在有期徒刑六个月以上九个月以下量刑，并处罚金。

【案件焦点】

被告人是在强制隔离戒毒期间主动如实供述办案机关尚未掌握的其他犯罪事实，是否认定自首。

【法院裁判要旨】

靖州苗族侗族自治县人民法院经审理认为：被告人储昌某以非法占有为目的，采用秘密手段窃取他人财物价值人民币2680元，数额较大，其行为已构成盗窃罪。公诉机关指控的罪名成立，本院予以确认。被告人储昌某曾被判处有期徒刑以上刑罚，刑罚执行完毕以后，在五年内再犯应当判处有期徒刑以上刑罚之罪，系累犯，应当从重处罚。被告人储昌某因吸食毒品被公安机关决定强制隔离戒毒，期间主动如实供述办案机关尚未掌握的其他犯罪事实，是自首，可以从轻处罚，但是这种情况下的自首表现出的投案动机、悔罪表现相比未被限制人身自由的自首动机、悔罪表现的主动性较小，因此可以从轻的幅度相对较小。公诉机关提出的量刑情节理由成立，建议量刑幅度适当，公诉机关提出的量刑情节理由成立，建议量刑幅度适当，本院予以采纳。

靖州苗族侗族自治县人民法院依照《中华人民共和国刑法》第二百六十四条、第六十五条第一款、第六十七条第一款、第五十二条、第五十三条之规定，作出如下判决：

被告人储昌某犯盗窃罪，判处有期徒刑九个月，并处罚金人民币二千元。

【法官后语】

本案处理重点主要在于对自首的理解。《刑法》第六十七条规定犯罪以后自动投案，如实供述自己的罪行的，是自首。对于自首的犯罪分子，可以从轻或者减轻处罚。其中，犯罪较轻的，可以免除处罚。

被采取强制措施的犯罪嫌疑人、被告人和正在服刑的罪犯，如实供述司法机关还未掌握的本人其他罪行的，以自首论。

犯罪嫌疑人虽不具有前两款规定的自首情节，但是如实供述自己罪行的，可以从轻处罚；因其如实供述自己罪行，避免特别严重后果发生的，可以减轻处罚。

强制隔离戒毒是《禁毒法》所规定的戒毒措施之一。强制隔离戒毒决定由公安机关下达，属行政强制措施。而这种措施不属于《刑法》第六十七条第二款中的“强制措施”，因为被强制隔离戒毒人员不是犯罪嫌疑人、被告人和正在服刑的罪犯，因此被强制隔离戒毒人员在强制隔离戒毒期间主动如实供述办案机关尚未掌握的其他犯罪事实的情况不属于《刑法》第六十七条第二款的情形。根据最高人民法院《关于处理自首和立功若干具体问题的意见》第一条规定“因特定违法行为被采取劳动教养、行政拘留、司法拘留、强制隔离戒毒等行政、司法强制措施期间，主动向执行机关交代尚未被掌握的犯罪行为的”也应当视为自动投案。结合《刑法》第六十七条第一款的规定，本案中被告人在强制隔离戒毒期间主动如实供述办案机关尚未掌握的其他犯罪事实的情况视为自动投案，如实供述自己的罪行的，是自首。

但是值得注意的是，在这种情况下的自首表现出的投案动机、悔罪表现相比未被限制人身自由的自首动机、悔罪表现的主动性较小，因此可以从轻的幅度相对较小。强制隔离戒毒的期限为二年。强制隔离戒毒场所应当根据戒毒人员吸食、注射毒品的种类及成瘾程度等，对戒毒人员进行有针对性的生理、心理治疗和身体康复训练。根据戒毒的需要，强制隔离戒毒场所可以组织戒毒人员参加必要的生产劳动，对戒毒人员进行职业技能培训。也就是说强制隔离戒毒的期限比较长，很多强制隔离戒毒人员为了逃避强制隔离戒毒，主动供述一起盗窃或贩卖毒品（刑期一般只有几个月）的犯罪事实。因此，笔者认为，虽然被告人是在强制隔离戒毒期间主动如实供述办案机关尚未掌握的其他犯罪事实，应认定自首，但是在量刑时应区别对待，相比未被限制人身自由的自首从轻比例应较小。

编写人：湖南省怀化市靖州苗族侗族自治县人民法院　石晓鹏

46

投案时不如实供述，后又如实供述能否认定为自首

——史某某组织卖淫案

【案件基本信息】

1. 裁判书字号

河南省三门峡市湖滨区人民法院（2015）湖刑初字第43号刑事判决书

2. 案由：组织卖淫罪

【基本案情】

2012年年底，被告人史某某与贺某某（已判决）就卖淫人员入驻、卖淫收入分成、卖淫服务价目设计等事项商定后，自2013年年初，史某某组织多名卖淫妇女在贺某某经营的焦作市解放区某酒店三楼从事卖淫活动，并雇佣张甲、张乙、程某（均已判决）在该酒店负责管理卖淫小姐、接待嫖客、具体安排卖淫活动。2013年10月22日23时，公安人员在该酒店当场查获王某等七名卖淫妇女及五名嫖客。

另查明，2014年10月14日，被告人史某某到三门峡市公安局崤山分局投案后，仅供述其与贺某某协商在某酒店从事按摩业务，未供述组织妇女从事卖淫活动的犯罪事实。至12月16日，被告人史某某才如实供述其组织妇女卖淫的犯罪事实。

【案件焦点】

被告人史某某投案时不如实供述，后又如实供述能否认定为自首。

【法院裁判要旨】

三门峡市湖滨区人民法院经审理认为，被告人史某某组织多名妇女在某酒店从事卖淫活动，雇佣其他人员管理卖淫小姐，从中牟利，其行为已构成组织卖淫罪。公诉机关指控被告人史某某组织卖淫罪名成立，应予支持。被告人史某某与贺某某

共同实施组织卖淫犯罪行为，不区分主从犯。辩护人提出的被告人史某某有自首情节的辩护意见，经查，被告人史某某于2014年10月14日到公安机关投案，但其投案后，仅供述与贺某某商议在某酒店从事按摩业务，至12月16日，才如实供述其组织妇女从事卖淫活动的犯罪事实。被告人史某某虽有投案情节，但在公安机关已掌握其犯罪事实的情况下，投案后未能如实供述自己的罪行，不能认定为自首。故该辩护意见与查明的事实不符，与法不合，不予采纳。被告人史某某能如实供述自己的罪行，系坦白，依法可以从轻处罚。综合本案事实、情节，经合议庭评议，依照《中华人民共和国刑法》第三百五十八条第一款、第二十五条第一款、第六十七条第三款、第五十二条、第五十三条之规定，判决如下：

被告人史某某犯组织卖淫罪，判处有期徒刑六年，并处罚金70000元。

宣判后，被告人史某某提起上诉，后又撤回上诉。

【法官后语】

对于罪行已被司法机关掌握的犯罪嫌疑人，必须在投案时即如实供述自己的主要犯罪事实，才能认定为自首。自首制度主要是为了鼓励犯罪嫌疑人主动、尽早归案，认罪服法，接受法律制裁，节约司法资源，提高办案效率。在司法机关已掌握犯罪嫌疑人的主要犯罪事实情况下，犯罪嫌疑人是否如实供述对于破获案件并无帮助，但犯罪嫌疑人能自动投案，如实供述自己的罪行，体现了其认罪服法、自愿接受法律制裁的悔罪态度，是值得肯定和提倡的行为，一定程度上也节省了对其进行追捕所要耗费的司法资源，提高了办案效率，且符合立法本意，因此，对于司法机关已掌握其主要犯罪事实的，犯罪嫌疑人自动投案时如实供述的应当认定为自首。

此外，供述的时效性是认定自首的关键。罪行已被司法机关掌握的犯罪嫌疑人自动投案时，在第一次接受讯问时并未如实供述自己的罪行，而是在之后的侦查、审查起诉甚至到一审时才如实供述自己的罪行，此种情况不能认定为自首。其理由如下：

首先，犯罪嫌疑人在第一次接受讯问时，不如实供述其主要犯罪事实，这种行为表明犯罪嫌疑人心存侥幸，伺机抵赖，妄图逃避或减轻法律处罚，没有认罪服法、自愿接受法律制裁的真心悔罪态度，不符合自首制度的价值取向，不能认定为自首。

其次，《最高人民法院关于处理自首和立功具体应用法律若干问题的解释》第一条规定了“犯罪嫌疑人自动投案并如实供述自己的罪行后又翻供的，不能认定为自首，但在一审判决前又能如实供述的，应当认定为自首”。之所以如此规定，是因为犯罪嫌疑人自动投案后如实供述，仍然节约了司法资源，提高了办案效率，为查证犯罪提供了一定便利，已经具备了自首成立的条件。后虽翻供，但在一审判决前又如实供述表明了其仍然有认罪服法、自愿接受法律制裁的悔罪之心，为敦促犯罪嫌疑人悔过自新，法律对这种情况采取了更加宽容的态度，故仍然认定为自首。且该规定是明确了前提适用条件的，即“自动投案并如实供述后翻供的”。而且，如果将“第一次接受讯问时不如实供述，只要在一审判决前如实供述”的情形均认定为自首的话，本条规定完全是多此一举，根本没有必要。

再次，犯罪嫌疑人自动投案后，如实供述的时间应确定为自动投案后第一次接受讯问时，在特殊情况下，最迟应限定在司法机关掌握其主要犯罪事实之前，才能够认定为自首。这样才能从根本上节约司法资源，真实反映其认罪服法、自愿接受法律制裁的悔罪态度，才真正符合立法本意。

因此，罪行已被司法机关掌握的犯罪嫌疑人自动投案时，在第一次接受讯问时未如实供述自己的罪行，而是在之后的侦查、审查起诉甚至到一审时才如实供述自己的罪行的情形不能认定为自首。

编写人：河南省三门峡市中级人民法院　邓彬

47

未如实供述主观心态，不应认定为自首

——惠某交通肇事案

【案件基本信息】

1. 裁判书字号

北京市第一中级人民法院（2015）一中刑终字第163号刑事裁定书

2. 案由：交通肇事罪

【基本案情】

2014年4月22日0时40分许，被告人惠某驾驶小型轿车（车号：京N8H×××）由北向南行驶至北京市昌平区城铁车辆段路霍营路52－13号线杆处，将同方向骑自行车行驶的王某某、胡某某撞出，致使王某某颅脑损伤合并创伤性休克死亡、胡某某受轻微伤。事故后，被告人惠某为逃避法律追究驾车逃离现场。经昌平交通支队认定，被告人惠某负事故的全部责任。案发后，被告人惠某的家属已赔偿被害人王某某的家属及被害人胡某某全部损失，被害人王某某的家属及被害人胡某某均对被告人惠某表示谅解。公诉机关认为，被告人惠某违反交通运输管理法规，驾驶机动车发生重大事故，致一人死亡，负事故全部责任，且交通运输肇事后逃逸，其行为已构成交通肇事罪。被告人惠某在庭审中辩称，其在事故发生后离开现场不是为了逃避法律追究，其行为不属于交通运输肇事后逃逸。

【案件焦点】

被告人惠某如实供述了其交通肇事致人死亡的客观行为和结果，在不如实供述其犯罪时的主观心态的情况下，能否认定具有自首情节。

【法院裁判要旨】

北京市昌平区人民法院认为：被告人惠某违反交通运输管理法规，驾驶机动车发生交通事故，致一人死亡、一人轻微伤，负事故全部责任，且交通运输肇事后逃逸，其行为已构成交通肇事罪，依法应予惩处。北京市昌平区人民检察院指控被告人惠某犯交通肇事罪的事实清楚，证据确实充分，罪名成立。辩护人关于本案属于过失犯罪，被告人惠某系初犯，具有悔罪表现，赔偿问题已解决，取得了被害方的谅解，请求对被告人从宽处罚的意见，予以采纳；其他辩护意见，依据不足，不予采纳。被告人惠某犯罪后自动投案，供述了其交通肇事致人死伤的事实，但在庭审中否认其为了逃避法律追究而逃离事故现场的事实，故不能认定为自首，对该情节，在量刑时酌予考虑。应当根据被告人惠某犯罪的事实、犯罪的性质、情节和对于社会的危害程度，依法裁判。

北京市昌平区人民法院依照《中华人民共和国刑法》第一百三十三条、第六十一条之规定，作出如下判决：

惠某犯交通肇事罪，判处有期徒刑三年。

惠某持原审辩解意见提起上诉。其辩护人认为，事发时惠某不知所撞何物，并非为逃避法律追究而离开现场，惠某始终如实供述犯罪事实，符合自首条件；原判量刑过重，可对惠某减轻处罚，适用缓刑。北京市第一中级人民法院经审理认为：在案的道路交通事故现场勘查笔录、车辆勘察记录以及现场照片和车辆照片均能明确反映，惠某车辆的撞击位置在车辆右前方，且其车辆前挡风玻璃损毁严重，惠某也供认事发时车辆开了近光灯，故惠某有条件看清汽车前方所撞的物体是骑着自行车的被害人，惠某于肇事后驾车直接离开现场，其逃避法律追究的意图明显；惠某在原审法院开庭审理过程中不能如实供述所犯罪行，故不成立自首；原判根据惠某犯罪的事实、性质、情节及危害程度，并考虑了惠某具有的各项量刑情节，在法定量刑幅度内裁量刑罚，并无不当之处。上诉人惠某及其辩护人所提上诉理由及辩护意见不能成立。原审法院作出的判决，定罪准确，量刑适当，审判程序合法，应予维持。

北京市第一中级人民法院依照《中华人民共和国刑事诉讼法》第二百二十五条第一款第（一）项之规定，作出如下裁定：

驳回惠某的上诉，维持原判。

【法官后语】

惠某是否具有自首情节是本案的核心争议焦点，在司法实践中争议较大，笔者简要分析如下：

理论上，犯罪事实包括犯罪构成事实和非犯罪构成事实。犯罪构成事实由犯罪客体要件、犯罪客观要件、犯罪主体要件、犯罪主观要件的事实组成，是认定具体犯罪所必须具备的事实。可见，行为人在犯罪过程中的主观心态是犯罪事实不可或缺的组成部分。行为人的主观心态虽与危害行为等犯罪客观要件的事实存在区别，但也是可以由证据证实的，具有客观存在性，同样属于犯罪事实。犯罪嫌疑人在自动投案后如实供述自己的罪行是认定自首的必要条件，根据相关司法解释，如实供述自己的罪行是指如实交代自己的主要犯罪事实。行为人的主观心态是区分罪与非罪、此罪与彼罪、罪轻与罪重的关键因素，直接影响对被告人的定罪和量刑，是重要的犯罪事实。所以，如果被告人不如实供述其犯罪过程中的主观心态，从而认定被告人未如实供述自己的主要犯罪事实，不构成自首，在法理上是符合逻辑的。

本案中，惠某如实供认了其交通肇事致人死伤及事故后离开现场的客观行为，但对其为逃避法律追究而驾车离开现场的主观心态这一重要犯罪事实拒不承认，因此，应当认定其未如实供述自己的罪行。犯罪嫌疑人如实供述自己的罪行的基本要求是如实供述自己的“主要犯罪事实”，如果如实交代的犯罪情节重于未交代的犯罪情节，一般也可以认定为如实供述自己的主要犯罪事实。根据我国《刑法》规定，对于一般的交通肇事犯罪行为，如果没有逃逸等特别恶劣情节，处三年以下有期徒刑或者拘役；如果具有逃逸等特别恶劣情节，则处三年以上七年以下有期徒刑；如果逃逸致人死亡，则处七年以上有期徒刑。逃逸情节作为加重处罚情节，对被告人的量刑产生非常重大的影响。可见，惠某未如实交代的犯罪情节并不比其如实交代的犯罪情节轻，所以，在其未如实供述其为逃避法律追究而逃离的主观心态的情况下，即使自动投案并如实供述了客观方面的事实，也不应当认定为自首。

实践中，一些犯罪嫌疑人自动投案并如实供述自己的罪行，但对自己的行为性质进行辩解，在这种情况下，不影响自首的成立。当然，上述对行为性质的辩解需要建立在行为人如实供述了犯罪的客观事实和主观心态的基础上，而对法律适用进行辩解，比如辩称其行为不构成犯罪或者不构成指控之罪。如果行为人在自动投案后，如实供述了犯罪的客观方面，但对自己犯罪时的主观心态进行偷梁换柱，而其主观心态又对定罪、量刑产生重大影响，则不能认定为自首，如本案。

编写人：北京市昌平区人民法院　王式宽

48

现场查获但未被采取强制措施的犯罪嫌疑人经电话通知自动到案的构成自首

——陈某某走私珍贵动物制品案

【案件基本信息】

1. 裁判书字号

广东省深圳市中级人民法院（2015）深中法刑二初字第150号刑事判决书

2. 案由：走私珍贵动物制品罪

【基本案情】

2014年10月4日，被告人陈某某在香港购买奶粉等婴儿用品后接受他人的雇请，为后者从香港走私一批“人造大理石”到深圳，约定事成后陈某某可以收取好处费。当日下午17时许，陈某某携带该批“人造大理石”，持《往来港澳通行证》从罗湖口岸入境，未向海关申报。经海关抽查，在陈某某随身携带的行李内查获该批“人造大理石”为疑似象牙制品。经华南野生动物物种鉴定中心鉴定，上述疑似象牙制品为现代象象牙制品，共7.2千克。现代象象牙属《濒危野生动植物种国际贸易公约》的保护物种，每千克象牙价值人民币41667元，7.2千克现代象象牙价值人民币共30万元。

2014年12月1日，陈某某经罗湖海关电话通知，前往海关接受调查，如实供述了自己的走私行为，被罗湖海关查私科移交罗湖海关缉私分局。

【案件焦点】

走私犯罪被现场查获，但没有对犯罪嫌疑人采取强制措施，事后经电话通知犯罪嫌疑人到案的，是否成立自首。

【法院裁判要旨】

深圳市中级人民法院经审理认为，被告人陈某某无视国家法律，逃避海关监管，走私现代象象牙制品入境，其行为应当以走私珍贵动物制品罪追究刑事责任。公诉机关指控的罪名成立，本院予以支持。陈某某受他人雇请走私，可认定为从犯，依法从轻处罚。陈某某犯罪后，经电话通知前往海关接受调查，如实供述自己的罪行，可认定为自首，本院予以减轻处罚。本院对相应辩护意见予以采纳。陈某某通过家属预缴罚金人民币七万元，量刑时酌情考虑。陈某某犯罪情节较轻，有悔罪表现，没有再犯罪危险，宣告缓刑对所居住社区没有重大不良影响，可以宣告缓刑。

深圳市中级人民法院依照《中华人民共和国刑法》第一百五十一条第二款、第二十七条、第六十四条、第六十七条第一款、第七十二条第一款、第三款、第七十三条第二款、第三款，《最高人民法院、最高人民检察院关于办理走私刑事案件适用法律若干问题的解释》第九条之规定，作出如下判决：

一、被告人陈某某犯走私珍贵动物制品罪，判处有期徒刑二年，缓刑二年，并处罚金人民币七万元；

二、缴获的走私现代象象牙制品 7.2 千克予以没收，由扣押单位依法处理。

【法官后语】

我国《刑法》第六十七条一般性地规定了自首制度，有关司法解释又对自首进一步作出了具体的规定。其中，自 1998 年 5 月 9 日起施行的《最高人民法院关于处理自首和立功具体应用法律若干问题的解释》（法释〔1998〕8 号）明确了自动投案的情形，包括犯罪事实或者犯罪嫌疑人未被司法机关发觉，或者虽被发觉，但犯罪嫌疑人尚未受到讯问、未被采取强制措施时，主动、直接向公安机关、人民检察院或者人民法院投案。最高人民法院《关于处理自首和立功若干具体问题的意见》（法发〔2010〕60 号）强调指出在具体认定“自动投案”时，要考察犯罪嫌疑人投案的主动性和自愿性，凡是符合自首制度立法本意的情形都视为自动投案。

本案中，虽然海关工作人员当场在被告人陈某某随身携带的行李内查获涉案走私物品，但是由于工作人员无法确定该所谓“人造大理石”究竟为何物，无法确定是否确实为象牙制品及其价值，更无从确定是否构成走私违规违法行为还是走私犯罪行为。因此海关工作人员仅仅扣留了涉案物品，同时责令被告人陈某某留下联系方式，要求其随传随到，但并未能采取任何强制措施。之后，海关经委托华南野生动物物种鉴定中心鉴定，确认上述疑似象牙制品为现代象象牙制品，共7.2千克。且经过委托估价，认定现代象象牙属《濒危野生动植物种国际贸易公约》的保护物种，7.2千克现代象象牙价值人民币共30万元。据此，海关初步认定被告人陈某某构成走私珍贵动物制品犯罪，故而电话通知其到案接受调查处理。随后被告人陈某某自行前往海关，被刑事拘留。

结合前述自首制度的有关刑法和司法解释的规定，陈某某的投案行为主观上可谓是具备自觉自愿地接受办案机关处理的意识、意志，行动上也是直接、主动的前往海关接受处理，应当说符合自首的立法本意，可视为自动投案情形，之后其如实供述自己的犯罪事实，应当认定为自首，依法可以从轻或者减轻处罚。

该案件审判后，被告人没有上诉，公诉机关也没有抗诉。之后，2016年3月16日，广东省高级人民法院、广东省人民检察院、海关总署广东分署召开加强查办走私犯罪案件工作第十二次联席会议，会上特别就旅检通道现场查获走私后，被告人经电话通知到案，并如实供述犯罪事实的能否认定为自首这一实务问题进行了研究探讨，并达成如下共识：旅检通道现场查获走私，对于能够确定犯罪事实的，侦查机关应当及时对犯罪嫌疑人采取强制措施，确保案件的起诉、审判顺利进行；对于现场无法确定犯罪事实，在经过鉴定等程序确定犯罪嫌疑人的行为构成犯罪后，犯罪嫌疑人在未被采取强制措施的情况下，经过电话通知及时到案并如实供述犯罪事实的，可以认定为自首，但应从严把握从宽处罚的幅度。

编写人：广东省深圳市中级人民法院　姜君伟

49

被告人一人报警，另一人在不远处等待能否均认定自首

——舒某某、林某某故意杀人案

【案件基本信息】

1. 裁判书字号

新疆生产建设兵团莫索湾垦区人民法院（2014）莫刑初字第15号刑事判决书

2. 案由：故意杀人罪

【基本案情】

2012年10月4日，被告人舒某某、林某某之子舒某平出生后，经医院检查，舒某平患先天性颅内感染，dandy－walker畸形且无法治愈。因家中经济困难，经商量，被告人舒某某、林某某于2012年12月某日上午，在石河子市老街丝路商店购买小型铁铲一把，随后带领舒某平乘车至第八师一四八团莫管处养路段。在石莫公路西侧的沙包内，被告人舒某某、林某某使用购买的铁铲挖了半米深坑，然后捂住舒某平的口鼻至其死亡，脱掉舒某平的衣服后，用土将舒某平掩埋至坑内。之后，被告人舒某某、林某某将舒某平随身物品带至附近一渠道边烧毁。经鉴定，被害人舒某平系死后埋尸，排除药物、毒品、疾病、机械损伤、电击等其他致死的可能性。

另查明：被告人舒某某、林某某于2011年1月19日登记结婚，共生育三个子女，分别为舒某帆（男，2008年出生）、舒某雨（女，2010年出生）、舒某平（死亡）。2010年至2012年期间二被告人在第八师一四八团莫管处经营一家名为石河子市西营镇舒某某网套加工店，经济来源单一，家庭经济确系困难。

2013年4月18日，被告人舒某某到四川省米易县公安局自动投案，如实供述自己和妻子林某某杀死舒某平的全部事实。

2013年4月18日，被告人林某某在明知被告人舒某某去四川省米易县公安局

投案自首的情况下在公安局不远处等待，抓捕时无拒捕行为，如实供述自己和丈夫舒某某杀死舒某平的全部事实。

【案件焦点】

被告人林某某的行为是否构成自首。

【法院裁判要旨】

新疆生产建设兵团莫索湾垦区人民法院经审理认为：被告人舒某某、林某某将婚生子舒某平杀死，其行为已经触犯《中华人民共和国刑法》第二百三十二条的规定，构成故意杀人罪。公诉机关指控的事实清楚，证据确实充分，罪名成立。被告人舒某某、林某某共同实施故意杀人行为，系共同犯罪，二被告人在故意杀人犯罪中均积极实施杀害行为，故二被告人在共同犯罪中地位相当，不分主从。犯罪后，被告人舒某某自动投案，如实供述自己和被告人林某某杀死舒某平的全部事实，是自首。被告人林某某在明知被告人舒某某去投案自首的情况下在公安局不远处等待，抓捕时无拒捕行为，如实供述了自己和被告人舒某某杀死舒某平的全部事实，亦应认定为自首。被告人舒某某、林某某家庭经济困难，无固定经济来源，在得知舒某平患先天性颅内感染，dandy - walker 畸形，且无法治愈的情况下将舒某平杀死，其主观恶性、社会危害性均较轻，故属于情节较轻的情形。对其自首行为，可减轻处罚。二被告人在犯罪后能自首，足见其有悔罪表现，没有再犯罪的危险，故可以宣告缓刑。

新疆生产建设兵团莫索湾垦区人民法院依照《中华人民共和国刑法》第二百三十二条、第二十五条第一款、第六十三条第一款、第六十七条第一款、第七十二条第一款、第七十三条第二款、第三款，《中华人民共和国刑事诉讼法》第二百二十六条第一款之规定，作出如下判决：

一、被告人舒某某犯故意杀人罪，判处有期徒刑二年零三个月，缓刑三年零六个月；

二、被告人林某某犯故意杀人罪，判处有期徒刑二年零三个月，缓刑三年零六个月。

宣判后在法定期限内被告人未上诉，检察院未抗诉。

【法官后语】

1. 被告人林某某是否构成自首。《刑法》第六十七条第一款规定，犯罪以后自动投案，如实供述自己的罪行的，是自首。根据上述规定，自首包括自动投案与如实供述两个构成要件。依照《最高人民法院关于处理自首和立功具体应用法律若干问题的解释》（以下简称《解释》）的规定，自动投案是指犯罪事实或者犯罪嫌疑人未被司法机关发觉，或者虽被发觉，但犯罪嫌疑人尚未受到讯问、未被采取强制措施时，主动、直接向公安机关、人民检察院或者人民法院投案。《解释》规定了七种自动投案情形，这七种情形不同程度地体现了犯罪嫌疑人投案的主动性和自愿性。如实供述是指自动投案后如实供述自己的主要犯罪事实。自动投案和如实供述之间既相对独立又相互联系，缺乏任何一个要素都不能构成自首。最高人民法院《关于处理自首和立功若干具体问题的意见》（以下简称《意见》）关于“自动投案”的具体认定中对《解释》规定的七种情形外增加了“应当视为自动投案”的情形。本案中两被告人到案后均如实供述自己的主要犯罪事实。被告人舒某某在犯罪事实未被司法机关发觉，主动、直接向公安机关投案，其行为构成自首。公安机关在被告人舒某某自动投案并如实供述后，由被告人舒某某带领和指认，在两人分手处抓捕被告人林某某。被告人林某某明知他人投案自首等待抓捕，抓捕时无拒捕行为，如实供述犯罪事实，其行为符合《意见》关于“自动投案”的具体认定中第二种情形“明知他人报案而在现场等待，抓捕时无拒捕行为，供认犯罪事实的”规定，应当认定“自动投案”。被告人林某某明知丈夫被告人舒某某去公安机关投案自首，投案自首是将两人剥夺亲生脑瘫三子生命的事实做一“了断”，对这一行为的后果即接受法律的惩罚，具有主动性和自愿性，其后的行为同样证实这一点，在两人分手处没有离开，等待公安机关抓捕，抓捕时无拒捕行为，如实供述了自己和丈夫被告人舒某某杀死儿子的全部事实。在司法实践中，对上述情形应当广义理解。“明知他人报案”，“他人”可以是同案犯罪嫌疑人、受害人还可以是无关的第三人；“现场”可以理解为案发现场，还可以理解为得知他人已经报案的现场等等。对被告人林某某的行为同样认定为自首无疑是正确的。

2. 本案的量刑。《刑法》第二百三十二条规定：“故意杀人的，处死刑、无期徒刑或者十年以上有期徒刑；情节较轻的，处三年以上十年以下有期徒刑。”根据罪刑相适应原则，被告人舒某某、林某某犯故意杀人罪依照上述规定定罪量刑。

(1) 量刑幅度。《刑法》第二百三十二条规定犯故意杀人的量刑幅度一般情形为“处死刑、无期徒刑或者十年以上有期徒刑”，特殊情形“情节较轻的，处三年以上十年以下有期徒刑”。“情节较轻”通常是指防卫过当杀人、出于义愤或类似大义灭亲杀人，还有反抗迫害或羞辱杀人、应被害人请求而帮助其自杀的杀人，以及杀人的预备、中止等。本案中，被告人舒某某、林某某在确认亲生三子患先天性颅内感染、dandy - walker 畸形（俗称“脑瘫”）且无法治愈，抚养产生的生活压力和经济负担迫使两被告人选择将其杀死，根据两被告人案发前的经济状况、一贯表现，合议庭以其主观恶性不深、社会危害性较小，适用了情节较轻的量刑情形。另外，对两被告人自首情节合议庭从“从轻处罚或者减轻处罚”中选择了减轻处罚，主要考虑两被告人自首后认罪态度和悔罪表现。《刑法修正案（八）》第五条中，将《刑法》第六十三条第一款修改为“犯罪分子具有本法规定的减轻处罚情节的，应当在法定刑以下判处刑罚；本法规定有数个量刑幅度的，应当在法定量刑幅度的下一个量刑幅度内判处刑罚”。合议庭在三年以下选择量刑是于法有据的。(2) 上诉不加刑。本案在法律适用上使用了《刑事诉讼法》第二百二十六条第一款的规定，说明本案是经第二审人民法院发回原审人民法院重新审判的案件。在原一审中对两被告人均作出犯故意杀人罪，判处有期徒刑二年零三个月的判决。两被告人提出上诉，人民检察院未提出抗诉，案件经第二审人民法院发回重新审判，原审人民法院除有新的犯罪事实，人民检察院补充起诉的以外，不得加重被告人的刑罚，即刑罚“上诉不加刑”原则。《最高人民法院关于适用〈中华人民共和国刑事诉讼法〉的解释》第三百二十五条、第三百二十六条、第三百二十七条对“不得加重被告人的刑罚”的执行原则上进行明确规定。在量刑上发回重新审判仍判处有期徒刑二年零三个月，并根据两被告人在犯罪后能自首，有悔罪表现，没有再犯罪的危险，且家中尚有两个幼儿需要被告人抚养，结合司法行政机关社区矫正前调查评估意见给予适用缓刑。

编写人：新疆生产建设兵团莫索湾垦区人民法院　田生军

50

已被上网追逃的犯罪嫌疑人在被公安机关盘问时主动交代能否认定为自首

——马栋梁故意杀人案

【案件基本信息】

1. 裁判书字号

北京市高级人民法院（2015）高刑终字第441号刑事附带民事裁定书

2. 案由：故意杀人罪

【基本案情】

2014年9月22日17时许，被告人马栋梁在其位于北京市丰台区右安门外大街×号院×号楼×号的住所内，因家庭琐事与妻子罗某（女，殁年33岁）发生口角，后被告人马栋梁用双臂扼压罗某颈部，致罗某机械性窒息死亡。马栋梁作案后逃逸。2014年9月27日，马栋梁在内蒙古自治区额济纳旗纳林高勒边防派出所附近将舌头划伤并趴在地上，后被该所民警发现并送至医院救治，在民警对其进行盘问时，马栋梁向民警供述了其身份及所犯罪行，并于该日被公安机关刑事拘留。

【案件焦点】

已被上网追逃的犯罪嫌疑人，因形迹可疑被公安机关盘问时主动交代其身份信息及犯罪事实，能否认定为自首。

【法院裁判要旨】

北京市第二中级人民法院经审理认为：被告人马栋梁不能正确处理家庭纠纷，故意非法剥夺他人生命，致人死亡，其行为已构成故意杀人罪，依法应予惩处。鉴于被告人马栋梁在内蒙古自治区额济纳旗纳林高勒边防派出所民警尚未掌握其身份及罪行对其进行盘问时即主动交代其身份及犯罪事实，可视为自动投案，且到案后能始终如实供述所犯罪行，系自首，依法可对其从轻处罚。

北京市第二中级人民法院依照《中华人民共和国刑法》第二百三十二条、第五十七条第一款、第六十七条第一款、第六十一条、第六十四条、第三十六条第一款，《最高人民法院关于处理自首和立功具体应用法律若干问题的解释》第一条、第三条，《最高人民法院关于适用〈中华人民共和国刑事诉讼法〉的解释》第一百五十五条第一款、第二款之规定，判决如下：

一、被告人马栋梁犯故意杀人罪，判处无期徒刑，剥夺政治权利终身。

（其他判项略）

北京市人民检察院第二分院以原判适用法律错误，对马栋梁量刑畸轻为由提出抗诉。谢会某、罗宝某持原审起诉意见上诉，马栋梁提出上诉。

北京市高级人民法院经审理认为：上诉人马栋梁不能正确处理家庭纠纷，因琐事故意非法剥夺他人生命，致人死亡，其行为已构成故意杀人罪，依法应予惩处。鉴于马栋梁在内蒙古自治区额济纳旗纳林高勒边防派出所民警尚未掌握其身份及罪行对其进行盘问时即主动交代其身份及犯罪事实，可视为自动投案，且到案后能如实供述犯罪事实，系自首，依法可对其从轻处罚……马栋梁所提其对被害人有救助行为及辩护人所提马栋梁在案发时生理和精神状态异常，被害人方对矛盾的激化负有直接责任一节，经查，上述情节现均无证据支持。马栋梁的上诉理由不能成立，应予驳回。北京市人民检察院认为北京市人民检察院第二分院对马栋梁的判决抗诉不当，决定撤回抗诉，符合法律规定，应予准许。原审人民法院根据马栋梁犯罪的事实、犯罪的性质、情节及对于社会的危害程度所作的判决，定罪及适用法律正确，量刑及对在案扣押物品的处理适当，对附带民事部分的判决正确，审判程序合法，应予维持。

北京市高级人民法院依照《中华人民共和国刑事诉讼法》第二百二十五条第一款第（一）项及《最高人民法院关于适用〈中华人民共和国刑事诉讼法〉的解释》第三百零七条、第三百零八条的规定，裁定如下：

准许北京市人民检察院撤回抗诉，驳回谢会某、罗宝某及马栋梁的上诉，维持原判。

【法官后语】

本案的争议焦点是，已被上网追逃的犯罪嫌疑人，因形迹可疑被公安机关盘问时主动交代其身份信息及犯罪事实，能否认定为自首。对此，一审公诉机关与一审法院有不同认识。

根据《刑法》第六十七条第一款的规定，自首须同时具备两个条件，一是自动投案，二是如实供述。关于自动投案，根据《最高人民法院关于处理自首和立功具体应用法律若干问题的解释》第一条的规定，罪行尚未被司法机关发觉，仅因形迹可疑，被有关组织或者司法机关盘问、教育后，主动交代自己的罪行的，应当视为自动投案。具体到本案，马栋梁在内蒙古自治区额济纳旗纳林高勒边防派出所附近将舌头划伤并趴在地上时，内蒙古自治区警方并没有发觉其罪行，但北京警方已发觉其罪行并将其上网追逃。此时，认定马栋梁的罪行已被司法机关发觉是否妥当？这就涉及如何认定司法机关是否掌握犯罪嫌疑人、被告人的罪行的问题。对此，抗诉机关认为，可参考《最高人民法院关于处理自首和立功若干具体问题的意见》（以下简称《意见》）的相关规定，即犯罪嫌疑人、被告人在被采取强制措施期间，向司法机关主动如实供述本人的其他罪行，该罪行能否认定为司法机关已掌握，应根据不同情形区别对待。如果该罪行已被通缉，一般应以该司法机关是否在通缉令发布范围内作出判断，不在通缉令发布范围内的，应认定为还未掌握，在通缉令发布范围内的，应视为已掌握；如果该罪行已录入全国公安信息网络在逃人员信息数据库，应视为已掌握。如果该罪行未被通缉、也未录入全国公安信息网络在逃人员信息数据库，应以该司法机关是否已实际掌握该罪行为标准。再回到本案，结合前述《意见》的规定，如果把身份信息是否录入了全国公安信息网络在逃人员信息数据库作为是否掌握罪行的标准，则形式上确可以视为公安机关已经发觉了马栋梁的罪行。但是，本案与《意见》所设定的条件有所不同：首先，《意见》针对的是被采取强制措施的犯罪嫌疑人、被告人，而马栋梁并非已被采取强制措施的人员，故不能适用《意见》的相关规定。其次，马栋梁已将证明其身份的证件销毁，如果其不主动供述其身份和犯罪事实，内蒙古自治区额济纳旗纳林高勒边防派出所民警很难查实，因此，客观上该派出所民警并不掌握其身份及罪行。再次，自首的认定并不以司法机关是否掌握犯罪嫌疑人、被告人的罪行为要件。对于未被采取强制措施的犯罪嫌疑人，即便司法机关已经掌握其罪行，该嫌疑人自动到公安机关投案，并如实供述了其所犯罪行，仍然成立自首。

综上，本案中，马栋梁在内蒙古自治区警方尚未掌握其身份及罪行的情况下对其进行盘问时，其即主动交代其身份及犯罪事实，可视为自动投案，且到案后能如实供述了其主要犯罪事实，应认定为自首。

编写人：北京市房山区人民法院　陈艳飞

51

因涉嫌犯过失致人死亡罪被采取强制措施后如实交代故意杀人罪行的能否认定为故意杀人罪中的自首

——潘晓某故意杀人、过失致人死亡案

【案件基本信息】

1. 裁判书字号

北京市第一中级人民法院（2015）一中少刑终字第2393号刑事裁定书

2. 案由：故意杀人罪、过失致人死亡罪

【基本案情】

被告人潘晓某自幼与父母共同居住在潘晓某祖父潘凤某名下位于北京市海淀区复兴路某楼某号的单元房内，潘凤某与妻子杨迪某居住较大一间，潘晓某与父母居住较小一间。杨迪某与潘凤某于1993年2月结婚，杨迪某为潘凤某丧偶后的再婚妻子，该房屋于1998年11月取得房屋所有权证。潘晓某担心杨迪某日后独自占有该房产，影响其居住，即决定杀死杨迪某。

2013年7月12日，被告人潘晓某在北京甲公司购买500克的亚硝酸钠1瓶。同年9月10日，潘晓某通过乙商城购买丙牌杏仁露1箱。后潘晓某在家中使用注射器向杏仁露内注射亚硝酸钠。同年“十一”国庆节期间，潘晓某将整箱注射过亚硝酸钠的杏仁露赠与杨迪某。杨迪某饮用1盒杏仁露后出现呕吐等身体不适，遂将剩余杏仁露退回潘晓某家。后潘晓某将部分杏仁露扔掉，剩余箱内9盒杏仁露放置在自家卧室，并告知其父母该饮料已变质，不能饮用。

2014年1月5日，周朝某（潘晓某的母亲）在不知道该杏仁露有毒的情况下，将在卧室中存放的9盒杏仁露连同外包装纸箱一同扔到北京市海淀区复兴路某号某楼某门门前的垃圾箱中，后被李某某捡拾。李某某在将废品卖与许某某后，将其中3盒杏仁露赠与许某某。后又将2盒杏仁露赠与他人。当日，李某某饮用其中1盒杏仁露后导致亚硝酸钠中毒，应激性溃疡。经鉴定，李某某身体损伤程度为轻伤二级。当晚，被害人郑某某（殁年5岁）饮用其母许某某给的1盒杏仁露后于次日死亡。经鉴定，郑某某符合亚硝酸钠中毒死亡。同年1月7日，经郑某某家属报警，被告人潘晓某被公安机关抓获归案。本案审理过程中，郑某某的法定代理人要求对潘晓某依法从重处罚。

【案件焦点】

1. 潘晓某前罪构成故意杀人罪还是故意伤害罪；2. 如构成故意杀人罪，潘晓某在此罪中是否构成自首。

【法院裁判要旨】

北京市海淀区人民法院经审理认为：被告人潘晓某故意制造有毒饮品，非法剥夺他人生命，后未成功，其行为已构成故意杀人罪，应予惩处；潘晓某因过失行为导致他人饮用其制造的有毒饮品，致一人死亡、一人轻伤后果，其行为亦构成过失致人死亡罪，应与其所犯故意杀人罪并罚。被告人潘晓某已经着手实施杀人的行为，但因其意志以外的原因未能得逞，系犯罪未遂；同时，考虑其能如实供述犯罪行为，法院依法对其从轻处罚。

北京市海淀区人民法院依照《中华人民共和国刑法》第二百三十二条、第二百三十三条、第二十三条、第五十五条第一款、第五十六条第一款、第六十九条、第六十七条第三款之规定，判决：

被告人潘晓某犯故意杀人罪，判处有期徒刑十一年，剥夺政治权利一年；犯过失致人死亡罪，判处有期徒刑五年，决定执行有期徒刑十五年，剥夺政治权利一年。

潘晓某以原判量刑过重，其前罪应认定为故意伤害，且构成特别自首，其对过失致人死亡罪只应承担部分责任或者不承担刑事责任为由提起上诉。

北京市第一中级人民法院经审理认为：对上诉人潘晓某上诉认为其前罪应认定为故意伤害罪，而非故意杀人罪的上诉理由，经查，潘晓某因家庭矛盾欲杀死杨迪某，有证人证言、被告人供述等证据能够证明，在该犯意支配下，潘晓某已经着手实施了故意杀人的行为，已构成故意杀人罪，潘晓某的该上诉理由，无事实依据，本院不予采纳。对上诉人潘晓某上诉认为其在故意杀人罪中构成特别自首的上诉理由，经查，根据在案证据，公安机关在抓获潘晓某时，已掌握其故意制造能致人死亡有毒饮料的犯罪行为，该犯罪行为与其故意杀人行为在法律、事实上具有密切关联，故其不属于在公安机关掌握犯罪事实前如实供述“不同种罪行”，不构成故意杀人罪的自首，上诉人的该上诉理由，无事实与法律依据，本院不予采纳。对上诉人潘晓某上诉认为其对过失致人死亡罪只应承担部分责任或者不承担刑事责任的上诉理由，经查，潘晓某明知其注射过亚硝酸钠的杏仁露可能导致他人伤亡，却未尽注意义务，使得该有毒杏仁露被随意丢弃，最终导致一人死亡、一人轻伤的后果，该杏仁露属正规商品，且在有效期内，他人无法从外包装识别该杏仁露有毒，潘晓某的过失行为与郑某某的死亡具有直接的因果关系，构成过失致人死亡罪，应当承担刑事责任，上诉人的该上诉理由，无事实与法律依据，本院不予采纳。对上诉人潘晓某认为量刑过重的上诉理由，经查，本案中，潘晓某的故意杀人行为系经事先精心预谋、策划并实施，原审人民法院综合考虑潘晓某主观恶性和人身危险性以及犯罪的事实、犯罪的性质、情节和对于社会危害程度所作出的一审判决，量刑适当，上诉人的该上诉理由，无法律依据，本院不予采纳。

被告人潘晓某故意制造有毒饮品，非法剥夺他人生命，其行为已构成故意杀人罪；潘晓某因过失行为导致他人饮用其制造的有毒饮品，致一人死亡、一人轻伤后果，其行为已构成过失致人死亡罪，应与其所犯故意杀人罪并罚。被告人潘晓某已经着手实施杀人行为，因其意志以外原因未能得逞，系犯罪未遂，可以依法从轻处罚；鉴于其能如实交代自己的主要犯罪事实，亦可依法对其酌予从轻处罚。原审人民法院根据潘晓某犯罪的事实、犯罪的性质、情节及对于社会危害程度所作出的一审判决，定罪、适用法律正确，量刑适当，审判程序合法，应予维持。

北京市第一中级人民法院依照《中华人民共和国刑事诉讼法》第二百二十五条第一款第（一）项之规定，裁定：

驳回上诉，维持原判。

【法官后语】

1. 潘晓某前罪构成故意杀人罪还是故意伤害罪

潘晓某因担心杨迪某日后独占房产，影响其居住，遂产生杀死杨迪某的犯意。经提前准备，2013年国庆节期间，潘晓某将整箱注射过亚硝酸钠的杏仁露赠与杨迪某，杨迪某饮用1盒杏仁露后出现呕吐等身体不适，遂将剩余杏仁露退回潘晓某家。在故意杀死杨迪某的犯意支配下，潘晓某已经着手实施了故意杀人的行为，已构成故意杀人罪，因其意志以外的原因未能得逞，属犯罪未遂。潘晓某辩称的其在实施犯罪行为时不具有杀死杨迪某的故意而是对其故意伤害的故意，其注射的亚硝酸钠量不足以致人死亡，其行为不构成故意杀人罪而应构成故意伤害罪的辩解，经查，潘晓某因家庭矛盾欲杀死杨迪某，有QQ聊天记录、证人证言、被告人供述等证据能够证明，虽未检测出杏仁露中亚硝酸盐的具体含量，但潘晓某出于杀死杨迪某的目的制造了有毒杏仁露并赠予杨迪某饮用，无论该杏仁露中亚硝酸钠含量是否足以致人死亡，其均构成故意杀人罪的未遂。

在收到杨迪某退回的杏仁露后，潘晓某明知其注射过亚硝酸钠的杏仁露可能导致他人伤亡，但却未尽注意义务妥善处理有毒的杏仁露，使得其自制有毒杏仁露被随意丢弃，最终导致郑某某在饮用后因亚硝酸钠中毒死亡，李某某轻伤二级的后果。涉案杏仁露本属正规商品，且在有效期内，他人无法从外包装识别该饮料有毒，故潘晓某的过失行为与郑某某的死亡具有直接的因果关系。在该案中，潘晓某的过失行为导致了一人死亡、一人轻伤的结果，其构成过失致人死亡罪。

潘晓某的前后两个行为系在不同犯意下实施的不同行为，且时间间隔较长，可以明确区分为两个犯罪行为，应当以两罪论处。

2. 潘晓某在故意杀人罪中是否构成自首

根据最高人民法院《关于处理自首和立功若干具体问题的意见》第三条规定，“犯罪嫌疑人、被告人在被采取强制措施期间如实供述本人其他罪行，该罪行与司法机关已掌握的罪行属同种罪行还是不同种罪行，一般应以罪名区分。虽然如实供述的其他罪行的罪名与司法机关已掌握犯罪的罪名不同，但如实供述的其他犯罪与司法机关已掌握的犯罪属选择性罪名或者在法律、事实上密切关联，如因受贿被采取强制措施后，又交代因受贿为他人谋取利益行为，构成滥用职权罪的，应认定为同种罪行。”根据公安机关出具的到案经过，公安机关已掌握含有亚硝酸钠的杏仁露致人死亡的事实，并经监控录像明确该杏仁露的来源后，在潘晓某家中将其抓获，故其故意制造能致人死亡有毒饮料的犯罪行为已被公安机关掌握，该犯罪行为与其故意杀人行为在法律、事实上具有密切关联，故其不属于在公安机关掌握犯罪事实前如实供述“不同种罪行”，不构成故意杀人罪的自首。

编写人：北京市第一中级人民法院　赵松

52

主动投案后，在取保候审期间再犯同种罪被抓捕的不应认定为自首

——杨春某等盗窃案

【案件基本信息】

1. 裁判书字号

四川省绵阳市高新技术开发区人民法院（2015）绵高新刑初字第30号刑事判决书

2. 案由：盗窃罪

【基本案情】

2014年5月18日至2014年12月17日，被告人杨春某、任某、王某先后驾驶汽车窜至绵阳高新区外国语学校、绵阳市东辰中学等停车场，伺机寻找作案目标。被告人杨春某等人利用其随身携带的干扰器在被害人锁车时进行干扰，使其车门未上锁，在确认被害人离开后，将该车内财物盗走，被告人杨春某多次作案，涉案金额为21897元，被告人任某多次作案，涉案金额为26400元，被告人王某作案两次，涉案金额为6300元。

在2014年5月18日被告人杨春某第一次作案后，侦查人员于同年5月20日电话通知杨春某到公安机关接受调查，次日，杨春某到涪城区公安局投案并如实供述作案情况。

2014年12月17日下午5时许，被告人杨春某、任某、王某再次窜至绵阳市外国语学校停车场伺机作案。由未窃得财物，在离开现场时被绵阳市公安局高新区分局侦查人员当场抓获。

公诉机关认为被告人杨春某、任某、王某以非法占有为目的，秘密窃取他人财物，数额较大，其行为已构成盗窃罪，适用《中华人民共和国刑法》第二百六十四条之规定惩处，被告人杨春某自动投案，是自首，适用《中华人民共和国刑法》第六十七条第一款之规定。

庭审中，被告人杨春某、任某、王某对公诉机关指控其犯盗窃罪的基本事实不持异议。

被告人杨春某的辩护人辩称被告人有自首情节，认罪态度好，并以愿意赔偿被害人损失为由，请求对其从轻处罚；被告人任某的辩护人以任某认罪态度好并且愿意赔偿被害人损失为由，请求法院对其从轻判处；被告人王某的辩护人辩称王某认罪态度好、积极赔偿被害人损失并取得谅解，无犯罪前科，请求对其从轻处罚，对其所驾驶的车辆系家庭共同财产，不应当没收进行辩护，且以车辆现抵押给银行贷款请求予以发还被告人王某。

【案件焦点】

本案被告人杨春某的行为是否构成自首。

【法院裁判要旨】

绵阳高新技术开发区人民法院经审理认为：被告人杨春某、任某、王某以非法占有为目的，秘密窃取他人财物数额较大，其行为已触犯刑律，构成盗窃罪。自首的动机是要出于真诚悔悟、为了得到从宽处理，主动将自己置于或者最终置于办案机关的合法控制之下，本案被告人杨春某在2014年5月18日作案后，于2014年5月21日向公安机关投案自首，被取保候审，在取保候审期间继续以同样的手段作案，可见其对犯罪行为并没有悔改表现，且从全案来看，被告人在后面的犯罪并不是主动到案，故其行为与自首设立的初衷相悖，综合全案情况，被告人杨春某主观上并没有悔改之意，故不宜认定为自首，不能对其从轻处罚；被告人任某有犯罪前科，可酌定对其从重处罚；被告人杨春某、任某、王某犯罪后积极退赃，认罪态度好，并取得被害人谅解，可酌定对其从轻处罚。公诉机关指控被告人杨春某、任某、王某犯盗窃罪，事实清楚、证据充分，定性准确，应当予以支持，但认为杨春某有自首情节的意见，不应支持。被告人王某的辩护人辩称王某认罪态度好、积极赔偿被害人损失并取得被害人谅解、无犯罪前科的理由成立，应当予以采纳，辩称车辆属家庭共同财产应予发还的辩解理由不能成立，本案扣押在案的属王某所有的车辆虽系家庭财产购买，但也是被告人的主要作案工具之一，车辆抵押给银行贷款亦不影响涉案车辆系作案工具的事实，故其辩解不予采纳。为了保护公民的财产权利不受侵犯，惩罚犯罪，根据本案三被告人的犯罪事实、性质、情节以及社会危害程度，依照《中华人民共和国刑法》第二百六十四条、第七十二条、第七十三条、第五十二条、第五十三条、第六十四条之规定，判决如下：

一、被告人杨春某犯盗窃罪，判处有期徒刑一年七个月，并处罚金 10000 元。

二、被告人任某犯盗窃罪，判处有期徒刑一年六个月，并处罚金 9000 元。

三、被告人王某犯盗窃罪，判处有期徒刑八个月，缓刑一年，并处罚金 6000 元。

四、扣押在案的属被告人杨春某所有的某牌黑色汽车一辆、电子设备二部，属被告人王某所有的某牌 SUV 白色汽车一辆及川 BPL×××车辆行驶证一张、解码器一部、属任某所有解码器一部，依法予以没收。其他涉案物品甲集团购物卡一张、黄色某牌手机予以发还被害人，其余未涉案物品发还被告人杨春某、王某。

五、扣押在案的现金杨春某 6200 元、任某 8000 元、王某 6000 元，用于三被告人罚金刑的执行。

【法官后语】

在本案审理中，关于本案的杨春某是否构成自首有两种不同的意见：

一种意见认为，被告人杨春某在第一次作案后，公安机关电话传唤到案询问，被告人杨春某即主动到案如实陈述案件情况，系自首。对于在取保候审期间继续作案，虽被公安机关当场挡获，但是属另外再犯罪行为，且到案后也能如实供述案件情况，故应当认定为自首，对其从轻或减轻处罚。

另一种意见认为，被告人杨春某的行为不构成自首。原因如下：

本案被告人杨春某第一次作案时间是2014年5月18日，后被告人杨春某经派出所办案人员电话通知，主动到案如实供述了该次作案情况，此时如果被告人杨春某不再犯继续以同样手段再犯同样的罪行，可认为被告人系自首。但本案被告人在取保候审期间，继续购买作案工具，多次作案，且在作案过程中被公安机关当场抓捕，由此可见被告人主观上并无悔改之意。

自首作为刑罚的量刑因素，其立法旨在让真诚悔悟的犯罪分子得以从轻或减轻处罚。自首的主观要求是犯罪分子必须真诚悔悟、主动将自己置于或者最终置于办案机关的合法控制之下，正确认识自己的犯罪行为，接受审判。对于已经主动投案而被公安机关采取取保候审强制措施的犯罪分子，在取保候审期间继续再以同种手段犯同种罪行的，不宜认定为自首。主要理由是：(1) 被告人继续犯罪，主观上并无悔改之意，不符合自首的立法本意，不应认定自首；(2) 我国对于同种数罪在处理上，是按照一罪处理的，故从整个犯罪来看，被告人在后面的犯罪部分并不是主动归案的，故不论被告人归案是否如实供述，都不应该认定犯罪分子系全案自首。

编写人：四川省绵阳高新技术产业开发区人民法院　彭宗诚　冯凤琼

53

自首与被追诉前主动交待行贿行为竞合时的量刑

——北京市甲锅炉安装工程有限公司、高元某单位行贿案

【案件基本信息】

1. 裁判书字号

北京市顺义区人民法院（2015）顺刑初字第321号刑事判决书

2. 案由：单位行贿罪

【基本案情】

被告人高元某于1985年成立密云县乙水暖锅炉安装队从事锅炉安装业务，

1988 年该安装队名称变更为北京市密云县丙锅炉安装工程队（以下简称丙工程队），2006 年名称变更为北京市甲锅炉安装工程有限公司（以下简称甲公司），1985 年至 2010 年高元某在该单位任职，负责全面工作。

1997 年至 2008 年期间，被告单位甲公司经时任北京某开发区总公司（以下简称开发区总公司，系全民所有制企业）总经理李勇某同意，承包了该公司价值 1.1 亿余元的供暖等工程，其中 1 亿余元工程未按国家规定进行招投标。其间，为逃避缴税，经李勇某同意，甲公司使用与开发区总公司并无业务往来的河北省大城县丁水暖安装队（以下简称丁安装队）发票结算工程款 5000 余万元。为感谢李勇某上述帮助，高元某于 2006 年向李勇某提出送钱想法，李勇某表示用钱时再说。2009 年 3 月，李勇某表示买房需要用钱，高元某向李勇某行贿人民币 250 万元。后被告人高元某经密云县纪委电话通知主动到案，并在检察机关立案前主动交待行贿行为。

【案件焦点】

当行贿人的行为既符合自首，又符合被追诉前主动交待的，如何选取法定量刑情节。

【法院裁判要旨】

北京市顺义区人民法院经审理认为：《中华人民共和国刑法》第三百九十条第二款关于“行贿人在被追诉前主动交待行贿行为的，可以减轻或者免除处罚”[①] 的规定是对行贿犯罪的“自首”的特别规定，比《刑法》总则对“自首”的处罚更宽，因此作为特别规定，行贿人构成犯罪，在被追诉前主动交待行贿行为的，不再以一般自首对待，而应当直接引用《刑法》第三百九十条第二款的规定。本案中，被告人高元某在检察机关立案之前，已主动交待了单位行贿的事实，故对其可以依照《刑法》第三百九十条第二款以及《最高人民法院、最高人民检察院关于办理行贿刑事案件具体应用法律若干问题的解释》第七条第二款的规定适用刑罚。

北京市顺义区人民法院对被告单位、被告人依照《中华人民共和国刑法》第三百九十三条、第三十条、第三十一条、第五十二条、第五十三条、第三百九十条第

---

① 2015 年《刑法》第三百九十条第二款规定：“行贿人在被追诉前主动交待行贿行为的，可以从轻或者减轻处罚。其中，犯罪较轻的，对侦破重大案件起关键作用的，或者有重大立功表现的，可以减轻或者免除处罚。”

二款、第七十二条第一款、第七十三条第二款、第三款及《最高人民法院、最高人民检察院关于办理行贿刑事案件具体应用法律若干问题的解释》第七条第二款，作出如下判决：

一、被告单位北京市甲锅炉安装工程有限公司犯单位行贿罪，判处罚金人民币一百万元；

二、被告人高元某犯单位行贿罪，判处有期徒刑二年，缓刑二年；

三、随案移送的收条一张、企业法人营业执照复印件一张、大城县丁水暖安装队发票专用章一枚、大城县丁水暖安装队公章一枚附卷存档。

一审宣判后，被告单位及被告人未提出上诉，公诉机关未提出抗诉，判决现已发生法律效力。

【法官后语】

职务犯罪案件中的行贿罪和受贿罪因其独有的对合关系，决定了行贿罪与受贿罪侦办过程中的关联性，而行、受贿犯罪的隐蔽性必然导致案件侦办的难度较大。行受贿案件侦办过程中，从行贿人入手突破行贿人与受贿人之间的攻守同盟是常用手段，这种侦办方法同样获得了立法上的支持。根据《刑法》第三百九十条之规定，行贿人在被追诉前主动交待行贿行为的，可以从轻或者减轻处罚。其中，犯罪较轻的，对侦破重大案件起关键作用的，或者有重大立功表现的，可以减轻或者免除处罚。

实践中，刑法总则所规定的自首和《刑法》第三百九十条的“被追诉前主动交待”往往同时存在。当行贿人的行为既符合自首，又符合被追诉前主动交待的，如何选取法定量刑情节？是按照自首从宽处罚还是按照《刑法》第三百九十条第二款规定从宽处罚？实践中仍然存在不同的判决，有的法院判决认为，《刑法》第三百九十条第二款是对行贿犯罪的“自首”做了特别规定，比刑法总则对“自首”的处罚更宽。因此作为特别规定，行贿人构成犯罪，在被追诉前主动交待行贿行为的，不再以一般自首对待，而应当直接引用本条款的规定；有的法院判决认为，上述两个情节虽然在“如实供述”方面有所重合，但“自首”还具有“主动投案”的因素，此不能被“被追诉前主动交待行贿行为”所涵盖，而“被追诉前主动交待行贿行为”时间方面可能早于“自首”中所要求的“如实供述”，故两个情节并不相同，可以同时考虑。而本案中，公诉机关则认为，对高元某应认定为自首，根据同一行为不能双重评价的原则，不应再认定“被追诉前主动交待行贿事实”。笔者认为，行贿人被追诉前主动交待行贿行为不必然构成自首。例如，行贿人在纪委调查期间，被动到案，但是主动交待了行贿事实的，依法不构成自首，但是符合被追诉前主动交待行贿的条件。当然，当行贿人构成自首时，一般而言也符合被追诉前主动交待行贿的条件。对于行贿人既符合自首要件，又属于被追诉前主动交待行贿行为的情形，《刑法》第三百九十条第二款是针对行贿罪规定的特殊从宽处罚情节，而自首是针对所有犯罪规定的从宽处罚情节，所以应当遵循特殊规定优于一般规定的原则，当行贿人既符合自首，又符合《刑法》第三百九十条第二款规定时，适用《刑法》第三百九十条第二款规定进行量刑。

编写人：北京市顺义区人民法院　曹咏

54

提供同案犯前科情况，得以确定并抓获同案犯是否构成立功

——张万某等盗窃案

【案件基本信息】

1. 裁判书字号

江苏省无锡市惠山区人民法院（2014）惠刑二初字第0018号刑事判决书

2. 案由：盗窃罪

【基本案情】

2007年1月12日晚，被告人张万某、潘龙某、于利某、唐修某及“小表”（另案处理）至无锡市惠山区洛社镇前陶巷某副食品批发部仓库，采用撬锁入室的手法，窃得52度甲白酒10箱、46度乙白酒80箱、50度丙白酒20箱，价值共计人民币47760元。

2007年1月15日晚，被告人张万某、潘龙某、于利某至无锡市惠山区洛社镇钱巷某商行仓库，采用撬锁入室的手法，窃得46度丁白酒8箱、46度乙白酒110

箱、13度戊黄酒10箱，价值共计人民币51720元。

被告人唐修某到案后在公安机关未能确定被告人张万某、潘龙某真实身份的情况下，提供了被告人张万某、潘龙某曾因盗窃白糖被判刑的信息。公安机关据此调取了相关资料让被告人唐修某进行辨认，由此公安机关确认了被告人张万某、潘龙某的真实身份并最终将其二人抓获，应属有立功表现。

审理中，被告人唐修某的家属代为退赃人民币2万元。

【案件焦点】

被告人唐修某到案后提供同案犯张万某、潘龙某曾因盗窃白糖被判刑的前科信息，是否构成立功。

【法院裁判要旨】

江苏省无锡市惠山区人民法院经审理认为：被告人张万某、潘龙某、于利某、唐修某以非法占有为目的，秘密窃取他人财物，其行为均已构成盗窃罪，属共同犯罪。其中被告人张万某、潘龙某、于利某三人参与共同盗窃数额为人民币99480元，属数额巨大；被告人唐修某参与共同盗窃的数额为人民币47760元，属数额较大。公诉机关指控的罪名成立，本院予以支持。鉴于被告人唐修某有立功情节且积极退赃，故予从轻处罚。根据被告人唐修某的犯罪情节及悔罪表现，符合适用缓刑的条件，故可宣告缓刑。

江苏省无锡市惠山区人民法院依照《中华人民共和国刑法》第二百六十四条，第二十五条第一款，第六十八条，第七十二条第一款、第三款，第六十四条之规定，作出如下判决：

一、张万某犯盗窃罪，判处有期徒刑四年三个月，并处罚金人民币三千元。

二、潘龙某犯盗窃罪，判处有期徒刑四年，并处罚金人民币三千元。

三、于利某犯盗窃罪，判处有期徒刑三年九个月，并处罚金人民币三千元。

四、唐修某犯盗窃罪，判处有期徒刑二年，缓刑二年，并处罚金人民币二千元。

五、涉案赃物继续予以追缴并发还被害人。

宣判后，张万某、潘龙某、于利某、唐修某均未上诉，检察机关亦未抗诉，判决已发生法律效力。

【法官后语】

立功是以惩办与宽大相结合的刑事政策为根据的刑罚奖惩制度，也是在司法实践中较为常见的法定从宽情节。在共同犯罪中，先到案的被告人协助司法机关抓捕同案犯以获取立功的实例并不鲜见，《最高人民法院关于处理自首和立功具体应用法律若干问题的解释》（以下简称《解释》）第五条对该情形作出规定："……犯罪分子到案后有检举、揭发他人犯罪行为，包括……协助司法机关抓捕其他犯罪嫌疑人（包括同案犯）……应当认定为有立功表现"。为了进一步统一司法适用，最高人民法院于2010年印发《关于处理自首和立功若干具体问题的意见》（以下简称《意见》）列举了四种可以认定为有立功表现的"协助抓捕其他犯罪嫌疑人"具体情形。但是，由于立法自身的滞后性和不周延性，以及协助抓捕行为呈现的多样性、复杂性特点，在司法实践中对认定具体协助抓捕行为是否构成立功仍存在不同的理解和认识。

在协助抓捕同案犯的情况下，认定先到案的被告人提供同案犯的前科信息得以确定并抓获同案犯是否构成立功，应主要从以下几个方面把握：第一，提供同案犯前科情况不属于应当供述内容的范畴。《意见》第五条规定："……犯罪分子提供同案犯姓名、住址、体貌特征等基本情况……司法机关据此抓捕同案犯的，不能认定为协助司法机关抓捕同案犯。"从《解释》和《意见》的制定本意可以看出，交代同案犯的基本情况是犯罪分子应当供述的内容，而前科信息是司法机关对少数犯罪分子判处刑罚的记载，具有一定的人身依附性和隐秘性，不属于犯罪分子人身基本情况的范畴。第二，提供的同案犯的前科信息是司法机关事先未掌握或者按照正常工作程序无法掌握。如果提供的前科等信息已经被司法机关所掌握，也就是说对抓捕同案犯不能起到实质作用。第三，提供的同案犯的前科信息具体、真实。前科是司法机关依法对犯罪分子作出的处罚且有刑事卷宗档案记载，只有提供的前科线索真实、具体，才能够为司法机关抓捕同案犯提供明确的指向。第四，提供的线索对抓捕同案犯起到了实质作用，也就是说司法机关据以抓获了同案犯。上述四个方面是一个有机整体，必须同时具备才可以认定有立功表现。

本案中，唐修某系货车司机，事先与张万某、潘龙某互不相识，唐修某参与第一笔盗窃是经于利某联系加入。唐修某到案前，由于各人在盗窃过程中相互之间不知道真实姓名，公安机关未掌握同案犯张万某、潘龙某的犯罪线索，给侦破案件带来了难度。唐修某到案后，向公安机关提供了张万某、潘龙某在无锡市曾因盗窃白糖在无锡市被判过刑的信息，公安机关根据该线索调取了相关资料让被告人唐修某进行辨认，得以迅速抓获了二名同案犯。唐修某提供同案犯前科信息的协助抓捕行为，为公安机关最终抓获二名同案犯起到了实质性作用，符合协助抓捕型立功的条件，因此，依法认定唐修某有立功表现是适当的。

编写人：江苏省无锡市惠山区人民法院　许景波

55

供述自己犯罪事实时揭发他人对自己实施犯罪是否构成立功

——胡金艳诈骗案

【案件基本信息】

1. 裁判书字号

江苏省盐城市中级人民法院（2015）盐刑二终字第0086号刑事判决书

2. 案由：诈骗罪

【基本案情】

2014年4月至10月期间，被告人胡金艳向被害人戚某某、吴某某等人谎称其亲戚在北京秘密调查小组，可以帮忙拆迁、土地赔偿等打官司。为骗取戚某某、吴某某等人的信任，胡金艳通过本县县城湖中路某图文广告打字社唐某某、沈某某、胥某某（均另案处理）伪造北京市西城区公安局预审下达文件、北京市机关人民法院传票、最高人民法院执行通知书、北京市国土管理局土地补偿批文、北京市最高人民法院执行民事判决书等文件，胡金艳将伪造的文件提供给吴某某、戚某某等人，以要律师费的名义骗得吴某某、戚某某共计人民币22万元。2014年11月24日，被告人胡金艳主动到建湖县公安局城南派出所投案自首。目前，已追回赃款人民币8万元，并按比例发还被害人。

【案件焦点】

1. 胡金艳到案后控告他人曾对其本人实施其他犯罪，是否属于“揭发他人犯罪行为”，能否认定为有立功表现；2. 胡金艳如实供述自己的犯罪事实，一审法院已认定其构成自首，如再认定该行为构成立功，是否违背“禁止重复评价”原则。

【法院裁判要旨】

江苏省建湖县人民法院经审理认为：被告人胡金艳以非法占有为目的，采用虚构事实、隐瞒真相的方法，骗取私人财物，数额巨大，其行为已构成诈骗罪。被告人胡金艳主动投案，如实供述自己的罪行，系自首，可以从轻处罚。被告人胡金艳归案后，检举、揭发他人犯罪行为，已经公安机关查证属实，其行为属立功，可以从轻处罚。依照《中华人民共和国刑法》第二百六十六条、第六十七条第一款、第六十八条、第五十二条、第五十三条、第六十四条之规定，判决如下：

一、被告人胡金艳犯诈骗罪，判处有期徒刑三年十个月，并处罚金人民币十万元；

二、责令被告人胡金艳继续退赔犯诈骗罪的违法所得，发还被害人。

一审宣判后，原公诉机关建湖县人民检察院提出抗诉。抗诉机关称，胡金艳因本人所犯诈骗罪到案后交代他人曾对自己实施的关联犯罪，不能认定为有立功表现，且立功证据材料未全部经庭审质证，原判对胡金艳的判决属适用法律确有错误，请依法改判。

江苏省盐城市中级人民法院经审理认为，原审被告人胡金艳以非法占有为目的，采用虚构事实、隐瞒真相的方法，骗取他人财物，数额巨大，其行为已构成诈骗罪。原审被告人胡金艳主动投案，如实供述自己的罪行，系自首，其归案后检举、揭发他人犯罪行为，且经查证属实，系立功，均可从轻处罚。原判认定事实清楚，证据确凿、充分，定性正确，量刑恰当，审判程序合法。依照《中华人民共和国刑事诉讼法》第二百二十五条第一款第（一）项之规定，裁定驳回抗诉，维持原判。

【法官后语】

本案处理重点主要是对立功立法本意的理解。

1. 关于胡金艳是否构成立功的问题

（1）胡金艳检举、揭发范某对其敲诈勒索属于检举、揭发他人犯罪。胡金艳实施的诈骗犯罪起因及赃款去向与范某对其实施的敲诈勒索犯罪在客观上虽具有一定关联，但胡金艳诈骗行为的实施和完成并非基于范某敲诈勒索犯罪，两者仍然是独立存在的案件，并非对合型犯罪。胡金艳作为敲诈勒索案的被害人，法律赋予其向司法机关控告的权利，但非其法定义务，且本案中被敲诈勒索以及部分赃款给予范某亦不是胡金艳必须交代的诈骗犯罪的主要事实。对照《最高人民法院关于处理自首和立功具体应用法律若干问题的解释》（以下简称《解释》）"如实供述自己的罪行，是指犯罪嫌疑人自动投案后，如实交代自己的主要犯罪事实"的规定，即使胡金艳主动投案后仅供述诈骗犯罪的事实，亦不影响其自首的认定。《刑事诉讼法》第一百一十八条规定犯罪嫌疑人对侦查人员的讯问应如实作答，但侦查机关仅根据胡金艳有关诈骗犯罪的供述并不能必然推断或知晓范某实施敲诈勒索犯罪，仍是基于胡金艳归案后供述范某对其敲诈勒索才追诉了范某敲诈勒索的犯罪行为。

（2）《刑法》第六十八条规定"犯罪分子有揭发他人犯罪行为，经查证属实的"认定为立功，予以从宽处罚。《解释》中对犯罪分子揭发同案犯其他犯罪、提供侦破线索、阻止他人犯罪以及协助抓捕等五种情形，只要查证属实均认定为有立功表现。本案中，胡金艳涉嫌诈骗犯罪归案后即控告范某对其本人实施敲诈勒索犯罪，且经查证属实的行为符合立功的成立条件。

（3）《刑法》及相关司法解释中对犯罪分子检举揭发他人对其本人犯罪构成立功并无禁止性规定。《关于处理自首和立功若干具体问题的意见》（以下简称《意见》）中第四条关于立功线索来源的具体认定中，对不能认定为立功表现的情形有明确规定，并未规定对犯罪分子检举揭发他人对其本人犯罪不能认定为立功。

（4）我国的立功政策对犯罪分子而言是一种激励机制，鼓励犯罪分子揭发他人犯罪或提供侦破其他案件的线索，通过对犯罪分子承诺兑现从宽处罚的政策，换取犯罪分子与国家进行合作，及时有效地揭露、惩治犯罪，节约司法资源，对维护社会稳定秩序具有重要的意义。因此，只要符合立功的成立条件，不属于不认定为立功情形的，就认定为立功，能够更好地体现立功制度的内在价值。

综上，根据《刑法》及相关司法解释的规定，胡金艳涉嫌犯罪归案后即控告范某对其本人实施犯罪且经查证属实的行为，符合立功的成立条件，且不违背现今法律相关禁止性规定，结合我国的立功刑事政策，应当从有利于被告人的角度认定其构成立功。

2. 关于是否存在重复评价的问题

根据《意见》的规定，胡金艳投案后如实供述其诈骗这一主要犯罪事实，并不影响其自首的成立，但侦查机关基于该供述并不能必然能够推断或知晓范某实施敲诈勒索犯罪，仍是基于胡金艳归案后的供述才追诉了范某敲诈勒索的犯罪行为。故胡金艳主动投案后如实供述其诈骗犯罪认定为自首与其控告范某敲诈勒索且经查证属实认定为立功并不矛盾，不存在双重评价的问题。

编写人：江苏省盐城市中级人民法院　陈斐

（四）数罪并罚

56

保外就医期间犯新罪的数罪并罚
——闵强交通肇事案

【案件基本信息】

1. 裁判书字号

北京市第二中级人民法院（2015）二中刑抗终字第1053号刑事判决书

2. 案由：交通肇事罪

【基本案情】

原审被告人闵强因犯盗窃罪，于2010年4月9日被北京市大兴区人民法院判处有期徒刑十二年（刑期自2008年11月6日起至2020年11月5日止），剥夺政治权利三年，并处罚金人民币一万二千元；2013年4月17日，北京市第二中级人民法院对其裁定减去有期徒刑十个月（刑期自2008年11月6日至2020年1月5日止）；因患急性粟粒性肺结核并支气管淋巴结结核，结核性脑膜炎，电解质紊乱－低钾、低钠、低氯血症，经司法部监狱管理局决定，于2013年9月9日被暂予监外执行（保外就医）一年；因患结核性脑膜炎、双肺粟粒性肺结核，于2014年9月8日被继续暂予监外执行（保外就医）一年。

2014年11月15日8时许，原审被告人闵强借用并驾驶登记在其姐闵某名下的某牌小型客车（车牌号为冀R0××××）由西向东行至北京市大兴区礼贤镇田营路礼贤中学东侧时，将被害人刘宗某驾驶的同向行驶的电动三轮车撞出，造成刘宗某受伤，两车损坏。案发后闵强在现场打电话报警并等候公安机关处理，到案后如实供述了上述犯罪事实。后刘宗某经医院抢救无效，于同年11月18日死亡。经北京市红十字会急诊抢救中心司法鉴定中心鉴定，刘宗某符合颅脑损伤死亡。经北京市公安局大兴分局交通支队认定，闵强驾驶小型面包车超速行驶且未与前车保持足以采取紧急制动措施的安全距离发生交通事故的违法行为，与本起交通事故的发生有因果关系，刘宗某未按规定佩戴安全头盔且未取得机动车驾驶证驾驶无牌照机动车上道路行驶的违法行为，与本起交通事故的发生有因果关系，确定闵强负此事故主要责任，刘宗某负次要责任。闵强于2015年1月6日被刑事拘留。

【案件焦点】

保外就医期间犯新罪的数罪并罚适用“先并后减”还是“先减后并”。

【法院裁判要旨】

北京市大兴区人民法院经审理认为，被告人闵强违反交通运输管理法规，发生重大道路交通事故，造成一人死亡后果，负事故主要责任，其行为已构成交通肇事罪，依法应予惩处。被告人闵强原犯盗窃罪在判决宣告以后刑罚执行完毕以前，又犯新罪，应对新犯的罪的判决与前刑罚判决实行数罪并罚。

北京市大兴区人民法院依照《中华人民共和国刑法》第一百三十三条、第六十七条第一款、第七十一条、第六十九条、第三十六条第一款之规定，作出如下判决：

被告人闵强犯交通肇事罪，判处有期徒刑一年六个月，与前罪所犯盗窃罪，判处有期徒十二年，剥夺政治权利三年，并处罚金人民币一万二千元，决定执行有期徒刑十三年，剥夺政治权利三年，并处罚金人民币一万二千元。

北京市大兴区人民检察院以北京市大兴区人民法院（2015）大刑初字第573号判决对闵强数罪并罚适用法律错误，导致量刑错误为由提出抗诉。

北京市第二中级人民法院经审理认为：原审被告人闵强违反交通运输管理法规，因而发生重大道路交通事故，致一人死亡，负事故主要责任，其行为已构成交通肇事罪，依法应予惩处。原审被告人闵强在前罪刑罚执行完毕以前，又犯新罪，依法应当对其新犯交通肇事罪作出判决，并与前罪没有执行的刑罚予以并罚。原审法院认定闵强犯交通肇事罪的事实清楚，证据确实、充分，定性准确，量刑适当，但将闵强新犯交通肇事罪所判处的刑罚与前罪所判处的刑罚并罚，系法律适用错误，导致量刑失当，应予以改判。

北京市第二中级人民法院依照《中华人民共和国刑事诉讼法》第二百二十五条第一款第（二）项，《中华人民共和国刑法》第一百三十三条、第六十七条第一款、第七十一条、第六十九条、第四十五条、第四十七条之规定，判决如下：

一、撤销北京市大兴区人民法院（2015）大刑初字第573号刑事附带民事判决主文第一项，即被告人闵强犯交通肇事罪，判处有期徒刑一年六个月，与前罪所犯盗窃罪，判处有期徒十二年，剥夺政治权利三年，并处罚金人民币一万二千元并罚，决定执行有期徒刑十三年，剥夺政治权利三年，并处罚金人民币一万二千元。

二、原审被告人闵强犯交通肇事罪，判处有期徒刑一年六个月，与前犯盗窃罪没有执行的刑罚并罚，决定执行有期徒刑七年，剥夺政治权利三年，并处罚金人民币一万二千元。

【法官后语】

本案审理的重点在于如何理解和适用犯新罪的数罪并罚。

1. 我国《刑法》第七十六条规定：“对宣告缓刑的犯罪分子，在缓刑考验期限内，依法实行社区矫正，如果没有本法第七十七条规定的情形，缓刑考验期满，原判的刑罚就不再执行，并公开予以宣告。”我国《刑事诉讼法》第二百五十四条规定：“对被判处有期徒刑或者拘役的罪犯，有下列情形之一的，可以暂予监外执行：（一）有严重疾病需要保外就医的；（二）怀孕或者正在哺乳自己婴儿的妇女；（三）生活不能自理，适用暂予监外执行不致危害社会的……”。缓刑由刑法规定，突出实体性，系在法院判处刑罚的同时附条件适用；暂予监外执行突出程序性，系在刑罚执行过程中，因特殊条件适用。暂予监外执行（保外就医）与缓刑在表现形式上都是附条件的刑罚执行方式，暂予监外执行是纯正刑罚执行方式，虽然表现为非监禁形式，但暂予监外执行的期间计入刑罚执行期间；而缓刑是非纯正的刑罚执行方式，因为只要过了缓刑考验期，原判刑罚不再执行，即刑罚没有被执行。因而暂予监外执行与适用缓刑是截然不同的两个法律概念，虽然表现形式上都是非监禁形式，都要依法接受社区矫正，但暂予监外执行是刑罚执行，而缓刑是附考验期的不再执行，两者从本质而言没有可参照性。因而将在保外就医期间犯新罪，想当然地认为其保外就医开始至犯新罪的期间不计入刑法执行期间是错误的，刑法和刑事诉讼法均没有规定，在保外就医期间犯罪就应当撤销暂予监外执行（保外就医）的决定，并导致监外执行期间无效。

2. 我国《刑法》第七十条规定："判决宣告以后，刑罚执行完毕以前，发现被判刑的犯罪分子在判决宣告以前还有其他罪没有判决的，应当对新发现的罪作出判决，把前后两个判决所判处的刑罚，依照本法第六十九条的规定，决定执行的刑罚。已经执行的刑期，应当计算在新判决决定的刑期以内。"即确立数罪并罚的先并后减原则；第七十一条规定："判决宣告以后，刑罚执行完毕以前，被判刑的犯罪分子又犯罪的，应当对新犯的罪作出判决，把前罪没有执行的刑罚和后罪所判处的刑罚，依照本法第六十九条的规定，决定执行的刑罚。"即确立先减后并原则。两个并罚原则的确立使判决宣告以后，刑罚执行完毕以前的漏罪、犯新罪问题如何处理有章可循。漏罪处罚适用先并后减，体现了前后犯罪的并列关系，原本应当两罪同时判决，只是由于种种原因，漏罪没有被发现。犯新罪处罚适用先减后并，体现公平性，新罪系在刑罚执行完毕前实施，并不及于已经执行的刑罚，而与剩余刑罚系并列关系。先并后减的并罚显然要重于先减后并的并罚，错误适用并罚原则，将直接导致对被告人量刑不当，罪刑不均衡。

本案中被告人闵强因犯盗窃罪于2010年4月9日被判处有期徒刑十二年，且2013年4月17日经裁定减去有期徒刑十个月，即明确被告人闵强犯新罪的时间是在判决宣告以后，刑罚执行完毕以前；而被告人闵强因犯严重疾病，根据《刑事诉讼法》第二百五十四条之规定，被暂予监外执行，依法接受社区矫正，仍处于刑罚执行期间，在该期间内犯新罪，并不能否定被告人因疾病而被决定暂予监外执行的期间，被告人在犯交通肇事罪之前的保外就医期间应计入执行刑期，按照《刑法》第七十一条之规定，应就剩余刑罚与交通肇事罪判处的刑罚数罪并罚，即先减后并。因而一审法院因被告人闵强在保外就医期间犯新罪，适用《刑法》第七十一条之规定正确，但在并罚时却适用先并后减原则，属法律适用错误，导致对被告人的量刑适当，二审法院依法予以改判。

编写人：北京市第二中级人民法院　刘克河

57

数罪并罚时原减刑裁定减去的刑期仍需执行

——葛长山合同诈骗案

【案件基本信息】

1. 裁判书字号

北京市石景山区人民法院（2015）石刑初字第363号刑事判决书

2. 案由：合同诈骗罪

【基本案情】

2013年9月29日，被告人葛长山伙同他人在北京市朝阳区北京某商贸有限责任公司第二分公司，与该公司签订汽车租赁合同，骗租汽车1辆，并将该车非法处置。经鉴定，上述车辆价值人民币16万元。2015年7月15日，被告人葛长山被民警查获，涉案车辆未起获。

另查明，被告人葛长山于2005年9月20日因犯合同诈骗罪被判处有期徒刑十二年，并处罚金人民币二万元；交付执行后，于2007年12月10日被裁定减刑十个月，于2009年3月12日被裁定减刑十一个月，于2010年5月7日被裁定减刑十一个月，并处罚金人民币二万元不变；2011年10月20日，葛长山被假释，假释考验期限自2011年10月20日起至2014年4月3日止。

【案件焦点】

假释考验期限内犯新罪，数罪并罚时原减刑裁定减去的刑期是否算作已经执行的刑期。

【法院裁判要旨】

北京市石景山区人民法院经审理认为：被告人葛长山以非法占有为目的，伙同他人采用签订汽车租赁合同的方式骗取机动车，数额巨大，其行为已构成合同诈骗罪，依法应予惩处。被告人葛长山在假释考验期内犯新罪，应当撤销假释，将前罪没有执行的刑罚与此次犯罪所判处的刑罚并罚。被告人葛长山到案后如实供述自己的罪行，可对其依法从轻处罚。北京市石景山区人民检察院指控被告人葛长山犯合同诈骗罪的事实清楚、证据确实充分，指控的罪名成立。

北京市石景山区人民法院依据《中华人民共和国刑法》第二百二十四条第（五）项、第六十七条第三款、第八十六条第一款、第七十一条、第六十九条、第五十二条、第五十三条、第六十一条、第六十四条及《最高人民法院关于适用财产刑若干问题的规定》第五条之规定，作出如下判决：

一、撤销北京市第一中级人民法院（2011）一中刑假字第 4674 号刑事裁定书对葛长山的假释。

二、被告人葛长山犯合同诈骗罪，判处有期徒刑三年九个月，并处罚金人民币四千元；与前罪尚未执行完毕的刑罚五年一个月零十四天，并处罚金人民币二万元并罚，决定执行有期徒刑八年，并处罚金人民币二万四千元。

三、责令被告人葛长山退赔北京某商贸有限责任公司第二分公司人民币十六万元。

【法官后语】

本案处理重点主要在于对数罪并罚之前的减刑裁定如何执行的问题。我国《刑法》第八十六条第一款规定："被假释的犯罪分子，在假释考验期限内犯新罪，应当撤销假释，依照本法第七十一条的规定实行数罪并罚"。第七十一条规定："判决宣告以后，刑罚执行完毕以前，被判刑的犯罪分子又犯罪的，应当对新犯的罪作出判决，把前罪没有执行的刑罚和后罪所判处的刑罚，依照本法第六十九条的规定，决定执行的刑罚"。根据上述规定，假释期间犯新罪，应当数罪并罚，并罚时按照先减后并的原则需要计算前罪已经执行的刑期，如果罪犯前罪执行期间没有经过减刑，则从假释之次日至假释考验期届满之日为前罪尚未执行的刑罚。但实践中，如果遇到罪犯前罪刑期执行期间曾被减刑，经减刑裁定减去的刑期是否属于已经执行的刑期，则值得探讨。

具体到本案中，被告人葛长山前罪被判有期徒刑十二年，刑期自2004年12月4日至2016年12月3日，在执行期间曾3次减刑共计两年八个月，2011年10月20日被假释，假释考验期至2014年4月3日，2015年7月15日因犯新罪被羁押。在计算其前罪剩余刑期时曾出现两种意见：一种意见认为，减刑裁定自送达后即发生法律效力，因此减去的刑期不应当再继续执行，可直接将自假释开始至假释考验期满的期间视为剩余刑期。另一种意见认为，《刑法》第七十一条规定的“前罪没有执行的刑罚”是指没有实际执行的刑期，经减刑减去的刑期也属于没有实际执行的刑期，因此并罚时应当执行。

对于这个问题，最高人民法院于2012年发布了《关于罪犯因漏罪、新罪数罪并罚时原减刑裁定应如何处理的意见》，规定：“……罪犯被裁定减刑后，因被发现漏罪或者又犯新罪而依法进行数罪并罚时，经减刑裁定减去的刑期不计入已经执行的刑期……”，也就是说经减刑裁定减去的刑期不属于已经执行的刑期，而属于尚未执行的刑期，应当在计算前罪剩余刑期时将减刑的刑期加上，再与新罪所判刑罚数罪并罚。笔者认为，减刑、假释制度的设立旨在鼓励罪犯认真改造，以真正达到刑罚惩罚的目的，因此罪犯在服刑期间确有悔改表现或立功表现的，可以减少一定的刑期。罪犯被假释后，虽然不用在监狱里服刑，但假释考验期仍然相当于判决宣告以后，刑罚执行完毕以前这段时间，因此在考验期间内犯新罪的，应该认定为丧失了“确有悔改表现”的要件，减刑的理由被否定，曾经减去的刑期理应继续执行。

因此，在计算本案被告人葛长山前罪剩余刑期时，应将前罪假释考验期限二年五个月零十四天，加上曾被减刑裁定减去的刑期二年八个月，因此前罪剩余刑期为五年一个月零十四天，再与其新罪（合同诈骗罪）所判刑期三年九个月数罪并罚，得出应当执行的刑期。

编写人：北京市石景山区人民法院　孟琳

58

同种数罪是否应数罪并罚

——何四某、张学某非法制造枪支案

【案件基本信息】

1. 裁判书字号

云南省曲靖市麒麟区人民法院（2015）麒刑初字第680号刑事判决书

2. 案由：非法制造枪支罪

【基本案情】

2013年10月的一天，被告人何四某在曲靖市麒麟区大转弯的一家五金店购买一支射钉枪及一根钢管，后在麒麟区三宝街道长坡村委会小海子村丁红某家将射钉枪改制为火药枪，后以280元人民币的价格出售给丁红某。2014年11月左右的一天，被告人何四某购买一支射钉枪及一根钢管，并在其家中将射钉枪改制为火药枪，后何四某于2015年2月左右将该火药枪以400元人民币的价格出售给张方某。2014年年底的一天，被告人何四某购买一支射钉枪及一根钢管后，在其家中将射钉枪改制为火药枪，后以400元人民币的价格出售给张宝某。2015年3月的一天，被告人张学某在曲靖市麒麟区大转弯附近的一家五金店购买一个射钉器和一根钢管，后由被告人何四某、张学某二人共同在何四某家中将射钉枪改制成火药枪。

【案件焦点】

本案中被告人何四某既有非法制造枪支的行为，又有非法买卖枪支的行为，既构成非法制造枪支罪，又构成非法买卖枪支罪，同种数罪是否需要数罪并罚。

【法院裁判要旨】

麒麟区人民法院经审理认为：被告人何四某、张学某违反枪支管理规定，非法制造、买卖枪支，其行为已分别构成非法制造、买卖枪支罪和非法制造枪支罪，公诉机关指控的罪名成立，予以支持。被告人何四某、张学某的行为属共同犯罪，且罪责相当。被告人何四某主动投案，如实供述罪行，属自首，可以从轻或减轻处罚。被告人张学某能如实供述罪行，可从轻处罚。考虑被告人何四某、张学某符合可宣告缓刑的法定条件，可宣告缓刑。辩护人对被告人适用缓刑的辩护意见予以采纳。据此，依照《中华人民共和国刑法》第一百二十五条第一款、第七十二条第一款、第六十七条第一款、第三款、第六十四条及《最高人民法院关于审理非法制造、买卖、运输枪支、弹药、爆炸物等刑事案件具体应用法律若干问题的解释》第一条第（二）项之规定，判决如下：

一、被告人何四某犯非法制造、买卖枪支罪，判处有期徒刑三年，缓刑三年。

二、被告人张学某犯非法制造枪支罪，判处有期徒刑三年，缓刑三年。

三、公安机关扣押、接受的射钉器改装枪支四支，予以没收。

【法官后语】

本案法律关系缕清后，确定了被告人非法制造、买卖枪支的行为既构成非法制造枪支罪，又构成非法买卖枪支罪，那么在关于被告人同种数罪是否应数罪并罚的问题上，存在着法律适用的难题，数罪并罚问题无论是在刑法学理论上还是在司法实务中都是一个非常重要的问题，而同种数罪该不该实行并罚更是刑法学领域争论的焦点之一。一种观点认为，根据“一罪一刑”的罪刑关系、行为责任论、量刑情节的差异性等原理与事实，决定了对判决宣告以前的同种数罪，原则上应当实行并罚。另一种观点则认为，同种数罪是否并罚，不能一概而论，而应当坚持原则性和灵活性相结合的原则。对此，开宗明义，概念先行。同种数罪是指行为人数个犯罪行为单独成罪但性质相同，罪名相同的数罪。同种数罪是同质之罪，基于归属同质之罪且适用同一法定刑幅度的原因，同种数罪原则上无须并罚，只需在足以使实际处罚结果符合罪行相适应原则的特定犯罪的法定刑范围内作为一罪从重处罚即可。制约选择性罪名应否并罚的关键是罪行相适应原则。对同种数罪实行并罚亦有重复评价之嫌。本案中被告人何四某既有非法制造枪支的行为，又有非法买卖枪支的行为，既构成非法制造枪支罪，又构成非法买卖枪支罪，同属于非法制造、买卖、运输、邮寄、储存枪支、弹药、爆炸物罪这一选择性罪名，而且根据被告人何四某的犯罪事实、性质、情节和社会危害程度，对被告人何四某以非法制造、买卖枪支罪一罪定罪处罚已完全足以做到罪刑相适应，不需要数罪并罚。司法实践中，将同种数罪不实行并罚制有利于打击犯罪、体现罪刑相适应的原则，从立法技术的角度来看也更具科学性。

编写人：云南省曲靖市麒麟区人民法院　张崛

59

刑罚执行期间触犯新罪又发现漏罪的并罚问题

——廖文某等故意伤害、介绍卖淫案

【案件基本信息】

1. 裁判书字号

江西省龙南县人民法院（2015）龙刑初字第35号刑事判决书

2. 案由：故意伤害罪、介绍卖淫罪

【基本案情】

廖文某因犯盗窃罪于2014年3月4日被龙南县人民法院判处有期徒刑九个月，并处罚金六千元，刑期自2013年11月10日起至2014年8月9日止。龙南县人民法院于2014年3月17日交付执行。廖文某在执行盗窃罪刑罚期间，新犯故意伤害罪，又发现其在盗窃罪判决以前犯介绍卖淫罪没有判决。

1. 故意伤害：2014年7月4日早上，羁押于龙南县看守所11号监室的被告人王传某，指使同监室在押人员廖文某等九人，共同轮流对新入11号监室的叶远某实施殴打，致使叶远某面部、胸部、臂部、腿部等多处皮下瘀血。经龙南县公安司法鉴定中心鉴定，叶远某人体损伤程度为轻伤二级。

2. 介绍卖淫：2013年10月3日，同案犯黄某（已判决）伙同郭祝某、叶小某、赖琪某（已判决）、邓某某（14周岁）商量，将沈某某（女，13周岁）带到赣州“卖处”；当天下午，黄某指使邓某某、被告人廖文某将沈某某带到龙南县滨江广场，交由叶小某带至赣州“卖处”；当晚，沈某某与嫖客邓卫某在赣州市厚德路某宾馆一房间发生了性关系。2013 年 10 月 4 日上午，黄某收到沈某某的“卖处”款 3800 元后，通过其银行账户将 1700 元存入廖文某的银行账户，让廖文某支付给沈某某，后被告人廖文某将其中 1300 元交给了邓某某、郭祝某。

【案件焦点】

罪犯在执行原判决刑罚期间，发现其在原判决宣告以前还有其他罪没有判决（漏罪），同时又犯新罪，具体应如何并罚。

【法院裁判要旨】

江西省龙南县人民法院经审理认为：被告人廖文某伙同他人故意伤害他人身体，致人轻伤二级，其行为已构成故意伤害罪；同时廖文某伙同他人将不满十四周岁的幼女介绍给他人嫖宿，其行为已构成介绍卖淫罪。故意伤害案中，被告人廖文某认罪态度较好，可酌情从轻处罚。介绍卖淫案中，廖文某仅起次要作用，应认定为从犯，依法应当从轻处罚；同时认罪态度较好，可酌情从轻处罚。《中华人民共和国刑法》第六十九条、第七十条、第七十一条虽规定了数罪并罚的三种情形，但并未规定在执行原判决期间，即发现漏罪又犯新罪的并罚问题。在依照犯罪时间顺序的基础上经分析，并罚如下：被告人廖文某在执行盗窃罪刑罚期间，发现其在盗窃罪判决宣告以前所犯介绍卖淫罪并没有判决，同时又犯故意伤害罪，依法先对介绍卖淫罪作出判决，将介绍卖淫罪与盗窃罪所判处的刑罚依照《中华人民共和国刑法》第六十九条的规定进行并罚，决定执行的刑期，再减去盗窃罪已经执行的刑期，将没有执行的刑罚与故意伤害罪所判处的刑罚按照限制加重原则进行并罚，决定执行的刑期。

江西省龙南县人民法院判决：被告人廖文某原犯盗窃罪，判处有期徒刑九个月，并处罚金六千元；现犯介绍卖淫罪，判处有期徒刑一年，并处罚金四千元；现犯故意伤害罪，判处有期徒刑一年。廖文某所犯盗窃罪与介绍卖淫罪进行并罚，总和刑期为有期徒刑一年九个月，罚金一万元，决定执行有期徒刑一年八个月，并处罚金一万元。截至故意伤害罪发生之日，廖文某已执行刑罚七个月二十五天，没有执行刑罚一年零五天，并处罚金一万元。将没有执行的刑罚与故意伤害罪的刑罚进行并罚，总和刑期为有期徒刑二年零五天，罚金一万元，决定执行有期徒刑一年九个月，并处罚金一万元。（其他被告人判决略）

宣判后，廖文某没有提出上诉。

【法官后语】

现行刑法虽然规定了数罪并罚的三种情况及不同的并罚原则，但仍满足不了当前错综复杂的司法实践。这就要求在坚决贯彻执行刑法的基本原则以及数罪并罚原则基础上，结合犯罪情节、社会危害性程度等因素，来决定如何数罪并罚。

1. 从计算实际执行的最低刑予以衡量

本案被告人廖文某在执行原判决（盗窃罪）刑罚期间，已经执行七个月二十五天，又触犯新罪（故意伤害罪）并发现漏罪（介绍他人卖淫罪），即数罪并罚的三种情况均出现时，应当如何适用《刑法》第六十九条、第七十条和第七十一条。存在以下三种处理意见：

第一种意见认为，应当将漏罪和新罪分别判刑，然后按照《刑法》第六十九条的规定进行并罚，再与原判决宣告的刑期采取限制加重原则进行并罚，决定应当执行的刑期，最后减去原判决已执行的刑期。

第二种意见认为，应先就漏罪作出判决，并与原判决的刑罚按照《刑法》第七十条“先并后减”原则酌情决定刑期，减去原判决已经执行过的刑期，再与新罪作出的判决采取限制加重原则并罚，决定应当执行的刑期。

第三种意见认为，应先就新罪作出判决，并与原判决的刑罚按照《刑法》第七十一条“先减后并”原则酌情决定刑期，再与漏罪作出的判决采取限制加重原则并罚，决定应当执行的刑期。

对于第一种处理意见，稍加分析会发现存在以下弊端：第一，其与《刑法》第七十条、第七十一条的规定相背离；第二，按照该方法计算廖文某实际执行的最低刑：漏罪之介绍卖淫罪（有期徒刑一年）与新罪之故意伤害罪（有期徒刑一年）进行并罚，总和刑期为有期徒刑二年，决定执行有期徒刑一年十个月（假设采取在并罚过程中决定执行的刑期低于总和刑期二个月的标准，下文亦采用该标准），再与原判决的盗窃罪（有期徒刑九个月）依照限制加重原则进行并罚，这就要求在一年十个月以上二年七个月以下，酌情决定执行的刑期。那么廖文某实际执行的最低刑不少于二年五个月二十五天（一年十个月加已经执行的七个月二十五天）。

按照第二种处理意见计算，先将漏罪的有期徒刑一年与原判决的有期徒刑九个月按照《刑法》第七十条“先并后减”原则进行并罚，即在有期徒刑一年以上一年九个月以下，酌情决定执行的刑罚。若决定执行的刑罚是有期徒刑一年七个月，减去已经执行的刑罚七个月二十五天，仍需执行有期徒刑十一个月零五天。再与新罪的有期徒刑一年按照限制加重原则并罚，即在一年以上一年十一个月零五天以下，酌情决定执行的刑罚，故廖文某实际执行的最低刑不少于一年七个月二十五天(一年加已执行的七个月二十五天)。

按照第三种处理意见计算，先将新罪的有期徒刑一年与原判决的有期徒刑九个月按照《刑法》第七十一条“先减后并”的原则并罚，即将原判决的剩余刑一个月零五天与新罪一年依照限制加重原则并罚，这就要求在一年以上一年一个月零五天以下，酌情决定执行的刑期。若按上述低于总和刑期两个月的计算标准，则决定执行的刑罚为有期徒刑十一个月零五天，再将其与漏罪的有期徒刑一年依照限制加重原则并罚，即在有期徒刑一年以上一年十一个月零五天以下，酌情决定执行的刑罚，据此，廖文某实际执行的最低刑不少于一年七个月二十五天（一年加已执行的七个月二十五天）。

综上分析，第二种与第三种处理意见计算所得的实际执行最低刑相同，而第一种方式明显过高。

2. 遵循有利于被告人的原则

从争点利益归于被告人的角度分析，既然法律没有明确规定在刑罚执行期间既有漏罪又有新罪该先适用《刑法》第七十条还是第七十一条，那么就应该考虑从有利于被告人的角度去适用刑法，这是正确适用刑法的前提，也是保证公正的基础。故应摒弃第一种处理意见，在第二种与第三种处理意见之间选择。

3. 尽可能全面适用法律条文

从适用法律条文来看，既存在漏罪又犯新罪，那么在并罚的时候就应该既要体现《刑法》第七十条“先并后减”原则，又要体现《刑法》第七十一条“先减后并”原则，这样才不会导致量刑畸轻或者畸重。

4. 按照犯罪时间顺序

从罪行的发生时间上来看，漏罪属于罪犯判决宣告前实施的犯罪，本应与原判决的犯罪一并处理，只是由于当时未能发现才未作处理。故一旦发现，理应先与原判刑罚并罚，再考虑与新罪并罚的问题。

综上，在目前法律未明文规定既触犯新罪又发现漏罪该如何并罚的情况下，上述第二种并罚方式是比较可取的。

编写人：江西省龙南县人民法院　干晓慧

60

有期徒刑与拘役如何数罪并罚

——唐国某故意伤害、危险驾驶案

【案件基本信息】

1. 裁判书字号

云南省临沧市临翔区人民法院（2015）临刑初字第85号刑事判决书

2. 案由：危险驾驶罪

【基本案情】

2013年12月12日，被告人唐国某因犯故意伤害罪被临沧市临翔区人民法院判处有期徒刑一年零九个月、缓刑二年，缓刑考验期从2013年12月23日起至2015年12月22日止。

2015年2月3日20时许，被告人唐国某酒后无证驾驶云SR3×××号普通二轮摩托车，行驶至临沧市临翔区世纪路大朝山基地路段时，被交通警察查获。经鉴定，被告人唐国某被查获时血液中乙醇含量为223.63mg/100ml。

临沧市临翔区人民检察院以被告人唐国某犯危险驾驶罪，向临沧市临翔区人民法院提起公诉。

【案件焦点】

被告人唐国某被判处有期徒刑又被判处拘役的，应当怎样进行数罪并罚。

【法院裁判要旨】

临沧市临翔区人民法院经审理认为，被告人唐国某醉酒后在道路上驾驶机动车，其行为已触犯《中华人民共和国刑法》第一百三十三条之一第一款的规定，构成危险驾驶罪。被告人唐国某曾因犯故意伤害罪被判处有期徒刑一年零九个月，缓刑二年，在缓刑考验期内又犯新罪，应当撤销缓刑，数罪并罚。据此，临沧市临翔区人民法院依照《中华人民共和国刑法》第一百三十三条之一第一款、第七十七条第一款、第六十九条，《最高人民法院、最高人民检察院、公安部关于办理醉酒驾驶机动车刑事案件适用法律若干问题的意见》的规定，作出一审判决：被告人唐国某犯危险驾驶罪，判处拘役四个月，并处罚金人民币2000元；原犯故意伤害罪判处有期徒刑一年零九个月，缓刑二年；撤销缓刑，合并决定执行有期徒刑一年零九个月，并处罚金人民币2000元。

一审宣判后，被告人唐国某未提出上诉，检察机关亦未提出抗诉，判决已生效。

【法官后语】

本案的焦点问题是对被判处有期徒刑又被判处拘役的被告人，应当怎样进行数罪并罚。

对数罪并罚的问题，我国《刑法》第六十九条作出了规定，但除了被判处死刑和无期徒刑不同主刑作出规定外，只对同种主刑的并罚作出了明确的规定，对犯数罪分别被判处有期徒刑、拘役时如何决定执行的刑罚的问题，却没有作出明确的规定。

本案在审理过程中，对被告人唐国某实行数罪并罚时存在以下三种意见：

第一种意见认为，应采用吸收原则。理由是有期徒刑和拘役属于两种不同的刑种，应采用重刑种吸收轻刑种的规则进行数罪并罚。有期徒刑重于拘役，因此只执行有期徒刑。

第二种意见认为，应采用并科原则。理由是在刑法未作出明确规定的情况下，应当参照《最高人民法院关于管制犯在管制期间又犯新罪被判处拘役或者有期徒刑应如何执行的问题的批复》(以下简称《批复》)，该《批复》规定管制犯在管制期间又犯新罪被判处拘役或者有期徒刑的，在有期徒刑或者拘役执行完毕后，再执行管制。因此，有期徒刑和拘役并罚时，也应该先执行有期徒刑，再执行拘役。

第三种意见认为，应采用限制加重原则。拘役和有期徒刑都属于有期自由刑，可以参照《刑法》第六十九条的规定，在总和刑期以下、数刑中最高刑期以上，酌情决定执行的刑期。就本案来看，合并执行的刑期可以在有期徒刑一年零九个月以上二年零一个月以下决定。

本案判决时，考虑到本案的特殊性，最后采纳的是第三种意见，在具体量刑时从有利于被告人的角度，判决合并执行有期徒刑一年零九个月。具体理由如下：

第一，刑法规定如果在有期自由刑之外还判处死刑或无期徒刑的，采用吸收原则，只执行死刑或者无期徒刑，因为在这种情况下，死刑或者无期徒刑已经包含了有期徒刑，再执行有期徒刑已经没有意义。虽然有期徒刑和拘役也属于不同自由刑种，但是两者之间不具有像有期徒刑和死刑（或者无期徒刑）那样的完全包含关系，两者有相同点，更多的是不同点，属于交叉关系，因此不适合采用吸收原则。当被判处拘役的刑期在六个月（根据限制加重规则数罪并罚后），而被判处有期徒刑的刑期为六个月，在这种情况下，有期徒刑和拘役的刑罚孰轻孰重似乎也很难判断，如果再按照吸收原则处理很可能会导致重刑轻判的后果。

第二，最高人民法院《批复》只是针对管制犯在管制期间犯新罪被判处拘役或者有期徒刑如何数罪并罚的问题作出的解答。在拘役和有期徒刑数罪并罚的问题上如果参照《批复》实质上是作出了对被告人不利的类推解释，有违罪刑法定原则。此外，同种有期自由刑数罪并罚采用限制加重原则，而非同种自由刑数罪并罚采用并科原则，会造成轻罪反而重判的结果。因此，我们也不赞同先执行有期徒刑再执行拘役的意见。

第三，拘役和有期徒刑都属于自由刑，刑期的计算方法是一样的，采用限制加重原则可以计算出执行刑期的范围。在本案中，我们认为针对本案有期徒刑和拘役的数罪并罚适合采用限制加重原则，确定刑期在一年零九个月以上二年零一个月以下。当然，有期徒刑和拘役毕竟不属于同一刑种，被判处拘役的犯罪分子在执行期间每月可以回家一天至两天，参加劳动的，可以酌情发给报酬。但被判处有期徒刑的罪犯则不享受这些待遇。另外，有期徒刑还可能与累犯相挂钩，拘役则没有这样的规定。从刑法的规定来看，有期徒刑要重于拘役，因此在确定刑期时可以考虑从轻。

综上，在法律对有期徒刑和拘役如何进行数罪并罚尚无明确规定的情况下，在遇到此类问题时需要个案处理。针对本案，我们认为采用限制加重原则最为合适，最后确定为执行有期徒刑一年零九个月，并处罚金人民币2000元。

编写人：云南省临沧市临翔区人民法院　陈伟华

61

数罪并罚能否适用缓刑及缓刑适用标准的把握

——岳某某等故意毁坏财物、交通肇事案

【案件基本信息】

1. 裁判书字号

湖北省宜昌市中级人民法院（2014）鄂宜昌中刑终字第00219号刑事裁定书

2. 案由：故意毁坏财物罪、交通肇事罪

【基本案情】

2014年3月9日，被告人岳某某、李某、陈某在当阳市香榭水岸某娱乐城故意毁坏财物作案一起，价值共计32750元；2014年4月9日，被告人岳某某交通肇事一起，致一人死亡。分述如下：

1. 故意毁坏财物

2014年3月9日晚，被告人岳某某因之前在当阳市香榭水岸某娱乐城预订的KTV房间被转包给他人，顿起报复之心，遂邀约被告人李某、陈某各持一把铁锤窜至该娱乐城，砸毁电脑显示器二台、工艺品一件、啤酒四件及楼道墙面和大门的玻璃等物后逃离。经鉴定，被毁坏的物品价值共计32750元。

同时查明，案发后被告人岳某某已赔偿某娱乐城被砸损失40000元，娱乐城业主对岳某某表示了谅解。

2. 交通肇事

2014年4月9日15时许，被告人岳某某无证驾驶鄂E6U×××号两轮摩托车，从当阳市城区北山超市沿长坂路行驶至明阳大酒店路段，遇程某某（男，殁年45岁）驾驶鄂ERN×××号两轮摩托车对向行驶，因岳某某超车时越过道路中间双黄实线至对向车道，导致两车相撞，造成程某某当场死亡。经交警部门认定，岳某某负事故全部责任。

同时查明，经本院另案调解，被告人岳某某已赔偿被害人亲属各项经济损失共计20余万元，被害人亲属对岳某某表示了谅解。

【案件焦点】

数罪并罚能否适用缓刑及缓刑适用标准。

【法院裁判要旨】

湖北省当阳市人民法院经审理认为：被告人岳某某、李某、陈某故意毁坏他人财物，数额较大，其行为均已构成故意毁坏财物罪，属共同犯罪；被告人岳某某违反道路交通法规，无证驾驶机动车交通肇事致一人死亡，负事故全部责任，其行为已构成交通肇事罪。公诉机关指控罪名成立。在故意毁坏财物犯罪中，被告人岳某某提起犯意，邀约人员，积极实施犯罪行为，起主要作用，系主犯；被告人李某、陈某受邀参与犯罪，起辅助、次要作用，系从犯，依法应从轻处罚。三被告人到案后如实供述犯罪事实，当庭认罪，具有坦白情节，且岳某某能积极赔偿被害人的经济损失，达成刑事和解或取得被害人谅解，故对各被告人均可从轻处罚。被告人岳某某犯有数罪，应数罪并罚。

湖北省当阳市人民法院对被告人岳某某依照《中华人民共和国刑法》第二百七十五条、第二十五条、第二十六条、第一百三十三条、第六十七条第三款、第六十九条、第七十二条及《最高人民法院关于适用〈中华人民共和国刑事诉讼法〉的解释》第五百零五条第一款，对被告人李某、陈某依照《中华人民共和国刑法》第二百七十五条、第二十五条、第二十七条、第六十七条第三款之规定，判决如下：

一、被告人岳某某犯故意毁坏财物罪，判处有期徒刑七个月；犯交通肇事罪，判处有期徒刑一年五个月。合并执行有期徒刑一年六个月，缓刑二年。

二、被告人李某犯故意毁坏财物罪，判处有期徒刑六个月。

三、被告人陈某犯故意毁坏财物罪，判处有期徒刑六个月。

湖北省当阳市人民检察院不服一审法院的判决，向湖北省宜昌市中级人民法院提起抗诉称一审判决对岳某某适用缓刑错误。湖北省宜昌市中级人民法院审理认为：原审被告人岳某某、李某、陈某共同故意毁坏他人财物，数额较大，其行为均已构成故意毁坏财物罪；原审被告人岳某某违反道路交通法规，因无证驾驶机动车发生重大事故致一人死亡，负事故全部责任，其行为已构成交通肇事罪。在故意毁坏财物犯罪中，岳某某系主犯，应负相应责任；李某、陈某系从犯，依法应当从轻处罚。三原审被告人如实供述犯罪事实，且岳某某能积极赔偿被害人的经济损失，达成刑事和解或取得被害人谅解，均可从轻处罚。原审被告人岳某某犯有数罪，应数罪并罚。原判根据本案的事实及情节，适用法律正确，定罪量刑符合法律规定。原审法院考虑原审被告人岳某某经多方筹资积极赔偿交通肇事被害方的经济损失并达成刑事和解情节，对其适用缓刑尽管有利于案结事了和办案的社会效果，但对全案均衡适用法律及审前社会调查方面把握不够严谨，故检察机关抗诉确实有一定理由，但关于原判对岳某某适用缓刑不当的抗诉理由并无法律依据，本院不予支持。

湖北省宜昌市中级人民法院依照《中华人民共和国刑事诉讼法》第二百二十五条第一款第（一）项之规定，裁定驳回抗诉，维持原判。

【法官后语】

行为人连续犯有数罪，说明其主观恶性和再犯的可能性相对较大，因此在考虑适用缓刑时，应坚持审慎，从严掌握。我国的缓刑制度意义在于通过较为平和宽缓的刑罚执行，削弱刑法对罪刑较轻的犯罪分子的影响，帮助其再融入社会，从而更好地发挥刑法的教育、惩罚功能。禁止在数罪并罚中适用缓刑不仅违背了缓刑的创设宗旨，更与我国刑法的宽严相济刑事政策相悖。

数罪并罚案件中缓刑适用的考察，要全面分析，可通过对被告人家庭情况、个人成长经历、周围环境、精神状态、身体状况进行充分了解，逐项评价，结合犯罪情节和悔罪表现，对犯罪分子犯罪前的表现、信用程度和犯罪后的思想语言、罪行交代、认识程度、悔改表现等主观方面及客观行为表现，进行预测。

本案中，一方面，被告人岳某某因交通事故受伤，在案件审理阶段，宜昌市中心人民医院诊断其因颧骨等部位骨折、牙齿缺失，建议再次手术治疗，对其适用缓刑是人性化的考虑；岳某某犯罪，积极筹资赔偿，其与死者家属亦达成刑事和解协议，取得了娱乐城业主以及交通肇事死者家属的谅解，从其赔偿态度来看，悔罪表现是很明显的，从社会矛盾化解角度分析，对其适用缓刑更能实现法律效果和社会效果的统一。另一方面，岳某某作为一名二十余岁的青年，并无其他前科劣迹，对其适用监禁刑虽然能够获得一定的社会效果，但同时也会对社会产生一定的负面影响。在羁押服刑期间容易被“交叉感染”，刑满释放后易成为家庭和社会的负担，还有可能变成社会不稳定、不和谐的因素，更有甚者可能走向社会的对立面。根据社会防卫论的研究成果，要从根本上预防犯罪，必须准确分析犯罪的社会原因和个体原因，有针对性地进行防范和矫治。

编写人：湖北省当阳市人民法院　杨晓彤

（五）缓　　刑

62

“宣告缓刑对所居住社区没有重大不良影响”的认定

——卫某甲等聚众斗殴案

【案件基本信息】

1. 裁判书字号

河南省三门峡市陕县人民法院（2015）陕刑初字第148号刑事判决书

2. 案由：聚众斗殴罪

【基本案情】

2015年2月18日21时许，被告人卫某甲因琐事与刘某乙（另案处理）在电话里发生争吵后，双方约定在陕县西张村镇水淆村养猪场附近打架。卫某甲纠集被告人卫某乙、李某甲、卫某丙、李某乙、卫某丁、卫某戊等人手持木棍、树枝到约定地点，与持砖头、铝管的刘某乙、刘某甲等人斗殴。在斗殴过程中，刘某乙头部被打伤，刘某甲胳膊骨折。经法医学鉴定，刘某乙损伤评定为轻微伤；刘某甲损伤评定为轻伤二级。案发后，七被告人分别到公安机关投案，并如实供述犯罪事实；七被告人赔偿了二被害人经济损失，二被害人对七被告人均表示谅解。

【案件焦点】

对卫某甲等七人能否适用缓刑；如何判断宣告缓刑对所居住社区没有重大不良影响。

【法院裁判要旨】

三门峡市陕县人民法院经审理认为，被告人卫某甲为泄私愤，纠集被告人卫某乙、李某甲、卫某丙、李某乙、卫某丁、卫某戊持械聚众斗殴，破坏公共秩序，七被告人的行为均已构成聚众斗殴罪。公诉机关指控罪名成立。被告人卫某甲、卫某乙、李某甲、卫某丙、李某乙、卫某丁、卫某戊犯罪后能主动投案，并如实供述主要犯罪事实，是自首，依法对七被告人均减轻处罚。七被告人已赔偿了被害人刘某乙、刘某甲的经济损失，取得了二被害人的谅解，对七被告人均酌情从轻处罚。对卫某甲的辩护人提出卫某甲有自首情节，积极赔偿被害人损失，得到谅解；系初犯、偶犯，建议适用缓刑的辩护意见，本院予以采纳。根据七被告人的犯罪事实，结合其认罪态度、悔罪表现及有无再犯罪的危险，宣告缓刑对所居住社区没有重大不良影响，依法对七被告人宣告缓刑。依照《中华人民共和国刑法》第二百九十二条第一款、第二十五条第一款、第六十七条第一款、第七十二条第一款，第七十三条第二款、第三款之规定，判决如下：

一、被告人卫某甲犯聚众斗殴罪，判处有期徒刑二年三个月，宣告缓刑三年；

二、被告人卫某乙犯聚众斗殴罪，判处有期徒刑二年三个月，宣告缓刑三年；

三、被告人李某甲犯聚众斗殴罪，判处有期徒刑二年三个月，宣告缓刑三年；

四、被告人卫某丙犯聚众斗殴罪，判处有期徒刑二年三个月，宣告缓刑三年；

五、被告人李某乙犯聚众斗殴罪，判处有期徒刑二年三个月，宣告缓刑三年；

六、被告人卫某丁犯聚众斗殴罪，判处有期徒刑二年三个月，宣告缓刑三年；

七、被告人卫某戊犯聚众斗殴罪，判处有期徒刑二年三个月，宣告缓刑三年。

宣判后，检察院未抗诉，七被告人亦未提起上诉。

【法官后语】

《刑法修正案（八）》第十一条对适用缓刑的条件作出了更加明确和具体的规定，其条件之一是“宣告缓刑对所居住社区没有重大不良影响”，虽然较之原法条更加具体，但仍然比较原则，如何把握该条件的精神实质，从而达到准确适用的法律效果和社会效果，是本案审理的一个难题。

本案承办法官主要从以下三个方面对此问题进行了综合考量。一是从刑罚的预防功能方面把握。如果某一区域在某一时段，某种犯罪行为比较猖獗时，那么在适用缓刑时就要慎重（法律有明确规定的情形除外），从而达到教育、引导、威慑、预防的作用，避免因适用缓刑给社会带来不良影响。二是从犯罪分子本人及家庭情况方面把握。综合了解犯罪分子的道德品质、生活习惯、兴趣爱好，是否属初犯、偶犯、过失犯以及该犯罪分子的家庭情况等相关情况。三是从社区居民的反映方面把握。在听取社区居民对某一被告人平时的品行、一贯表现、在居民中的表现等方面的评价的基础上，判断界定适用缓刑是否会给社区造成重大不良影响。

具体而言，七被告人均已赔偿了被害人刘某乙、刘某甲的经济损失，并取得了二被害人的谅解，且均系初犯、偶犯，均无犯罪前科。且事情的起因，被害人也存在一定过错。故综合认定，七被告人再犯罪的危险性不大，宣告缓刑不会对所居住社区产生重大不良影响，符合宣判缓刑的条件。遂依法作出上述判决。

编写人：河南省三门峡市陕州区人民法院　张东超

63

被告人连续犯罪，且一部分罪行于未成年期间实施，是否适用缓刑

——潘某强制猥亵妇女案

【案件基本信息】

1. 裁判书字号

江苏省扬州市中级人民法院（2015）扬少刑终字第00005号刑事裁定书

2. 案由：强制猥亵妇女罪

【基本案情】

2013年5月至2014年8月间，被告人潘某在多地，采用强吻、揉捏胸部等方式，先后4次强制猥亵妇女4人。具体分述如下：

1. 2013年5月23日3时许，被告人潘某在仪征市新城镇冷红村桂二组路段，采用强吻、揉捏胸部等方式强制猥亵被害人曹某某。

2. 2013年6月18日4时许，被告人潘某在仪征市沿山河路大西生活区北门口，采用揉捏胸部等方式强制猥亵被害人周某某。

3. 2014年2月25日4时许，被告人潘某在仪征市马集镇恒华村新二组路段，采用揉捏胸部等方式强制猥亵被害人邱某某。

4. 2014年8月7日21时许，被告人潘某在仪征市新城镇丁冲村高场路村道，采用强吻、揉捏胸部等方式强制猥亵被害人陆某某。

被告人潘某被抓获后如实供述了自己的罪行，其在实施第一、二起犯罪时不满十八周岁。

【案件焦点】

被告人潘某是否符合适用缓刑的条件。

【法院裁判要旨】

仪征市人民法院经审理认为：被告人潘某违背妇女意愿，以强吻、揉捏胸部等淫秽下流手段，猥亵妇女，其行为已构成强制猥亵妇女罪，依法应处五年以下有期徒刑或者拘役。鉴于被告人潘某在实施第一、二起犯罪时已满十六周岁不满十八周岁，且归案后如实供述其罪行，依法对其予以从轻处罚。公诉机关对被告人潘某的指控，事实清楚，证据确实、充分，其指控罪名成立，本院应予支持。被告人潘某的辩护人提出被告人潘某在第二、三起犯罪中未使用暴力，不应认定为犯罪的辩护意见，本院认为，被告人潘某违背妇女意愿，采用揉捏胸部的方式猥亵被害人，其行为已构成强制猥亵妇女罪，该辩护意见无事实与法律依据，本院不予采纳。被告人潘某的辩护人提出被告人潘某认罪悔罪态度好，归案后如实供述，在第一、二起犯罪中系未成年人犯罪，建议对其从轻处罚的辩护意见，有事实与法律依据，本院予以采纳。判决如下：被告人潘某犯强制猥亵妇女罪，判处有期徒刑二年六个月。

后被告人不服判决提起上诉，扬州市中级人民法院裁定驳回上诉，维持原判。

【法官后语】

本案处理重点主要在于判断被告人潘某是否适用符合缓刑的条件。我国《刑法》第七十二条第一款规定，“对于被判处拘役、三年以下有期徒刑的犯罪分子，同时符合下列条件的，可以宣告缓刑，对其中不满十八周岁的人、怀孕的妇女和已满七十五周岁的人，应当宣告缓刑：（一）犯罪情节较轻；（二）有悔罪表现；（三）没有再犯罪的危险；（四）宣告缓刑对所居住社区没有重大不良影响”。

具体到本案中，（1）2013年5月至2014年8月间，被告人潘某在本市城区、新城镇、马集镇等地，采用强吻、揉捏胸部等方式，先后4次强制猥亵妇女4人。其行为已构成强制猥亵妇女罪，应予刑事处罚。被告人潘某在实施第一、二起犯罪时已满十六周岁不满十八周岁，依法对其予以从轻处罚；（2）被告人潘某被抓获后如实供述了自己的罪行，依法对其从轻处罚。但是结合本案的具体情节，被告人潘某不适用缓刑。理由如下：刑事案件的量刑应充分考虑行为人的犯罪行为、犯罪时间、犯罪手段，其实施的犯罪行为产生了严重的社会影响等因素：（1）犯罪时间，被告人潘某作案均选择在深夜，以凌晨四点左右居多。（2）犯罪手段，被告人潘某违背妇女意愿，以强吻、揉捏胸部等淫秽下流手段猥亵妇女。犯罪手段用所骑电动车堵截被害人，趁被害人惊愕之机快速袭击妇女隐私部位。（3）犯罪影响，被告人潘某的行为均对被害人造成了恶劣影响，被害人均骑电动车，且时间均为凌晨下班，路径均为正常下班回家之路。被告人以出其不意快速袭击被害人，造成被害人当下心里惊恐，事发后心存阴影，影响恶劣。（4）虽事后有两被害人对被告人潘某的行为表示谅解，但被害人的谅解仅能作为量刑考虑的因素之一，并不是法定量刑事由，故综合本案具体情况，法院作出了以上判决。

编写人：江苏省仪征市人民法院　刘新荣

64

知产刑事案件缓刑的适用

——王华某、刘珍某销售假冒注册商标的商品案

【案件基本信息】

1. 裁判书字号

上海市第二中级人民法院（2015）沪二中刑（知）终字第3号刑事裁定书

2. 案由：销售假冒注册商标的商品罪

【基本案情】

2014年6月起，被告人王华某在上海市静安区南京西路某礼品市场2楼某店铺经营过程中，雇佣被告人刘珍某作为店员进行协助，共同对外销售包袋、皮夹、眼镜等商品。同年9月3日，公安人员赴上述店铺进行搜查，当场从店铺暗间货架查扣标注有“GIVENCHY”“CELINE”“MARC BY MARC JACOBS”“LV”“GUCCI”“BOTTEGA VENETA”“Christian Dior”“CHANEL”系列注册商标的待销售商品共计483件，并抓获正在看店经营的两名被告人。两名被告人到案后如实供述了自己的犯罪事实。

经相关商标权利人鉴定：上述查扣商品均系假冒注册商标的商品。经上海市黄浦区发展和改革委员会物品财产估价鉴定：上述483件商品中，除18件因无明确的对应款式型号而无法进行鉴定外，其余465件按被侵权产品市场中间价格计算，共计人民币6157330元。

另查明：2007年4月16日、2010年10月12日、2012年3月16日，被告人王华某均因销售假冒注册商标商品的行为被上海市工商行政管理局静安分局予以行政处罚；2011年4月22日，被告人刘珍某因犯销售假冒注册商标的商品罪被上海市黄浦区人民法院判处有期徒刑九个月，并处罚金人民币二万元。

【案件焦点】

因侵犯知识产权行为被行政处罚后，又因同类行为构成犯罪的，能否适用缓刑。

【法院裁判要旨】

上海市黄浦区人民法院经审理认为，被告人王华某、刘珍某销售明知是假冒注册商标的商品，尚未销售商品金额数额巨大，其行为已构成销售假冒注册商标的商品罪，依法应予刑事处罚。两名被告人系共同犯罪，其中被告人王华某在共同犯罪中起主要作用，系主犯，应按照其所参与的全部犯罪处罚；被告人刘珍某在共同犯罪中起次要作用，系从犯，依法应当从轻处罚。两名被告人已经着手实施犯罪，由于其意志以外的原因而未得逞，系犯罪未遂，依法可以比照既遂犯减轻处罚。被告人刘珍某在刑满释放后五年内重新犯罪，系累犯，依法应当从重处罚。两名被告人到案后能如实供述罪行，依法可以从轻处罚。鉴于被告人王华某曾因销售假冒注册商标商品的行为先后三次被行政处罚，此次再度实施相同行为构成犯罪，不宜适用缓刑；被告人刘珍某系累犯，依法不应适用缓刑。公诉机关对本案的定性正确，应予支持。据此，拟依照《中华人民共和国刑法》第二百一十四条、第二十五条第一款、第二十六条第一款、第四款、第二十七条、第二十三条、第六十五条第一款、第七十四条、第六十七条第三款、第五十三条、第六十四条，《最高人民法院、最高人民检察院关于办理侵犯知识产权刑事案件具体应用法律若干问题的解释》第二条第二款，《最高人民法院、最高人民检察院关于办理侵犯知识产权刑事案件具体应用法律若干问题的解释（二）》第三条第（一）项之规定，判决如下：

一、被告人王华某犯销售假冒注册商标的商品罪，判处有期徒刑一年四个月，并处罚金人民币二万二千元。

二、被告人刘珍某犯销售假冒注册商标的商品罪，判处有期徒刑一年，并处罚金人民币一万五千元。

三、查获的涉案假冒注册商标的商品，予以没收。

王华某上诉提出，原判对其量刑过重。

上海市第二中级人民法院经审理认为，上诉人王华某、原审被告人刘珍某共同销售明知是假冒注册商标的商品，尚未销售商品金额数额巨大，其行为均已构成销售假冒注册商标的商品罪，依法应予惩处。原审法院根据原审被告人王华某、刘珍某犯罪的事实、性质以及情节等，所作判决并无不当，且审判程序合法。王华某提出原判量刑过重的上诉理由不能成立。上海市人民检察院第二分院建议本院驳回上诉，维持原判的意见正确。据此，依照《中华人民共和国刑事诉讼法》第二百二十五条第一款第（一）项之规定，裁定如下：

驳回上诉，维持原判。

【法官后语】

本案公安机关向检察机关提请批准逮捕，但检察机关经审查认为，王华某所受行政处罚不属于前科不具有逮捕的必要，故未予批准，公安机关遂对其变更强制措施为取保候审。而根据相关司法解释的规定，曾因侵犯知识产权行为被行政处罚后，又因同类行为构成犯罪的，一般不适用缓刑，故法院作出了逮捕决定。有关机关对相关法律适用问题在认识上存在偏差，是导致本案强制措施一再变更的主要原因，对此值得我们进行相关解析。

1. 缓刑适用条件之一般规定

根据我国《刑法》第七十二条和第七十四条的规定，适用缓刑必须符合以下条件：

第一，缓刑适用的形式条件。据我国《刑法》第七十二条规定，缓刑只适用于被判拘役和三年以下有期徒刑的犯罪分子。第二，缓刑适用的实质条件。《刑法》第七十二条规定，符合下列条件，可以宣告缓刑：“（一）犯罪情节较轻；（二）有悔罪表现；（三）没有再犯罪的危险；（四）宣告缓刑对所居住社区没有重大不良影响”。犯罪情节、悔罪表现、社区矫正条件是认定被告人适用缓刑后是否不致危害社会的客观基础。第三，缓刑适用的排除条件。《刑法》第七十四条规定：“对于累犯和犯罪集团的首要分子，不适用缓刑。”本案被告人刘珍某于2011年4月22日因犯销售假冒注册商标的商品罪被上海市黄浦区人民法院判处有期徒刑九个月，本次又于2014年6月再次销售假冒注册商标商品，五年内再次故意犯罪，依法构成累犯，从而不适用缓刑。

2. 知识产权案件缓刑适用之特殊规定

知识产权案件则存在它的特殊性，《最高人民法院、最高人民检察院关于办理侵犯知识产权刑事案件具体应用法律若干问题的解释（二）》第三条规定：“侵犯知识产权犯罪，符合刑法规定的缓刑条件的，依法适用缓刑。有下列情形之一的，一般不适用缓刑：（一）因侵犯知识产权被刑事处罚或者行政处罚后，再次侵犯知识产权构成犯罪的；（二）不具有悔罪表现的；（三）拒不交出违法所得的；（四）其他不宜适用缓刑的情形。”立法对知识产权犯罪缓刑适用作出了特殊的排除适用，一是为了严厉打击侵犯知识产权的行为，我国进一步完善了知产侵权案件的独特限制缓刑制度，犯罪分子只要在本次犯罪之前因侵犯知识产权受到过刑事、行政处罚，则对其类比适用特殊累犯制度，依法不适用缓刑。这一独特制度，突出了我国近年对知识产权司法保护的强烈重视，也是新时期、新形势下法律与时俱进的典型体现。二是普通的严格适用条件，包括了有没有悔罪表现和是否拒交违法所得两种情形。三是兜底条款，体现了立法者对知产案件保护的谨慎，内在更体现了知产案件的多样性。

本案中被告人王华某正是适用知产侵权案件的限制缓刑制度，其曾销售假冒注册商标商品的行为先后三次被行政处罚，此次再度实施侵犯知识产权的犯罪行为，依法不能适用缓刑。因此，法院在该被告可能判处有期徒刑的情形下，于开庭之前对其依法自行决定予以逮捕，从而纠正了检察机关在审查起诉阶段该捕而未捕的不当行为，严肃了知识产权案件缓刑特殊规定的适用，严格依法保护知识产权权益。

编写人：上海市黄浦区人民法院　严骏

65

缓刑考验期内又故意犯新罪的能否再次适用缓刑

——郑代某职务侵占案

【案件基本信息】

1. 裁判书字号

重庆市第一中级人民法院（2014）渝一中法刑终字第00395号刑事判决书

2. 案由：职务侵占罪

【基本案情】

郑代某因犯挪用资金罪于2012年11月7日被判处有期徒刑一年六个月，宣告缓刑二年（缓刑考验期限自2012年11月19日起至2014年11月18日止）。

2013年3月，被告人郑代某进入重庆甲公司担任销售员，负责电梯推销、签订销售合同、缴纳保证金等工作。从2013年6月开始，郑代某利用职务之便，通过向公司提供伪造的电梯采购合同、报价文件、保证金收据等材料，以缴纳保证金、洽谈业务需要资金等名义从公司骗领资金共计65000元，据为己有。同年11月，郑代某离开公司。在本案一审审理期间，郑代某的亲属代其退赔了重庆甲公司经济损失65000元，并支付其他费用100元。

【案件焦点】

在缓刑考验期内故意犯新罪，对其撤销原判缓刑，实行数罪并罚后，还能否再次适用缓刑。

【法院裁判要旨】

重庆市江北区人民法院经审理认为：被告人郑代某身为公司销售人员，利用职务上的便利，将本单位的65000元资金非法占为已有，数额较大，其行为已构成职务侵占罪，依法应予以处罚。被告人郑代某在缓刑考验期内犯新罪，应当撤销缓刑，对新犯的罪作出判决，把前罪和后罪所判处的刑罚予以并罚；被告人郑代某到案后如实供述自己的罪行，且已退赔被害单位的经济损失，依法对其从轻处罚并可适用缓刑。

重庆市江北区人民法院依照《中华人民共和国刑法》第二百七十一条第一款、第六十七条第三款、第六十九条第一款、第七十二条第一款、第七十三条第二款、第三款、第七十七条第一款之规定，作出如下判决：

一、撤销重庆市北碚区人民法院对被告人郑代某宣告的缓刑。

二、被告人郑代某犯职务侵占罪，判处有期徒刑二年，与前罪所判处的有期徒刑一年六个月并罚，决定执行有期徒刑三年，宣告缓刑五年。

原审宣判后，重庆市江北区人民检察院提起抗诉。重庆市第一中级人民法院经审理认为：《中华人民共和国刑法》第七十七条第一款规定，被宣告缓刑的犯罪分子，在缓刑考验期限内犯新罪或者发现判决宣告以前还有其他罪没有判决的，应当撤销缓刑；该条第二款规定的被宣告缓刑的犯罪分子，在缓刑考验期限内，违反法律、行政法规或者国务院有关部门关于缓刑的监督管理规定，或者违反人民法院判决中的禁制令，情节严重的，应当撤销缓刑，执行原判刑罚。原审被告人郑代某前后犯罪都是利用其职务之便，故意犯罪，且将其骗取的部分资金用于赌博等违法活动，表明其主观恶性较深，不符合《中华人民共和国刑法》第七十二条规定的适用缓刑必须具备的“有悔罪表现”“没有再犯罪危险”的必备条件。原审判决对原审被告人郑代某在缓刑考验期间内故意犯罪，撤销缓刑，数罪并罚后，认定有悔罪表现，再次适用缓刑不当，应当依法纠正。

重庆市第一中级人民法院依照《中华人民共和国刑事诉讼法》第二百二十五条第一款第（二）项，《中华人民共和国刑法》第二百七十一条第一款、第六十七条第三款、第六十九条第一款、第七十七条第一款之规定，作出如下判决：

一、维持重庆市江北区人民法院（2014）江法刑初字第00531号刑事判决第一项以及第二项中对原审被告人郑代某的定罪部分，即撤销重庆市北碚区人民法院对被告人郑代某宣告的缓刑，被告人郑代某犯职务侵占罪。

二、撤销重庆市江北区人民法院（2014）江法刑初字第00531号刑事判决第二项中的量刑部分，即对被告人郑代某犯职务侵占罪，判处有期徒刑二年，与前罪所判处的有期徒刑一年六个月并罚，决定执行有期徒刑三年，宣告缓刑五年。

三、原审被告人郑代某犯职务侵占罪，判处有期徒刑一年五个月，与前罪所判处的有期徒刑一年六个月并罚，决定执行有期徒刑二年六个月。

【法官后语】

本案处理重点主要在于对缓刑适用条件的准确把握。

首先，现行刑法间接规定了对缓刑考验期内又故意犯新罪的被告人不得再次适用缓刑。现行《刑法》第七十七条第二款规定：“被宣告缓刑的犯罪分子，在缓刑考验期限内，违反法律、行政法规或者国务院有关部门关于缓刑的监督管理规定，或者违反人民法院判决中的禁止令，情节严重的，应当撤销缓刑，执行原判刑罚。”该款规定的内容相当明确，“执行原判刑罚”即收监执行原判实刑，此处仅存在这一种理解，而断无其他解释的可能。举例来说，被告人某甲平生第一次犯盗窃罪被判处有期徒刑一年，宣告缓刑二年，在缓刑考验期间，某甲违反了关于缓刑的监督管理规定，且情节严重，缓刑考察机关则应向法院提出撤销缓刑收监执行的意见，法院经审理查明后则应下达撤销原判缓刑，执行被告人某甲有期徒刑一年实刑的裁定。因此，按照举轻以明重的自然解释原则和刑法法条的体系性解释原则，缓刑考验期间，在被告人故意实施了违反缓刑相关监管规定的违法行为，情节严重但尚未构成犯罪的情况下，《刑法》第七十七条第二款亦明确规定，应撤销缓刑，实际执行原判刑罚。那么在缓刑考验期内被告人故意实施了比违法行为更为严重的犯罪行为时就更应该实际执行原判刑罚，而不能再次适用缓刑。

其次，本案被告人郑代某亦不符合适用缓刑的条件。结合全案情况来看，原审被告人郑代某因犯挪用资金罪于2012年11月7日被重庆市北碚区人民法院判处有期徒刑一年六个月，宣告缓刑二年（缓刑考验期限自2012年11月19日起至2014年11月18日止）。在其前罪下判后仅隔半年左右的时间，即从2013年6月开始，郑代某便利用其担任重庆甲公司销售员的职务便利，采用向公司提供伪造的电梯采购合同、报价文件、保证金收据等虚假材料，以缴纳保证金、洽谈业务需要资金等名义，从公司骗领资金共计65000元，据为己有。其前后两次犯罪均属利用其职务便利，故意侵害公司财产法益的性质相同的侵财类犯罪，且时间间隔较短，庭审中亦供述其将部分犯罪所得资金用于赌博等违法活动，虽挽回了公司全部经济损失，但系其亲属代为退赔，不足以证明其人身危险性较小。反之，原审被告人郑代某在原本是给其改过自新机会的缓刑考验期间，仍然不思悔改，再次故意犯与前罪性质相同的侵财类犯罪，证明其规范意识钝化，没有悔罪表现，主观恶性较深，人身危险性较大，具有再犯罪的危险。原审被告人郑代某以自己在缓刑考验期内故意犯罪的实际行动，证明了原判对其适用缓刑的错误，并导致法官在心证上对被告人悔罪的真诚度、不再犯罪的可能性等缓刑适用的必要条件产生严重质疑。综上，原审被告人郑代某不符合《刑法》第七十二条规定的适用缓刑必须具备的“有悔罪表现”“没有再犯罪危险”的必要条件。据此，不应对原审被告人郑代某再次适用缓刑，而应对其实行数罪并罚后予以收监执行实刑。

编写人：重庆市第一中级人民法院　胡江洪

（六）假　　释

66

假释考验期犯新罪，如何执行刑罚

——满益某、周福某盗窃案

【案件基本信息】

1. 裁判书字号

广西壮族自治区凤山县人民法院（2015）凤刑初字第30号刑事判决书

2. 案由：盗窃罪

【基本案情】

2015年2月21日凌晨5时许，刚获得假释的满益某与周福某驾驶一辆男式摩托车到凤山县凤城镇恒升广场旁的六角亭内喝酒聊天。其间，凤山县凤城镇巴烈村的朱某驾驶桂M94×××银灰色踏板摩托车到该处公路边停放，与同学一起到烈士公园游玩。因满益某看朱某等人不顺眼，即提出将朱某的摩托车盗走，并将桂M94×××摩托车推往凤山县凤城镇观音路方向，周福某则驾驶男式摩托车跟随。当推到恒升广场与观音路转角处时，满益某从周福某驾驶的摩托车上要来一根绑带系在桂M94×××摩托车的头部，并把握桂M94×××摩托车方向，由周福某驾驶男式摩托车将桂M94×××摩托车牵引到凤山县凤城镇西环路凤山县消防大队旁的一条砂石路边隐藏。后满益某将隐藏桂M94×××摩托车的地点告诉其朋友姚某某，由姚某某到该处取出摩托车并使用。

同年2月27日，姚某某在使用该摩托车时，被公安机关查获。经凤山县价格认证中心鉴定，满益某、周福某盗得的摩托车的价值为1620元。桂M94×××摩托车属罗某魁所有，由朱某的母亲罗某燕使用。

【案件焦点】

本案满益某在假释考验期限内再犯新罪，应如何执行刑罚。

【法院裁判要旨】

凤山县人民法院经审理认为：满益某、周福某以非法占有为目的，秘密盗取他人财物，数额较大，二被告人的行为已完全具备盗窃犯罪的主客观要件，构成盗窃罪。公诉机关指控被告人满益某、周福某犯盗窃罪的事实清楚，证据确实、充分。在共同犯罪过程中，被告人满益某首先提出犯意，积极实施盗窃犯罪行为，事后处分赃物，起主要作用，是主犯，依法应当按照其所参与的全部犯罪处罚；被告人周福某协助满益某盗窃摩托车，起次要作用，是从犯，依法应当从轻、减轻处罚或者免除处罚，本院决定对其从轻处罚。被告人满益某因犯强奸罪被假释，在假释考验期限内再犯新罪，依法应当撤销假释，实行数罪并罚。二被告人归案后如实供述盗窃摩托车的犯罪事实，依法可从轻处罚。二被告人主动缴纳罚金，可酌情从轻处罚。

凤山县人民法院依照《中华人民共和国刑法》第二百六十四条、第二十五条第一款、第二十六条第一、四款、第二十七条、第四十二条、第四十四条、第五十二条、第六十七条第三款、第八十六条第一款、第七十一条、第六十九条和《最高人民法院、最高人民检察院关于办理盗窃刑事案件适用法律若干问题的解释》第一条，《最高人民法院关于适用财产刑若干问题的规定》第二条第一款、第四条，作出如下判决：

一、撤销柳州市中级人民法院（2013）柳市中刑执字第 1765 号刑事裁定书对被告人满益某的假释；被告人满益某犯盗窃罪，判处拘役四个月，并处罚金二千元。犯强奸罪余刑二年七个月零二天与后罪数罪并罚，决定执行有期徒刑二年九个月零二天，并处罚金二千元，上缴国库。

二、被告人周福某犯盗窃罪，判处罚金二千元，上缴国库。

【法官后语】

《刑法》第八十六条第一款规定，被假释的犯罪分子，在假释考验期限内再犯新罪，应当撤销假释，依照本法第七十一条的规定实行数罪并罚。本案满益某因犯强奸罪于2010年8月16日被判处有期徒刑六年，2013年3月28日获假释，假释考验期自2013年3月28日起至2015年10月30日止。2015年2月21日犯盗窃罪，属于在假释考验期限内再犯新罪，依法应当撤销假释，实行数罪并罚。其犯盗窃罪，依法应当判处拘役四个月，并处罚金二千元。犯强奸罪尚有余刑二年七个月零二天，与后罪数罪并罚后，决定执行有期徒刑二年九个月零二天，并处罚金二千元。

编写人：广西壮族自治区凤山县人民法院　华桂骞

三、刑事证据与时效

67

“证据确实充分”的证明标准应如何认定

——胡某某盗窃案

【案件基本信息】

1. 裁判书字号

广东省惠州市惠城区人民法院（2015）惠城法刑二初字第402号刑事判决书

2. 案由：盗窃罪

【基本案情】

2015年2月4日22时许，被告人胡某某驾驶深圳市某运输有限公司货柜车粤BL3×××从甲公司惠州手机厂载货运往张家港乙储运有限公司惠州分公司（下称乙储运有限公司）仓库，途中不按正常行驶，停留并打开货柜车封厢锁，盗取物流货柜内乙储运有限公司某品牌手机A7000、A5000型各10部（共值人民币53630元），然后将包装纸皮箱封好放回原处再将封厢锁重新固定，继续驾车前往乙储运有限公司仓库送货，到达乙储运有限公司仓库后，为了掩饰其盗窃罪行，被告人胡某某违规操作，主动从乙储运有限公司仓库卸货员手中拿过照相机和铁剪，亲自对甲公司惠州工厂的出厂货柜车封厢锁进行拍照、剪锁。卸货后在返回甲公司惠州工厂时又不按正常行驶，返回其住处。次日19时许，被告人胡某某在惠州市陈江医院附近将10部A7000型、10部A5000型某品牌手机以30000元的价格贩卖给他人。破案后，缴回被盗部分手机已发还失窃单位。

【案件焦点】

刑事诉讼中"证据确实充分"的证明标准应如何认定。

【法院裁判要旨】

广东省惠州市惠城区人民法院经审理认为，被告人胡某某以非法占有为目的，秘密窃取他人价值人民币53630元的财物，数额较大，其行为已构成盗窃罪。公诉机关指控被告人胡某某犯盗窃罪，事实清楚，证据确实、充分，指控罪名成立。依照《中华人民共和国刑法》第二百六十四条、第五十二条、第五十三条、第六十四条之规定，作出如下判决：

被告人胡某某犯盗窃罪，判处有期徒刑二年四个月，并处罚金三千元。

【法官后语】

诉讼过程中，被告及其辩护人提出"本案无法达到事实清楚，证据确实充分，应根据疑罪从问的原则宣告无罪"的意见。从案件事实和证据上分析：首先，根据涉案人蒋某某的供述、证人钟某伟的证言及其提供的采购单详细条目载明的手机串码，可知涉案人蒋某某于2015年2月6日12时50分左右出售20部某品牌手机给证人钟某伟，且该20部某品牌手机的手机串码与被害单位报案被偷的20部某品牌手机的串码一致，可以认定涉案人蒋某某出售的20部某品牌手机系被害单位所有的20部某品牌手机。其次，根据被害单位出具的情况说明及乙储运有限公司仓库的视频资料，2015年2月4日23:10时，被害单位将包括涉案20部某品牌手机的货物装入被告人胡某某驾驶的粤BL3×××号车辆发往乙储运有限公司仓库，同日23:25:26时乙储运有限公司仓库的工作人员将上述车辆内的货物搬入乙储运有限公司仓库，至2015年2月6日13:59时本应装有涉案10部某品牌A7000手机的货箱出库拣货扫描发往长沙，该期间内乙储运有限公司仓库的监控视频未显示任何异常，本应装有涉案10部某品牌A5000手机的货箱直至2015年3月5日仍存放在乙储运有限公司仓库内，而涉案人蒋某某系于2015年2月6日12时50左右将上述10部某品牌A7000手机、10部某品牌A5000手机一并出售给证人钟某伟，可以认定涉案20部某品牌手机系在放入乙储运有限公司仓库之前被盗。再次，涉案人蒋某某供述系被告人胡某某于2015年2月5日出售涉案20部手机给其，且涉案人蒋某某对被告人胡某某、双方交易的地点进行了辨认及签供。最后，根据粤BL3×××号车辆的GPS记录及视频资料，被告人胡某某在粤BL3×××号车辆装好货物上锁后在锁头处停留20多秒时间并用两次手摇动锁头，被告人胡某某在驾驶载有涉案20部某品牌手机的粤BL3×××号车辆在往返乙储运有限公司仓库的路途中均有停留，被告人胡某某驾驶粤BL3×××号车辆到达乙储运有限公司仓库放下车辆的尾板后在车辆的锁头处停留20多秒时间并手摇动锁头，且被告人胡某某在明知应由乙储运有限公司仓库的工作人员拍照剪锁的情况下仍主动从工作人员手中接过照相机拍照并主动剪锁。以上证据已形成证据链且相互予以印证，可以认定被告人胡某某盗窃了涉案的20部手机。以上已达到“事实清楚、证据确实充分”的证明程度，上述辩护意见，与查明的事实不符。

编写人：广东省惠州市惠城区人民法院　尹海霞

68

间接证据定罪的证明标准

——马宁等故意伤害案

【案件基本信息】

1. 裁判书字号

北京市第一中级人民法院（2015）一中刑终字第2885号刑事裁定书

2. 案由：故意伤害罪

【基本案情】

被告人马宁与被害人刘某某曾系男女朋友关系。2014年10月，马宁因刘某某与其分手而产生报复念头，遂与李滨商议雇人将刘某某毁容，后将此意图告知被告人李新平，李新平同意以人民币4万元的价格帮助马宁以泼硫酸毁容的方式对刘某某实施报复行为，马宁、李滨均同意。期间，李新平准备了作案用的硫酸，并由李滨向李新平指认了刘某某居住的小区。同年10月20日18时许，马宁指使李滨向佟某（另案处理）指认刘某某后，由佟某跟踪刘某某至居住的小区，并电话通知李新平，由李新平持硫酸在北京市石景山区杨庄中区×号楼×单元×层楼道内向刘某某泼洒，致刘某某头面部、颈部、胸部及双上肢多处烧伤，经鉴定为重伤二级，伤残等级为五级。

2014年11月7日，被告人马宁、李滨、李新平被民警抓获。

另查明，在一审审理期间，被告人马宁、李滨与被害人刘某某自愿达成赔偿协议，马宁赔偿刘某某的经济损失人民币25万元，李滨赔偿刘某某的经济损失人民币10万元，均已实际履行。

【案件焦点】

间接证据定罪的证明标准。

【法院裁判要旨】

北京市石景山区人民法院依照《中华人民共和国刑法》第二百三十四条第二款、第二十五条第一款、第五十五条第一款、第五十六条第一款、第六十七条第三款、第六十一条之规定，判决：

一、被告人马宁犯故意伤害罪，判处有期徒刑十三年，剥夺政治权利三年；

二、被告人李新平犯故意伤害罪，判处有期徒刑十三年，剥夺政治权利三年；

三、被告人李滨犯故意伤害罪，判处有期徒刑十一年，剥夺政治权利二年。

案件宣判后，公诉机关未提出抗诉，李新平、李滨提起上诉，北京市第一中级人民法院经审理后裁定：

驳回上诉，维持原判。

【法官后语】

本案事实清楚、证据确实充分。马宁自始至终对犯罪事实供认不讳，且未提出上诉。李滨提出上诉对之前的供述予以否定，称其没有参与对刘某某的故意伤害行为，之前的供述全是案发后马宁用电话教他这么说的。而在案马宁的供述、佟某的证言均明确证实李滨自始至终参与了这起犯罪，且与之前李滨的供述相互印证。故李滨的辩解无证据支持，且明显不符合常理，故能够认定李滨参与实施对被害人刘某某的故意伤害行为。本案的焦点是李新平是否实施了对刘某某的故意伤害行为。

首先，在案马宁、李滨的供述能够证实，案发前马宁、李滨、李新平就将刘某某毁容一事合议，并确定由李新平具体实施泼硫酸的伤害行为，为此由李滨先行支付李新平一万元定金并将刘某某的具体住址告知李新平。李新平随后准备作案用的硫酸及衣服，先放在李滨的车上，后转移至马宁家，李新平与马宁、李滨一样，为实施犯罪做了大量准备工作。

其次，结合证人赵云某的证言及辨认笔录、证人佟某的证言、监控录像、通话记录，可以证实案发当天，按照马宁事先的分工安排，李新平先去马宁家（在刘某某居住的某小区的旁边）与赵云某见面，之后李新平携带作案衣物及工具离开。从其离开马宁居住的小区至再次返回的这段时间内，其与佟某通过电话联系得知刘某某的行踪、衣着特征，期间曾因没有看到刘某某而要求佟某再次确认。刘某某进入某小区一段时间后，李新平才返回马宁居住的小区，而刘某某就是在其刚进入2层楼道时即被他人泼硫酸，李新平是唯一同时具备作案动机、作案时间及作案条件的人。且赵云某证言还证实：李新平坐其车回家的途中还在车上换了衣服，并于下车时将作案衣服等物丢弃。这更加印证了李新平对被害人实施泼硫酸的犯罪事实。

最后，结合在案刘某某的陈述、监控录像、现场勘验笔录及照片、医院诊断证明书、腐蚀物检验报告，能够与被告人马宁、李滨的供述等证据相互印证，足以证实2014年10月20日18时许被害人刘某某在其居住的某小区×号楼×单元×层楼道内被一名穿深色夹克、黑色裤子、头戴黑色帽子的男子泼硫酸并受伤的事实。而监控录像显示该男子就是李新平。

李新平预审阶段辩称自己案发前后未与佟某有过电话联系，一审开庭到二审提讯时称其与佟某联系是因为马宁介绍其给佟某家装修，因此有通话记录。分析为：李新平前期的辩解与通话记录不符，后期辩解缺乏合理性，因为案发当时二人的通话记录显示，二人互相拨打三次，即共通话达六次，每次通话时间都不超一分钟，不符合二人初次介绍认识并谈房屋装修的一般常理。故该辩解不应采信。

对于监控录像，预审及一审开庭阶段李新平辩称自己案发当天其从未到过石景山，二审提讯阶段其称自己当天去石景山了，但是去找自己的朋友，顺路路过马宁家，因马宁不在家故没有进去。因监控录像显示李新平于17时12分来到马宁家中，17时52分离开，也就是说李新平在马宁家逗留了40分钟。故其前期辩解说案发当天没来过石景山与事实不符；其后期辩解称顺路路过，因没人直接离开也与逗留40分钟不符。故不应采信其辩解。

对于赵云某，其始终称自己不认识，只是2014年5、6月份的时候在马宁家楼道附近遇到过，是一面之交。这与赵云某的证言及辨认笔录均不符，因为其辩称的见面时间与案发时间相距近半年，作为一般人不可能在时隔半年后对一面之交的人还能辨认出来，且无证据证实赵云某有诬告陷害李新平的动机，故对于李新平的该点辩解亦不应采信。

综合上述分析可见，本案在案证据之间相互衔接、互相印证，共同证明了被告人马宁、李滨、李新平实施共同伤害行为的预谋、策划、准备、分工、实施的全过程，最终指向是一致的，不存在矛盾，且可以排除其他可能性，因此能够认定经过马宁、李滨、李新平的预谋，并借助案发当天李滨指认刘某某、佟某通知刘某某的行踪及衣着特征，最终由李新平实施了向刘某某泼硫酸行为的事实。因此，李滨、李新平的上诉理由及其辩护人辩护意见均不能成立。

对于上诉人李滨所提其没有参与实施对被害人的故意伤害行为，之前全是马宁教他供认的上诉理由，经查：李滨在侦查阶段及一审开庭阶段对其犯罪事实有过多次供述且供述详实、稳定一致，并与在案马宁的供述、佟某的证言、刘某某的陈述、通话记录等证据互相印证，足以证实李滨自始至终均参与实施了对被害人的故意伤害行为。故上诉人李滨所提其没有参与实施对被害人的故意伤害行为，之前全是马宁教他供认的上诉理由缺乏事实依据，且不符合常理，法院亦不予采纳。

综上，本案事实清楚、证据充分、量刑适当，上诉人的上诉理由及其辩护人的主要辩护意见与在案证据不符，不予采信。

编写人：北京市第一中级人民法院　杨亮

69

巨额财产来源不明罪的证明责任

——肖绍祥贪污、受贿、巨额财产来源不明案

【案件基本信息】

1. 裁判书字号

北京市高级人民法院（2015）高刑终字第102号刑事裁定书

2. 案由：贪污罪、受贿罪、巨额财产来源不明罪

【基本案情】

1. 贪污的事实

2005年至2012年，被告人肖绍祥在担任北京动物园副园长、陶然亭公园园长期间，利用职务上的便利，非法占有公款1406万余元。

2. 受贿的事实

2007年至2008年，被告人肖绍祥利用担任北京动物园副园长并主管该园基建工作的职务便利，为甲公司在承揽动物园基建工程方面提供帮助。2008年1月，肖绍祥收受甲公司实际控制人尤建某给予的好处费人民币10万元。

3. 巨额财产来源不明的事实

2013年3月2日案发前，被告人肖绍祥个人财产明显超过合法收入，其中有折合人民币800余万元的财产，不能说明合法来源。

【案件焦点】

证明被告人的巨额财产是否来源合法的责任应由公诉方还是被告方承担。

【法院裁判要旨】

北京市第二中级人民法院经审理认为被告人肖绍祥身为国家工作人员，利用职务便利，侵吞公共财物，其行为已构成贪污罪，且数额特别巨大；肖绍祥身为国家

工作人员，还利用职务便利，为相关他人谋取利益，收受他人财物，其行为亦已构成受贿罪；肖绍祥财产、支出明显超出合法收入，差额特别巨大，且不能说明合法来源，其行为又已构成巨额财产来源不明罪。对肖绍祥所犯贪污罪、受贿罪、巨额财产来源不明罪均应依法惩处，并数罪并罚。北京市人民检察院第二分院指控肖绍祥犯贪污罪、受贿罪、巨额财产来源不明罪的事实清楚，证据确实充分，指控的罪名成立。

关于被告人肖绍祥所提其曾帮助一些单位做过预算、决算和标书，其在园林房地产公司等单位任职有收入，其做过石头、钢材、工艺品等生意，其曾在1992年左右开过出租车，侦查人员在其房山区小产权房及其陶然亭公园办公室搜出的款物是其合法所得的辩解，经查，北京市公园管理中心出具的证明客观地反映了肖绍祥自工作以来在动物园等单位工作的收入情况。肖绍祥无法提供自己在其他单位任职或兼职的具体信息，不能提供其做石头、钢材、工艺品等生意的交易对方信息，亦不能说明其在哪个公司营运出租车的具体情况，未能说明侦查人员在其房山区小产权房及其陶然亭公园办公室内搜出款物的合法来源。被告人的此节辩解不能成立，不予采纳。鉴于肖绍祥违法所得已全部追缴在案，对其可酌予从轻处罚。

北京市第二中级人民法院依照《中华人民共和国刑法》第三百八十二条第一款、第三百八十三条第一款第（一）项、第二款、第三百八十五条第一款、第三百八十六条、第三百九十五条第一款、第五十七条第一款、第五十九条、第六十一条、第六十四条之规定，作出如下判决：

一、被告人肖绍祥犯贪污罪，判处无期徒刑，剥夺政治权利终身，并处没收个人全部财产；犯受贿罪，判处有期徒刑十年；犯巨额财产来源不明罪，判处有期徒刑八年，决定执行无期徒刑，剥夺政治权利终身，并处没收个人全部财产。

二、在案扣押、冻结款物予以没收或发还或退回北京市人民检察院第二分院处理（详见扣押、冻结款物处理清单）。

肖绍祥对一审判决不服，提起上诉。北京市高级人民法院经审理裁定：驳回上诉，维持原判。

【法官后语】

本案公诉机关指控案发前，被告人肖绍祥个人财产明显超过合法收入，其中有折合人民币800余万元的财产，不能说明合法来源，构成巨额财产来源不明罪。被告人辩称其做过石头、工艺品生意，20世纪90年代开过出租车，为其他单位做标书取得过相关收入。那么证明被告人的巨额财产是否来源合法的责任，应由公诉方还是被告方承担存在争议。合议庭认为，被告方在不能提供足够证据证明其巨额收入及支出来源合法，应承担举证不力的责任，认定被告人构成巨额财产来源不明罪。理由如下：

巨额财产来源不明罪是指国家工作人员的财产、支出明显超过合法收入，差额巨大，不能说明来源的行为。该罪名的主体限于国家工作人员，客观行为表现为财产、支出明显超过合法收入，差额巨大，在有关机关责令行为人说明来源时，行为人不能说明其来源。但是财产、支出明显超过合法收入，并不是本罪的实行行为，只是本罪的前提条件，也可以说是行为状况，即在财产、支出明显超过合法收入，被责令说明来源的状况下不能说明合法来源。也就是说，公诉方承担证明被告人的财产、支出明显超过合法收入的责任，被告方承担证明明显超出收入的财产及支出系其合法收入的责任。本案中，被告人虽然提供了其巨额财产合法来源的线索，称其做过石头、工艺品生意，20世纪90年代开过出租车，为其他单位做标书取得过相关收入，但是不能提出其做石头、工艺品生意的对手信息，也不能提供为其他单位做标书的收入证明，而且其无法证明20世纪90年代开过出租车及收入情况。也就是说，被告人提供其巨额财产来源的线索不具体，司法机关无法查证属实，且被告人的辩解明显不符合常理，能够排除财产存在来源合法的可能性和合理性，故其巨额财产仍属于“不能说明来源”的情况。被告方应对其巨额财产“不能说明来源”承担举证不力的责任，应构成巨额财产来源不明罪。

编写人：北京市第二中级人民法院　丛卓义

70

毒品犯罪的证据审查

——张某、李少某非法持有毒品案

【案件基本信息】

1. 裁判书字号

湖南省张家界市永定区人民法院（2015）张定刑初字第60号刑事判决书

2. 案由：非法持有毒品罪

【基本案情】

公诉机关指控：2014年2月19日20时许，张家界市公安局禁毒大队公安干警接到举报后在张家界市永定区某酒店702号房间将被告人李少某、张某抓获，当场从被告人李少某身上搜得净重10.0584克的冰毒疑似物一包、净重0.9121克的麻古疑似物一包，从被告人张某身上搜得净重9.9032克的麻古疑似物一瓶，从房间沙发上搜得被告人张某所有的净重4.8803克的冰毒疑似物一包、净重0.6163克的麻古疑似物一包，从茶几上搜得净重0.3978克的冰毒疑似物一包、净重0.0831克的麻古疑似物一包。随后公安干警对被告人张某女朋友袁某某租住在张家界市永定区北门外巷××号的家进行搜查，从卧室柜子上搜出一个被告人李少某放置并让张某保管的装有毒品的棕色男式斜挎皮包，包内装有净重1006.8467克、367.7784克的冰毒疑似物两包、净重27.2511克、26.0199克的麻古疑似物两包。经张家界市公安局刑科所鉴定：被查获的上述冰毒疑似物均检出甲基苯丙胺成分，麻古疑似物均检出甲基苯丙胺成分和咖啡因成分。经长沙市公安局物证鉴定所鉴定：从棕色斜挎包里查获的净重1006.8467克的冰毒疑似物中甲基苯丙胺的含量为79.2%。

被告人张某及其辩护人、被告人李少某及其辩护人均辩称，除公安机关从被告人身上搜得的毒品外，其他毒品与被告人无关。

法院经审理查明：2014年2月19日，被告人张某叫朋友李某伟帮他在张家界市永定区某酒店订了702号房间。当日20时许，被告人张某、李少某在张家界市永定区某酒店702号房间吸毒时被张家界市公安局禁毒大队公安干警抓获，当场从被告人李少某身上搜得净重10.0584克的冰毒一包、净重0.9121克的麻古一包，从被告人张某身上搜得净重9.9032克的麻古一瓶，从房间沙发上搜得被告人张某所有的净重4.8803克的冰毒一包、净重0.6163克的麻古一包，从茶几上搜得净重0.3978克的冰毒一包、净重0.0831克的麻古一包。

【案件焦点】

非法持有毒品罪的共犯情形如何认定。

【法院裁判要旨】

湖南省张家界市永定区人民法院经审理认为：被告人张某、李少某违反国家对毒品的管理规定，非法持有毒品，其中被告人张某非法持有冰毒24.8495克、麻古1.955克，李少某非法持有冰毒10.0584克、麻古0.9121克，二被告人的行为均已构成非法持有毒品罪。张某、李少某曾因故意犯罪被判处有期徒刑，在刑罚执行完毕后五年内又故意犯应判处有期徒刑以上刑罚之罪，二人均是累犯，应当从重处罚。张某是毒品再犯，应当从重处罚。对公诉机关指控被告人张某女朋友袁某某租住屋的卧室柜子上的棕色男式斜挎皮包内装有净重1006.8467克、367.7784克的冰毒两包、净重27.2511克、26.0199克的麻古两包系被告人李少某交给张某保管的意见，另有被告人张某供述证明棕色男式斜挎包是李少某放在袁某某租住屋，没有其他证据予以佐证，未能形成完整的证据锁链，故本院不予采纳。判决：

一、被告人张某犯非法持有毒品罪，判处有期徒刑二年，并处罚金人民币一万元。

二、被告人李少某犯非法持有毒品罪，判处有期徒刑一年六个月，并处罚金人民币一万元。

【法官后语】

本案涉及非法持有毒品罪中毒品没有当场搜到的情况下，公安机关取证程序的规范直接影响对被告人的定罪。

本案中的被告人张某、李少某是吸毒人员，二人在吸毒时被公安机关抓获，并且当场从其身上搜查到毒品。公安机关在搜查张某女友租住屋时发现放有大量毒品的挎包，对于该挎包内的毒品是否属于张某或者李少某，公安机关没有慎重处理，而是直接认为毒品必然属于张某或者李少某。在庭审时，李少某提出挎包是张某的，包内的毒品他不知情，不是他让张某保管的。该案最终作出了有利于被告人的判决。我们发现在毒品案件侦查活动中，侦查机关对于毒品的查封、扣押程序没有严格按照法定程序进行。特别是在扣押挎包毒品后，没有让张某、李少某对挎包内的毒品进行确认，没有现场进行称重，对数量如此重大的毒品案件，没有对装有毒品的挎包及毒品包装进行指纹采集，在被告人当庭否认挎包归其所有时，公诉机关提供的证据显然不能形成证据链。根据刑事诉讼法有关的司法解释，在没有直接证据的情况下，只有证据之间相互印证，不存在无法排除的矛盾和无法解释的疑问，结论具有唯一性才能够定罪，本案无法排除挎包内毒品属于他人的疑问，最终法院在判决时没有认定挎包内的毒品属被告人张某、李少某所有。

编写人：湖南省张家界市中级人民法院　刘少廷

71

运输毒品犯罪如何查明被告人是否明知运输的是毒品

——李娟、权继波运输毒品案

【案件基本信息】

1. 裁判书字号

云南省高级人民法院（2015）刑上字第1461号刑事裁定书

2. 案由：运输毒品罪

【基本案情】

2014年7月20日，被告人李娟、权继波许诺为他人运输毒品至广西后，权继波即购买手机和手机卡后乘坐云HG4×××号轿车前行探路，李娟携带毒品乘坐云HXL×××号越野车随后，驶往广西方向，途中李娟、权继波二人多次通话打探有无警察查车等情况。次日零时许，文山州、市公安局在富宁县剥隘镇323国道距罗村口大桥300米处路段开展公开查缉，查获李娟途经查缉点时丢向车外的四块毒品海洛因可疑物，经称量净重1265克，经鉴定，查获的四块毒品可疑物均检见海洛因、6-乙酰吗啡、乙酰可待因成分，其中海洛因含量分别为38.27%、36.98%、49.28%、50.02%。

【案件焦点】

被告人辩解其主观上不明知所携带的物品是毒品，如何定罪量刑。

【法院裁判要旨】

文山州中级人民法院经审理认为：被告人李娟、权继波无视国家法律的规定，为获取暴利，运输毒品海洛因1265克，其行为已构成运输毒品罪，应依法惩处。公诉机关指控的事实清楚，罪名成立。本案属共同犯罪，被告人李娟携带毒品，地位、作用显著，属主犯；被告人权继波在前面探路，为李娟提供帮助，属从犯，应从轻处罚。关于被告人权继波及其辩护人提出指控其犯运输毒品罪，事实不清、证据不足的意见，经查，根据被告人权继波在侦查机关的供述，为获取高额报酬，明知他人从事违法犯罪活动而购买通讯工具以为他人探路提供方便，途中频繁与李娟电话联系通报路况，并绕道以企图避开民警检查。其供述与同案被告人李娟的供述，证人彭天某、李云某的证实以及通话记录、查获毒品经过等证据相符，应依法认定被告人权继波具有明知李娟携带毒品而为李娟探路的主观犯意，其行为符合运输毒品罪的犯罪构成，故被告人权继波及其辩护人提出的意见，无证据证明，不予采纳。据此，根据被告人李娟、权继波的犯罪事实、性质、情节及悔罪表现。依照《中华人民共和国刑法》第三百四十七条第二款第（一）项、第二十五条第一款、第二十六条第一款、第二十七条、第五十七条、第六十四条之规定，判决如下：

一、被告人李娟犯运输毒品罪，判处无期徒刑，剥夺政治权利终身。并没收个人全部财产。

二、被告人权继波犯运输毒品罪，判处有期徒刑十五年。并处没收个人财产人民币20000元。

三、查获的毒品海洛因1265克由公安机关依法收缴。

被告人李娟及其辩护人提出其系受人指使运输毒品，不是主犯，对其量刑过重的上诉理由。被告人权继波提出其没有运输毒品的故意和行为，不构成运输毒品罪的上诉理由。辩护人认为权继波系从犯，请求对其从轻处罚。

云南省高级人民法院经审理认为：上诉人李娟、权继波无视国家法律，为牟取非法利益，运输毒品海洛因的行为已构成运输毒品罪，应依法惩处。在共同犯罪中，李娟系主犯，权继波在前为李娟探路，系从犯，依法应从轻处罚。李娟辩称不知道所携带物品系毒品与查明的事实不符，故其上诉请求及其辩护人的意见，本院不予以采纳。经查，上诉人权继波为获取高额报酬，明知他人从事违法犯罪活动而购买通讯工具为他人探路提供方便，途中频繁与李娟电话联系通报路况，并绕道以企图避开民警检查。其供述与上诉人李娟的供述，证人彭天某、李云某的证言以及通话记录、查获毒品经过等证据相符，构成运输毒品罪的共犯，故权继波辩称无罪的上诉理由，本院予以驳回，其辩护人提出的辩护意见，本院亦不予采纳。

原判根据上诉人李娟、权继波的犯罪事实、性质、情节和社会危害程度，定罪准确，量刑适当。审判程序合法。据此，依照《中华人民共和国刑事诉讼法》第二百二十五条第一款第（一）项的规定，裁定如下：

驳回上诉，维持原判。

【法官后语】

关于本案的定性及各被告人的地位、作用。由于侦查机关在取证过程中未能全面、扎实地搜集证据，各被告人也未能全面如实客观地供述犯罪事实，相关证据需要补强的情况，侦查机关已作了书面情况说明。现有的证据不能查实毒品的来源，权继波特别是李娟是否具有贩卖行为。根据《全国部分法院审理毒品犯罪案件工作座谈会纪要》的相关规定，只能以查获状态下被告人实施的行为定性，即运输毒品罪。查获的毒品是从被告人李娟手中丢出，并且之前乘坐彭天某驾驶的云HXL×××号越野车的过程中毒品一直由其保管，彭天某驾车路线、速度均受其安排，李娟在运输毒品中应起主要作用，属主犯。被告人权继波为获取高额报酬，受李某安排为李娟探路，在运输毒品过程中起帮助作用，属从犯。

关于被告人权继波在庭审中提出没有谁安排其运输毒品，其也没有为谁运输毒品，其不构成运输毒品罪的辩解以及辩护人提出指控被告人权继波犯运输毒品罪，事实不清、证据不足的意见。经查，被告人权继波在公安机关所作的供述证明了其为获取事成后李某给的3000元钱，答应乘坐一辆车在前面探路，看是否有警察查车，将后面一辆车安全带到广西，已明知李某叫其探路是要做违法犯罪的事情，为此购买了手机及卡。途中，权继波与后面一辆车上的女子通过电话保持联系，后面车辆跟随其乘坐的车辆前后两次下高速。权继波的供述与认罪的李娟的供述，彭天某、李云某的证实一致，与双方有17次通话记录相符。从抓获经过来看，客观反映出权继波乘坐的车辆在接受民警检查的过程中，李娟乘坐的权继波租赁的越野车也随后来到，李娟伺机向车外丢出毒品海洛因。抓获经过与权继波的供述相符。应推定被告人权继波知晓李娟携带毒品，其为李娟运输毒品提供帮助作用，属从犯。故被告人权继波及其辩护人提出的意见不予采纳。

最高人民法院、最高人民检察院、公安部2007年联合制定的《办理毒品犯罪案件适用法律若干问题的意见》（以下简称《意见》）对“明知”的认定做了专门的规定。根据规定，走私、贩卖、运输、非法持有毒品犯罪主观故意中的“明知”，是指行为人明知或者知道所实施的行为是走私、贩卖、运输、非法持有毒品行为。具有下列情形之一，并且犯罪嫌疑人、被告人不能做出合理解释，可以认定其“应当知道”，但有证据证明确属被蒙骗的除外：（1）执法人员在口岸、机场、车站、港口和其他检查站检查时，要求行为人申报为他人携带的物品和其他疑似毒品物，并告知其法律责任，而行为人未如实申报，在其携带的物品内查获毒品的；（2）以伪报、藏匿、伪装等蒙蔽手段逃避海关、边防等检查，在其携带、运输、邮寄的物品中查获毒品的；（3）执法人员检查时，有逃跑、丢弃携带物品或逃避、抗拒检查等行为，在其携带或者丢弃的物品中查获毒品的；（4）体内藏匿毒品的；（5）为获取不同寻常的高额或者不等值的报酬而携带、运输毒品的；（6）采用高度隐蔽的方式携带、运输毒品的；（7）采用高度隐蔽的方式交接毒品，明显违背合法物品惯常交接方式；（8）其他有证据足以证明行为人应当知道的。

本案中，根据李娟的供述以及彭天某、李云某的证实，被查获的毒品有可能就是李娟的兄弟李某提供的，李娟供述的“唐哥”并不存在，彭天某证实是李某驾车载李娟接到其，而李娟供述是自己驾车接到彭天某，“唐哥”有可能是李娟为了隐瞒毒品来源而作的虚假供述，由于李某未到案，只能以查获状态为李娟定性。但因李娟与李某系姐弟关系，不能排除李娟参与了李某贩毒，故审理查明事实不能叙述为李娟受他人安排，只能以查获状态叙述。李娟的行为除了符合《意见》中规定的主观明知的情形“执法人员检查时，有逃跑、丢弃携带物品或逃避、抗拒检查等行为，在其携带或者丢弃的物品中查获毒品的”，同时也符合《全国部分法院审理毒品犯罪案件工作座谈会纪要》中规定的主观明知的情形“接受执法人员检查时丢弃携带的物品中查获毒品的以及行程路线故意绕开检查站并在携带的物品中查获毒品的”，故其关于接受民警检查前不知携带的是毒品的辩解不能成立。但现有证据只能以查获状态认定李娟构成运输毒品罪。被告人权继波明知李某叫其为后面的车辆探路，并有高额报酬诱惑，途中与李娟频繁联系路况并绕道企图避开检查，虽然现有证据不能直接证明权继波主观上明知从事涉毒犯罪，但是根据李娟丢出四块毒品海洛因这一事实来看，应当推定权继波明知李娟运输毒品而为其提供探路，起到帮助的作用，属从犯。

编写人：云南省文山州中级人民法院　牛兴蕾

72

对抗性言词证据的对抗解除评判

——李林某过失致人重伤案

【案件基本信息】

1. 裁判书字号

广东省云浮市中级人民法院（2015）云中法刑二终字第95号刑事裁定书

2. 案由：过失致人重伤罪

【基本案情】

被告人李林某、被害人陈某某均在郁南县南江口镇某陶瓷厂内施工队工作，李林某负责维修灌浆水泵机器，被害人陈某某从事灌水泥浆工作。2014年10月15日18时许，李林某在某陶瓷厂内施工地修理已坏掉的水泵时，陈某某对李林某维修水泵的技术不满意，两人遂发生口角。随后，李林某右手拿着一把一字形螺丝刀赶陈某某离开，手上螺丝刀戳到陈某某的左眼，致陈某某受伤送医院治疗。经鉴定，被害人陈某某的人体损伤程度属重伤二级。

【案件焦点】

采信被害人的陈述还是采信证人证言——认定李林某主观过错是过失还是故意致人重伤。

【法院裁判要旨】

广东省郁南县人民法院经审理认为：2014 年 10 月 15 日 18 时许，被告人李林某在广东省郁南县南江口镇某陶瓷厂工地修理水泵时，被害人陈某某与被告人李林某因修水泵问题产生不同意见，被告人李林某用拿着一字形螺丝刀的右手赶陈某某离开时，手上的螺丝刀一下子戳到陈某某的左眼，致陈某某受伤送医院治疗。经鉴定，被害人陈某某的人体损伤程度属重伤。被告人李林某对公诉机关广东省郁南县人民检察院指控其故意伤害的事实提出异议，辩解其不是故意伤害被害人陈某某的。广东省郁南县人民法院依据被害人陈某某的陈述与被告人李林某的供述能够相互佐证，足以证实案发时被告人李林某没有伤害被害人陈某某的故意，故对被告人李林某的辩解予以采纳。公诉机关指控被告人李林某的犯罪事实清楚，证据确实充分，但适用罪名不当，予以纠正。依照《中华人民共和国刑法》第二百三十五条、第六十七条第三款的规定，作出判决：

被告人李林某犯过失致人重伤罪，判处有期徒刑三年。

广东省郁南县人民检察院不服判决，提起抗诉，广东省云浮市人民检察院支持抗诉，主要理由是现场有关目击证人证言证实原审被告人李林某与被害人陈某某发生争吵后，李林某是转身手持螺丝刀捅刺被害人眼睛，可见李林某对其用螺丝刀向后挥动会造成伤人的危害后果是明知的，并对这种后果发生持一种希望或放任的态度，反映了李林某主观上有故意伤害陈某某的心态。广东省云浮市中级人民法院经审理认为：依据被害人陈某某的陈述证实案发当日，陈某某认为原审被告人李林某维修灌浆水泵的技术不行，两人遂产生争执。李林某右手持一把螺丝刀赶陈某某离开时，螺丝刀戳中了陈某某左眼。被害人陈某某陈述原审被告人李林某伤害其左眼的经过具体、详细，在侦查阶段陈述的内容稳定，没有出现反复或矛盾，该事实与原审被告人李林某供述其与陈某某争吵、戳伤陈某某的经过细节基本吻合。陈某某的陈述中还说到案发后只想要李林某医治其伤，赔偿其经济损失就好，主观上没有怨恨原审被告人李林某，可排除其陈述内容夸大犯罪事实；原审被告人李林某没有威胁、恐吓或利用金钱诱惑被害人陈某某，排除被害人陈述违背其真实意志。据此，陈某某陈述李林某用螺丝刀在驱赶其离开的过程中戳伤其左眼，非李林某故意捅伤的事实是比较合理的，符合案件客观情况。李林某应当预见自己手持螺丝刀赶被害人陈某某离开时可能会发生捅伤被害人的危害后果，因疏忽大意而没有预见，致被害人受重伤，其行为构成过失致人重伤罪。原判认定李林某的行为构成过失致人重伤罪正确。检察机关抗诉指控原审被告人李林某用螺丝刀戳伤被害人陈某某的犯罪事实成立，予以支持，但抗诉指控的罪名不成立，不予采纳。

广东省云浮市中级人民法院依照《中华人民共和国刑事诉讼法》第二百二十五条第一款第（一）项之规定，作出裁定：驳回抗诉，维持原判。

【法官后语】

本案裁判重点是法院准确评判具有对抗性的言词证据即被害人陈述与证人证言，采信被害人的陈述还是采信证人证言是认定原审被告人李林某过失或故意致人重伤的关键所在。案件中证人陈某丽、陈某振、董某春、陈某忠、蔡某的证言均证实原审被告人李林某转身用手上拿着的螺丝刀捅了一下被害人陈某某左眼的事实，但指证李林某犯罪经过的内容均空泛而不具体，行为单一，基本上趋于一致。在案发现场，上述五名证人中的每一位证人所处的位置与被害人、被告人的距离究竟有多远？五名证人询问笔录中均没有详细记录，而这决定其所作的证词证明其看到的伤害过程是否客观可信。五名证人证言与被害人陈述被戳伤的细节、原审被告人李林某的供述均不相吻合。然而，被害人具有直接性、不可替代性、真伪性三个基本特性。被害人陈某某是亲身经历过原审被告人李林某实施犯罪行为给自己带来的危害后果，与李林某进行了正面接触或亲眼目睹了李林某犯罪的全过程，因而被害人对李林某实施犯罪行为、李林某的基本情况等内容陈述更为直接、具体，这是证人证言无法比拟的。在这种情况下，被害人陈述的内容成为反映全部案件事实的基础，陈述内容能否与李林某的供述相互印证或者印证的程度成为定罪的主要依据，而且结合其他有关证人证言佐证了被害人陈某某陈述的内容既不违背其真实意愿，也不存在夸大案件事实的情况。被害人陈某某陈述被告人李林某伤害其左眼的经过具体、详细，内容稳定，客观反映出案发日陈某某被李林某戳伤左眼的事实，并与李林某供述的戳伤细节相互印证。据此，法院采信被害人陈某某的陈述，认定李林某主观上的过错是过失，其行为构成过失致人重伤罪，驳回检察机关的抗诉。

编写人：广东省云浮市中级人民法院　罗杰

73

以欺骗手段获取的被告人供述证据效力的认定

——智喜某、黄书某强奸案

【案件基本信息】

1. 裁判书字号

北京市第二中级人民法院（2015）二中少刑终字第00805号刑事裁定书

2. 案由：强奸罪

【基本案情】

北京市东城区人民检察院指控：2013年2月28日凌晨，被告人智喜某、黄书某在北京市东城区一出租房内，先后强行与被害人唐某某（女，12岁）发生性关系。被告人智喜某、黄书某奸淫不满十四周岁的幼女，应当以强奸罪追究其刑事责任，并依法从严惩处。公诉人当庭提出的量刑建议是判处二被告人有期徒刑八年至九年半。

一审期间，被告人智喜某、黄书某均否认公诉机关的指控事实，辩称从未实施强奸行为。被告人智喜某辩护人的主要辩护意见是：被告人智喜某虽对被害人实施了强奸行为，但其事先并未与另一被告人黄书某就强奸之事进行商议，因此其与黄书某无轮奸之犯意，请法庭考虑此情节并鉴于其系初犯，予以适当处罚。被告人黄书某辩护人的主要辩护意见是：黄书某虽在公安机关预审阶段多次自供其罪，但就其自身是否实施强奸行为亦做过否定供述，且否定供述恰与本案相关鉴定结论中未检出黄书某实施强奸行为之直接物证相吻合，因此，黄书某是否实施强奸行为从现有证据考虑尚存疑问，请法庭对被告人黄书某宣告无罪。

【案件焦点】

对侦查人员以欺骗手段获取的被告人供述的效力如何认定。

【法院裁判要旨】

北京市东城区人民法院经审理认为：被告人智喜某、黄书某无视国法，采用暴力手段轮流与未满十四周岁幼女发生性关系，二被告人之行为均已构成强奸罪，并应从重处罚。判决：被告人智喜某犯强奸罪，判处有期徒刑十二年；被告人黄书某犯强奸罪，判处有期徒刑十二年。

一审宣判后，在法定期限内，原审被告人智喜某不服，认为原判事实不清、证据不足、定性错误，提出上诉。

北京市第二中级人民法院经审查，认为该案存在以下问题：

一、随案移送的公安机关讯问被告人黄书某的录像显示，预审人员在对被告人黄书某讯问时存在辱骂、欺骗、指供等问题。对黄书某在侦查阶段所作供述是否属于非法证据应当进一步审查。

二、根据一审法院随卷移送的被害人于北京同仁医院进行检查的病历手册记载，被害人“外阴发育正常，无红肿、破损，阴道口未见血迹”，上述情况与一审认定智喜某、黄书某轮奸被害人的事实无法印证，与被害人陈述遭受二被告人性侵的具体过程，以及与证人李某某和被害人所述案发约一年前被害人曾遭他人性侵的情况亦无法印证。

三、经二审委托鉴定机构对被告人黄书某进行刑事责任能力及司法精神病鉴定，黄书某虽具有完全刑事责任能力，但属于边缘智力，上述情况是否影响黄书某在公安机关所作供述的效力及具体量刑，尚需要结合收集的证据和案件事实综合判断。

鉴于原判决认定上诉人智喜某、原审被告人黄书某犯强奸罪的部分事实不清、证据不足，北京市第二中级人民法院依法裁定将该案发回重审。

发回重审后，北京市东城区人民法院经审理认为：被告人智喜某明知被害人为不满十四周岁的幼女，而仍与其发生性关系，其行为已构成强奸罪，依法应予从重处罚，公诉机关的指控事实清楚，证据确实充分，指控罪名成立；被告人黄书某明知被害人为不满十四周岁的幼女，而仍欲强行与其发生性关系，其行为亦已构成强奸罪，依法应予从重处罚，公诉机关指控被告人黄书某犯强奸罪的罪名成立，但指控其构成强奸既遂的证据不足，不予确认。被告人智喜某、黄书某虽在时间间隔较短的情况下，在同一场所对同一被害人实施强奸作案，但现有证据并不能认定两人具有共同强奸的犯意，故对二被告人的刑事责任应予分别追究。被告人黄书某到案后虽有供述揭发智喜某犯罪的行为，但因公安机关在此之前已较为详细地掌握了智喜某的犯罪线索并进行网上追逃，故不能认定其有立功情节。鉴于被告人黄书某系犯罪未遂，到案后有一定的认罪态度，比照既遂犯对其予以从轻处罚。故判决：

一、被告人智喜某犯强奸罪，判处有期徒刑六年。

二、被告人黄书某犯强奸罪，判处有期徒刑四年。

三、在案扣押之物证内裤、秋裤、床单各一，留档保存。

智喜某、黄书某对判决不服，提起上诉。北京市第二中级人民法院经审理裁定驳回上诉，维持原判。

【法官后语】

本案第一次二审中，关于黄书某（边缘智力）在公安机关所作供述的效力，存在较大分歧意见：一种意见认为，虽然公安机关的讯问录像显示，侦查人员在对黄书某进行讯问时，谎称在被害人的内衣上检测出黄书某的精液DNA，并对黄书某有较为严重的辱骂行为，但上述行为尚未达到使被告人在肉体上或精神上遭受剧烈疼痛或痛苦的程度，应视为讯问技巧或者侦查策略，黄书某在公安机关所作的认罪供述可以作为定案依据；另一种意见认为，本案侦查人员对被告人进行的上述欺骗、辱骂等行为，极有可能使黄书某作出不真实的供述，在相关供述取得的合法性存疑的情况下，应当作出有利于被告人的认定。我们倾向于第二种意见，具体理由如下：

1. 对侦查人员通过“欺骗”等手段获取的被告人供述进行合法性审查，符合刑事诉讼法及相关司法解释的规定

司法实践中，为尽快侦破案件，惩罚犯罪，在实施侦查策略中，通过适度的“欺骗”获得被告人的供述，是被允许的。但是，这并非意味着通过“欺骗”手段获取被告人的供述没有边界，不受任何限制。我国《刑事诉讼法》第五十条明

确规定“严禁刑讯逼供和以威胁、引诱、欺骗以及其他非法方法收集证据”，第五十四条进一步规定“采用刑讯逼供等非法方法收集的犯罪嫌疑人、被告人供述和采用暴力、威胁等非法方法收集的证人证言、被害人陈述，应当予以排除”。根据目前国际上的通行做法及我国理论界的通说，通过“欺骗”手段获取被告人供述，在对象、方法等方面均要受一定限制，如一般只能针对犯罪嫌疑人，不能针对证人、被害人等其他诉讼参与人，对未成年人应限制使用；在具体方法上，不能违背公序良俗，不能违反社会公德和社会核心价值观等。因此，对侦查人员通过“欺骗”等手段获取的被告人供述进行合法性审查，符合刑事诉讼法及相关司法解释的规定。

2. 在判断“使被告人在肉体上或者精神上遭受剧烈疼痛或痛苦”时，应当结合被告人的年龄、智力、文化水平等个体因素综合判断

本案中，被告人黄书某虽具备完全刑事责任能力，但经司法鉴定为“颅脑外伤所致精神障碍－边缘智力”，鉴于公安侦查人员在讯问过程中对其有欺骗和较为严重的辱骂等情况，结合其当庭翻供，同案被告人“拒不交代犯罪事实”，其他证据存在无法弥补的瑕疵（如被害人为智障幼女、发回重审后进行的处女膜鉴定与案发当时的身体检查材料不符等）等具体情况，笔者认为，黄书某在公安机关所作供述的真实性和合法性均存在疑问，应当按照有利于被告人的原则作出排除。另外，本案公诉机关虽然提交了侦查机关出具的工作说明，证明讯问不存在违法情况，但上述工作说明内容与讯问录像显示的并不一致，且不符合《最高人民法院关于适用〈中华人民共和国刑事诉讼法〉的解释》第一百零一条第二款的规定，故不能作为证明取证过程合法的根据。

编写人：北京市第二中级人民法院　刘立杰

74

对于多份相互矛盾的鉴定意见，法院应如何采信

——戴雪华故意伤害案

【案件基本信息】

1. 裁判书字号

辽宁省高级人民法院（2015）辽刑三终字第00170号刑事附带民事裁定书

2. 案由：故意伤害罪

【基本案情】

被告人戴雪华系大连甲渔业有限公司大洋16号渔船船员，2013年6月，戴雪华因对该船船长田某某和大副孙某某（被害人，男，殁年37岁）的管理不满，向其亲属求助要求辞职未果。2013年9月6日15时许（当地时间），大洋16号船在太平洋公海海域（南纬12度40分，西经134度39分）作业时，戴雪华用船上作业用的杀鱼刀捅刺孙某某左腹部、大腿根部，致其左侧肺脏、胃破裂大出血死亡。2014年2月27日，戴雪华在该船停靠于大连时被抓获。

本案诉至法院前，先后出现三份关于被告人精神疾病的鉴定意见。第一家鉴定机构的鉴定意见是：适应障碍；完全刑事责任能力。第二家鉴定机构的鉴定意见是：被鉴定人患有精神分裂症；具有限定刑事责任能力。第三家鉴定机构的鉴定意见是：被鉴定人患有精神分裂症，作案时处于发病期；在本案中应评定为无刑事责任能力。

公诉机关以被告人系限定刑事责任能力人起诉，被告人方主张被告人系无刑事责任能力人，被害人方认为被告人系完全刑事责任能力。

【案件焦点】

在存在三份相互矛盾的精神病鉴定意见的情况下，法院应当如何审查采信。

【法院裁判要旨】

辽宁省大连市中级人民法院经审理认为：被告人戴雪华故意伤害他人身体，造成一人死亡的严重后果，构成故意伤害罪，公诉机关指控罪名成立。被告人戴雪华先后做过三次精神病鉴定，三家鉴定机构及鉴定人均具备法定资质，鉴定程序均合法，各鉴定机构在法律上处于平等的地位，不存在优先适用哪家鉴定机构鉴定意见的问题。第一份鉴定意见认为戴雪华作案时意识清晰，无幻觉妄想等精神病性症状；后两份鉴定意见认定被告人案发时表现为明显的幻觉、妄想等精神病性症状，符合精神分裂症的特征，作案时处于发病期，该两份鉴定意见的区别在于戴雪华的捅刺行为由病理性动机的单独作用导致还是病理性动机和现实动机的共同作用下导致。本案中，多名证人证实案发前戴雪华的精神状况异常；根据被告人的供述，结合证人证言、书证等证据证实，戴雪华因对船长和大副的管理不满产生严重的心理压力，进而向其亲属求助要求离开船舶未果，由此不能排除其存在报复的可能性，即第二份鉴定意见认定戴雪华的行为系混合动机所致，相较于其他两份鉴定意见而言更符合客观情况，故予以采信，即被告人戴雪华患有精神分裂症，限定刑事责任能力。根据被告人具体犯罪性质、情节及对社会的危害程度，依法对戴雪华予以减轻处罚。大连市中级人民法院依照《中华人民共和国刑法》第二百三十四条第二款、第十八条第三款之规定，判决如下：

被告人戴雪华犯故意伤害罪，判处有期徒刑七年。

一审判决后，被告人戴雪华不服，以自己系无刑事责任能力人为由向辽宁省高级人民法院提起上诉。其辩护人提出，戴雪华系无刑事责任能力人；戴雪华主观恶性较小，本案属偶发案件，发生在海上，没有救治条件，导致发生了被害人死亡的结果，故应从轻处罚。

辽宁省高级人民法院经审理认为，第二份鉴定意见认为戴雪华作案时存在被害妄想、命令性幻听、被控制感、行为异常等精神病性症状，但据委托单位提供的材料戴雪华曾经被大副殴打过，不能排除以往因大副对其殴打而产生报复的心理，其行为系混合动机所致，故判定为被鉴定人具有限定刑事责任能力。多名证人均证实案发前及案发时戴雪华的精神状况异常。另有多名证人证实，案发前，戴雪华对船长和大副孙某某的管理不满，且遭到孙某某打骂，其曾向亲属求助，联系公司负责人要求离开船舶未果，其作案时选择作案对象孙某某，不排除其主观上对被害人存在报复心理的可能性，上述证据证实戴雪华作案时尚未完全丧失辨认和控制自己行为的能力。故第二份鉴定意见比其他两份鉴定意见更具有客观性。且原公诉机关在起诉书中也认为戴雪华属于限定刑事责任能力人，原判认定戴雪华为限定刑事责任能力人有事实和法律依据，故对上诉理由和辩护意见不予采纳。鉴于戴雪华系限定刑事责任能力人，根据其具体犯罪性质、情节及对社会的危害程度，可对其依法减轻处罚。关于辩护人提出“上诉人主观恶性较小，本案属偶发案件，发生在海上，没有救治条件，导致发生了被害人死亡的结果，故对上诉人应当从轻处罚”，经查，原判认定事实和适用法律正确，量刑适当，诉讼程序合法。依照《中华人民共和国刑事诉讼法》第二百二十三条第二款、第二百二十五条第一款第（一）项之规定，裁定驳回上诉，维持原判。

【法官后语】

司法精神疾病鉴定是司法实践中专业性很强的技术活动，其鉴定意见具有重要意义，尤其是刑事案件中，鉴定意见中关于被告人刑事责任能力的评定对被告人的定罪量刑有较大影响。该种鉴定系回顾性鉴定，即鉴定人按照司法鉴定程序和专业操作规范，就被告人案发时的精神状态与案件中特定情节因果关系进行评价，确定被告人的刑事责任能力。由于司法精神疾病鉴定本身具有高度复杂性，同时由于案情纷繁复杂，受鉴定材料、鉴定过程、鉴定依据等因素的影响，不同的鉴定人员对于同一鉴定对象可能得出不同甚至是截然相反的鉴定结论。鉴定意见作为某一方面专家就涉案的专门性问题向法庭出具的专门意见，是法定诉讼证据的一种，其能否作为定案的证据，需要审判人员予以审查确定。

根据《最高人民法院关于适用〈中华人民共和国刑事诉讼法〉的解释》第二百零五条的规定，各方对鉴定意见有异议的，可以申请鉴定人出庭作证。本案在审理过程中，各方均申请鉴定人出庭，但申请的却均是其认为应当采信的鉴定意见的鉴定机构鉴定人出庭。这与司法解释的规定不符，但一审法院考虑到本案各方当事人对鉴定意见的争议较大，且精神疾病鉴定专业性较强，鉴定人出庭作证能更有效地解决鉴定意见的采信问题，故通知三个鉴定机构均派鉴定人出庭作证。

根据第二家鉴定机构的鉴定意见及鉴定人出庭时的答复：精神分裂症属于重症；戴雪华案发时处于发病中，据委托单位提供的材料戴雪华曾经被大副殴打过，不能排除以往因大副对其殴打而产生报复的心理，其作案病理性原因和现实动机并存，即其行为系混合动机所致，其控制辨认能力削弱，故评定为限定刑事责任能力。根据第三家鉴定机构鉴定意见及鉴定人出庭时的答复：不否认现实作案动机对刑事责任能力评定的影响，但“本次鉴定检查中，被鉴定人明确否认作案行为系因报复既往大副对其的殴打，而是因为无端出现的恐惧‘氛围’。在精神病性症状的直接支配下，丧失了对自身作案行为的实质性辨认和控制能力。”本案中，戴雪华多次供述均表明，因为被大副、船长打而害怕，亦即被打之事已经对其精神造成了极大影响，并非如其所称的“能接受被打之事，并无恐惧、回避等”。结合多名证人证言证实戴雪华案发前后的行为，表明戴雪华作案时尚未完全丧失辨认和控制自己行为的能力。故第二家鉴定机构的鉴定意见比其他两份鉴定意见更具有客观性，予以采信。

本案三份鉴定意见相差较大，且互相矛盾，鉴定机构及鉴定人的资质、鉴定程序均合法，又无法从鉴定依据、鉴定材料等方面予以区分进而决定如何采信，在此种情况下，应从鉴定意见与全案其他证据的一致性方面审查，而不能简单以鉴定机构的权威性或按照有利于被告人的原则予以采信。

编写人：辽宁省大连市中级人民法院　徐静华

75

公诉案件中作为定案根据使用的鉴定意见应当由办案机关委托鉴定机构作出

——蒋某破坏生产经营案

【案件基本信息】

1. 裁判书字号

北京市海淀区人民法院（2015）海刑初字第434号刑事判决书

2. 案由：破坏生产经营罪

【基本案情】

2011年6月至2013年10月间，被告人蒋某供职于北京甲科技公司（以下简称甲公司），担任首席技术官一职。

2013年10月，被告人蒋某因个人待遇问题同该公司法定代表人杨某某（女，33岁）产生纠纷，心生不满，遂在位于北京市海淀区某大厦×××室的公司办公地，擅自删除、下载该公司正用于软件产品开发的计算机程序源代码等文件，导致该公司产品开发进程受阻。

2014年5月8日，被告人蒋某被公安机关抓获归案。

【案件焦点】

被告人及其辩护人均对检察机关所指控的经济损失数额提出异议．由被害单位自行委托的鉴定机构所作出的鉴定意见能否作为定案根据使用。

【法院裁判要旨】

北京市海淀区人民法院经审理认为：被告人蒋某出于个人目的，以其他方法破坏生产经营，其行为已构成破坏生产经营罪，应予惩处。北京市海淀区人民检察院关于被告人蒋某犯有破坏生产经营罪的指控罪名成立，但关于其犯罪行为所造成的具体损失数额则证据不足，不能认定。具体理由如下：刑事诉讼活动的鉴定行为，应当由公安机关、检察机关或审判机关决定启动，并以国家机关的名义来指派或聘请具有相应资质的鉴定机构进行鉴定和出具鉴定意见，那么在本案中，出具鉴定意见的会计事务所系由当事一方的甲公司委托，而且法庭注意到，鉴定人在鉴定意见中明确表示，计算经济损失所倚重的权重系数系甲公司自行确定，而鉴定人由于专业限制无法核实和评价该权重系数的合理性，只能在假设该权重系数选择合理的前提下，计算得出了相应的损失数额，基于上述情况，法庭认为甲公司自行委托鉴定机构作出鉴定意见的行为在程序上不符合《中华人民共和国刑事诉讼法》的规定，而且鉴定机构自身对于权重系数的合理性亦无法确定，因此该鉴定意见在实体结论方面也存在重大疑点，故不能作为本案的定案根据使用。甲公司所提交的直接经济损失清单里所涉及的损失数额，仅停留在该公司的单方陈述层面，而未能通过合法有效的方式予以转化，故相关数额也不能作为定案的损失数额予以认定。法庭对于被告人蒋某及其辩护人针对本案损失数额所提质证意见予以采纳。同时法庭注意到，工信部软件与集成电路促进中心知识产权司法鉴定所出具的鉴定意见书系由甲公司自行委托作出，如作为鉴定意见予以认定则在程序上有不符《中华人民共和国刑事诉讼法》之处，但考虑到被告人蒋某及其辩护人对甲公司的相关源代码文件属于非公知技术信息这一结论并无异议，因此法庭认为该鉴定意见书在本案中可以有专门知识的人所出具的证言这一证据形式作为事实认定上的参考依据。现有证据虽尚未能证实蒋某行为所造成的具体经济损失数额，但综合其行为对公司生产经营各环节在时间、人力、物力、财力投入等方面造成的严重影响，故可认定该行为已达到刑事犯罪的程度，具有刑事可罚性。综上，北京市海淀区人民法院作出如下判决：

被告人蒋某犯破坏生产经营罪，判处有期徒刑二年。

一审宣判后，被告人蒋某未上诉，检察院未抗诉，判决现已生效。

【法官后语】

司法鉴定是指在诉讼活动中，鉴定人运用科学技术或者专门知识对诉讼涉及的专门性问题进行鉴别和判断，并提供鉴定意见的活动。司法鉴定的目的在于发现事实真相，弥补法官在审判过程中因知识结构的不足，而无法对某些专门性问题作出判断的情况。这些专门问题的解决，可以更好地发现事实真相，可以使法官作出更加公正的判决，有利于当事人理解、接受裁判。在侦查阶段，鉴定有利于侦查机关确定正确的侦查方向，如死亡案件中，对死因情况的鉴定可以使侦查机关明确当事人是自杀还是他杀，对现场血迹、指纹的鉴定，可以使侦查机关确定案件的侦查对象。在刑事审判阶段，鉴定意见作为刑事证据之一，往往成为法官查明案件事实、认定案件性质的关键证据，对当事人刑事责任能力的鉴定，成为法官运用法律对案件作出公正裁决的依据。

基于上述考虑，我国《刑事诉讼法》第一百四十四条规定："为了查明案情，需要解决案件中某些专门性问题的时候，应当指派、聘请有专门知识的人进行鉴定。"但不难发现，上述规定对于指派或聘请的主体并没有作明确说明。因此，哪些主体有权启动司法鉴定程序，由此作出的鉴定意见可在刑事诉讼中作为定案根据使用，这需要从我国刑事诉讼法律的体系性规定来得出结论。

《公安机关办理刑事案件程序规定》第二百三十九条规定："为了查明案情，解决案件中某些专门性问题，应当指派、聘请有专门知识的人进行鉴定。需要聘请有专门知识的人进行鉴定，应当经县级以上公安机关负责人批准后，制作鉴定聘请书。”

《人民检察院刑事诉讼规则（试行）》第二百四十七条规定：“人民检察院为了查明案情，解决案件中某些专门性的问题，可以进行鉴定。”第二百四十八条规定：“鉴定由检察长批准，由人民检察院技术部门有鉴定资格的人员进行。必要的时候，也可以聘请其他有鉴定资格的人员进行，但是应当征得鉴定人所在单位的同意。”

我国《刑事诉讼法》第一百九十一条第二款规定：“人民法院调查核实证据，可以进行勘验、检查、查封、扣押、鉴定和查询、冻结。”

《刑事诉讼法》第一百四十六条规定：“侦查机关应当将用作证据的鉴定意见告知犯罪嫌疑人、被害人。如果犯罪嫌疑人、被害人提出申请，可以补充鉴定或者重新鉴定。”第一百九十二条规定，法庭审理过程中，当事人和辩护人、诉讼代理人有权申请重新鉴定。

根据上述规定可以看出，在我国刑事诉讼的现行体制和格局之下，公安机关、人民检察院和人民法院才是有权启动司法鉴定的诉讼主体，而当事人对于司法鉴定的启动只有申请权，并无决定权，因此司法鉴定是直接基于办案机关所享有的国家职权才能启动的诉讼行为。

刑事诉讼是一项在特定时间、特定地点、由特定机关主持进行的国家职能活动，因此法律对每项诉讼行为的主体、方式和内容都作了严格的限制性规定，当事人能够自由选择的余地很小，即以法律规定为原则，以当事人的意思自治为例外。诉讼行为要达到预期的法律效果，必须符合诉讼法的相关规定，许多诉讼行为只有特定的主体才有资格实施，譬如刑事自诉必须由被害人及其代理人或近亲属提起，审判笔录必须由书记员制作，否则诉讼行为的生效就要受到影响。鉴定意见作为证据的一种，它必须经过法庭调查之后，才能确定是否作为案件的定案根据使用。《最高人民法院关于适用〈中华人民共和国刑事诉讼法〉的解释》第八十四条规定了对于鉴定意见应当着重审查以下内容：包括形式要件是否完备，是否注明提起鉴定的事由、鉴定委托人等相关内容，鉴定程序是否符合法律、有关规定。第八十五条则规定了鉴定意见在哪些情形下不得作为定案根据，其中第（五）项是“鉴定程序违反规定的”。

在蒋某破坏生产经营案中，公诉机关直接使用由被害单位自行委托的鉴定机构出具的鉴定意见作为对被告人量刑的依据，显然是违反了司法鉴定应当基于国家职权而启动的诉讼原理和法律规定，属于程序违法，因此该鉴定活动所产生的结论不应为法庭所采纳。

编写人：北京市海淀区人民法院 张鹏

76

刑事案件的申诉时效认定

——李炳某非法拘禁案

【案件基本信息】

1. 通知书字号

广东省揭阳市中级人民法院（2015）揭中法刑申字第11号驳回申诉通知书

2. 案由：非法拘禁罪

【基本案情】

李炳某因所在村（厚埔村）与供电部门因用电争议问题，成立了以被告人及案外人李老某为负责人的厚埔村“老人会”，由“老人会”组织指挥村民同供电部门解决用电争议问题。被告人积极煽动并组织、指挥村民对到厚埔村收取电费的供电工作人员进行围攻，非法限制供电工作人员的人身自由，其行为侵犯了公民的人身自由权利，已构成非法拘禁罪，同时还殴打了供电人员，依法应从重处罚。一审法院判决被告人李炳某犯非法拘禁罪，判处有期徒刑三年。（刑期自2006年10月28日起至2009年8月22日止）。

二审法院驳回上诉，维持原判。

2015年6月15日，李炳某向法院提出申诉，请求对该案进行复查，改判其无罪。主要理由是：揭西县人民法院认定其犯非法拘禁罪是错误的认定。本案起因是村民在不知情的情况下，供用电协议被修改、电费被提高了，与供电所发生纠纷属正常现象。村民（包括李炳某）与供电所人员在村委会、老人会争议电价问题，不能算是非法拘禁。且对其定罪判刑才补发逮捕证，缺乏法律依据。

【案件焦点】

被告人于2009年刑罚已执行完毕，后于2015年申诉，是否超过申诉期限，是否需立案对该案进行审查。

【法院裁判要旨】

揭阳市中级人民法院经审查认为，申诉人在组织、指挥村民阻止供电所人员收缴电费活动过程中，存在着非法剥夺他人人身自由的事实，该事实经揭西县公安局查证属实，证据确实充分，一、二审法院认定申诉人犯非法拘禁罪符合刑法关于该罪的规定。关于补发逮捕证问题。经查，一审法院在一审判决作出尚未生效时，对申诉人采取取保候审的强制措施，当取保候审期限届满，重新作出逮捕决定，并由揭西县公安局执行，制作《逮捕证》并发出《逮捕通知书》，并没有违反法律程序。申诉人提出的申诉理由不成立。

揭阳市中级人民法院依照《最高人民法院关于适用〈中华人民共和国刑事诉讼法〉的解释》第三百七十五条第三款的规定，对申诉予以驳回。

【法官后语】

对于刑事案件申诉的时效问题，在本案立案时曾有两种意见：一种是该案申诉人刑罚执行完毕已超过两年，依据最高人民法院印发的《关于规范人民法院再审立案的若干意见（试行）》（以下简称《再审立案意见》）第十条的规定，应不予受理该申诉。另一种是最高人民法院《关于规范人民法院再审立案的若干意见（试行）》是2002年11月1日施行的，而2012年新修正的《刑事诉讼法》及《最高人民法院关于适用〈中华人民共和国刑事诉讼法〉的解释》中，都未对刑事申诉设定时效限制，故应受理该申诉。最终，经过沟通，法院受理了该申诉并组成合议庭对该案进行审查。

合议庭认为，《刑事诉讼法》及其司法解释未规定申诉期限，应该说这是符合司法公正要求的，毕竟刑事裁判处分的是公民的生命、自由等权利，与民事裁判所处分的当事人权益的性质不同，不能将适用于民事诉讼的限制也强加在刑事诉讼中，当公民因国家的错误刑事裁判而被剥夺了生命、自由等利益时，无论经过多长时间、几次审判，国家都有义务通过救济程序纠错。因此，合议庭还是对申诉人的申诉理由进行了审查，经审查认为该案不符合再审的条件，故说服申诉人撤回申诉，但申诉人坚持不撤回，合议庭合议后发出了驳回申诉通知书。

在审查形式上，由于《刑事诉讼法》及相关司法解释均未对刑事申诉审查具体规定，在具体操作中，我们主要依据《刑事诉讼法》的相关原则，借鉴《民事诉讼法》中民事再审审查的有关规定进行审查。我们认为，我国诉讼法设置审判监督程序的目的在于纠正错误的生效裁判，救济当事人的合法权利，因此，只要符合法律规定的条件的案件均立案进行审查，有利于保护当事人的申诉权，有利于将涉诉信访导入法治轨道，有利于司法公正的实现。

编写人：广东省揭阳市中级人民法院　张柔凤

77

关于追诉时效的认定

——贾建某等贪污案

【案件基本信息】

1. 裁判书字号

河南省郏县人民法院（2016）豫0425刑初37号刑事判决书

2. 案由：贪污罪

【基本案情】

2008年至2010年期间，被告人贾建某、孔志某、陈国某、王建某四人分别利用其担任郏县安良镇王平庄村党支部书记、王平庄村小学校长、王平庄村村主任、王平庄村村委会委员兼秘书的职务便利，在安良镇王平庄村申报化解“普九”工作过程中，共同虚造王平庄小学化解“普九”债务手续，套取国家化解“普九”债务款6万元。其中，贾建某分得5.6万元，孔志某分得4000元。王建某于2015年12月16日到郏县人民检察院投案。案发后赃款6万元已追退。

另查明，本案涉案的6万元最终于2010年7月15日由贾建某等人私分完毕。此案涉案线索由平顶山市纪委移送至平顶山市人民检察院，后由平顶山市检察院移送至郏县人民检察院办理。郏县人民检察院于2015年9月8日初查，同年10月8日以涉嫌贪污罪对贾建某、孔志某等四人立案侦查。2016年3月22日，郏县人民检察院向郏县法院提起公诉。

【案件焦点】

1. 本案是否已超过追诉时效；2. 新颁布的司法解释对犯罪嫌疑人、被告人量刑更为有利的，是否应当适用新的司法解释对其进行处罚。

【法院裁判要旨】

郏县人民法院经审理认为，被告人贾建某、孔志某、陈国某、王建某利用欺骗手段，将化解“普九”债务款项非法据为己有，数额较大，其行为均已构成贪污罪。王建某案发后主动到司法机关投案如实交代自己的罪行，构成自首。贾建某在共同犯罪中，起主要作用，为主犯；孔志某、陈国某、王建某在共同犯罪中，起次要作用，为从犯。鉴于案发后四被告人认罪态度尚好，又积极退赃，有悔罪表现，对其可从轻处罚。

关于辩护人辩称的本案已过追诉时效的辩护意见，因该案在2015年10月8日由公诉机关在法定追诉期内立案，公诉机关的起诉显然是合法有效的。对于合法有效的起诉，法院只是在审理期间出现超过诉讼时效的情况，不能认为超过追诉期。刑事案件在法定追诉期内立案后，刑事诉讼就不应再考虑追诉期问题。故辩护人辩称的本案已过追诉时效的辩护意见不当，法院不予采纳。在共同犯罪中孔志某、陈国某、王建某情节轻微，依照《中华人民共和国刑法》第三百八十二条第一款，第三百八十三条第一款、第二款，第六十七条第三款，第三十七条，《最高人民法院、最高人民检察院关于办理贪污贿赂刑事案件适用法律若干问题的解释》第一条，判决如下：

一、被告人贾建某犯贪污罪，判处有期徒刑八个月，并处罚金100000元。

二、被告人孔志某犯贪污罪，免于刑事处罚。

三、被告人陈国某犯贪污罪，免于刑事处罚。

四、被告人王建某犯贪污罪，免于刑事处罚。

一审宣判后，被告人均未上诉，检察机关未抗诉，判决现已发生法律效力。

【法官后语】

本案审理的重点在于对追诉时效的适用。

1. 何为追诉时效？

追诉时效，是指依照法律规定对犯罪分子追究刑事责任的有效期限。在法定的追诉期限内，司法机关有权依法追究犯罪分子的刑事责任；超过法定追诉时限，不应再追究犯罪分子的刑事责任，已经追究的，应当撤销案件或者不起诉或者终止审理。《刑法》第八十七条规定："犯罪经过下列期限不再追诉：……（二）法定最高刑为五年以上不满十年有期徒刑的，经过十年……"。

2. 追诉时效的标准

追诉时效期限以法定最高刑为标准，不是以实际应当判处的刑罚为标准。在确定追究时效的法定最高刑时，需注意以下两个问题：一是法定最高刑不是指罪犯应判决的具体刑期，而是根据犯罪分子的犯罪性质和法定情节，与其所犯罪行相对应的刑法分则条文规定的处刑档次中的最高刑。二是法定最高刑也不是指某种性质犯罪全部刑罚的最高刑，而是指某种性质犯罪中与该犯罪情况基本相适应的某一档处罚的最高刑。即对犯罪分子应在该档量刑幅度内处刑的档次最高刑。

3. 如何确定法定量刑幅度？

原《刑法》第三百八十三条规定："对犯贪污罪的，根据情节轻重，分别依照下列规定处罚：……（二）个人贪污数额在五万元以上不满十万元的，处五年以上有期徒刑，可以并处没收财产；情节特别严重的，处无期徒刑，并处没收财产……"。

2015年11月实施的《刑法修正案（九）》第四十四条将《刑法》第三百八十三条修改为："对犯贪污罪的，根据情节轻重，分别依照下列规定处罚：（一）贪污数额较大或者有其他较重情节的，处三年以下有期徒刑或者拘役，并处罚金……"。

2016年4月发布的《最高人民法院、最高人民检察院关于办理贪污贿赂刑事案件适用法律若干问题的解释》（以下简称《解释》）第一条规定："贪污或者受贿数额在三万元以上不满二十万元的，应当认定为刑法第三百八十三条第一款规定的

‘数额较大’，依法判处三年以下有期徒刑或者拘役，并处罚金。”

本案中，四名被告人在2008年至2010年期间利用职务之便，套取国家化解“普九”债务款6万元。检察院于2015年9月初查，于2015年10月以涉嫌贪污罪对四名被告人立案侦查。此时，按照原《刑法》第三百八十三条的规定，应该判处五年以上有期徒刑。2015年11月，《刑法修正案（九）》对《刑法》第三百八十三条进行了修改，在量刑上将具体数额划分为数额较大、巨大、特别巨大三个等级，但这三个等级的具体数额当时并未公布，只是规定了“数额较大”的量刑为三年以下有期徒刑。而《解释》将《刑法》第三百八十三条贪污罪量刑的“数额较大”标准规定为三万元以上不满二十万元。在本案中，涉案金额为6万元，因此量刑也就从原来的五年以上有期徒刑，确定为现在的三年以下有期徒刑。

4. 关于追诉时效期限的问题

四名被告人作案期间为2008年至2010年，本案立案侦查时为2015年10月，按照原《刑法》的规定，本案应判处五年以上有期徒刑，那么应当适用十年的追诉期。此时，《刑法修正案（九）》并未实施，所以该案并没有超过追诉期，公诉机关在此期间内有权立案侦查。故本案在法定追诉期内立案后，就不应该再考虑追诉期的问题。

5. 追诉时效如何适用？

本案应适用从旧兼从轻原则。依据《最高人民法院、最高人民检察院关于适用刑事司法解释时间效力问题的规定》（以下简称《规定》）第三条规定，对于新的司法解释实施前发生的行为，行为时已有相关司法解释，依照行为时的司法解释办理，但适用新的司法解释对犯罪嫌疑人、被告人有利的，适用新的司法解释。此《规定》显然是根据《刑法》第十二条“从旧兼从轻”的溯及力原则在刑事法律解释范畴内的具体运用，完全符合刑法谦抑、有利于被告人的刑事政策精神。本案犯罪行为发生在新的司法解释出台前，应该对其行为进行追究。同时，根据从旧兼从轻原则，适用新的司法解释对被告人量刑更为有利，故对被告人贾建某判处三年以下有期徒刑，对其余三名被告人免于刑事处罚。

编写人：河南省平顶山市郏县人民法院　刘晓军　车顺超　马唷清

四、其　　他

78

被告人刑事责任能力和受审能力的司法认定

——陈海荣强奸案

【案件基本信息】

1. 裁判书字号

北京市第一中级人民法院（2015）一中刑终字第3004号刑事裁定书

2. 案由：强奸罪

【基本案情】

公诉机关指控，被告人陈海荣与被害人吉某（女，56岁）系合租人关系，同租住位于北京市海淀区四季青某小区单元房。2014年12月16日23时许，被告人陈海荣裸体进入被害人吉某的房间内并将房门反锁，继而按住吉某双臂，将其压在床上，意图强行与其发生性关系，后因吉某极力反抗而未得逞。被告人陈海荣的暴力按压行为致吉某臂部受伤，经鉴定为轻微伤。当日，经被害人报警，公安人员赶至现场，并于次日1时许将被告人陈海荣传唤至公安机关。现被告人陈海荣在亲属帮助下已赔偿被害人损失。

被告人陈海荣对公诉机关指控的事实及定性提出异议，辩称其当时神志不清，自己并无强奸被害人之想法。

【案件焦点】

被告人刑事责任能力和受审能力的司法认定。

【法院裁判要旨】

北京市海淀区人民法院经审理查明，2014 年 12 月 16 日 23 时许，被告人陈海荣在本市海淀区四季青常青园北里×号楼×单元×××室内，裸体进入与其合租的被害人吉某（女，56 岁）租住的房间内，采用暴力手段欲强行与被害人发生性关系，后因吉某反抗而未得逞。被告人陈海荣的暴力行为致吉某多发软组织损伤，经鉴定为轻微伤。次日，被告人陈海荣被公安机关抓获归案。案发后，被告人陈海荣的家人代其赔偿被害人吉某人民币三万元，吉某对被告人陈海荣表示谅解。

北京市海淀区人民法院于 2015 年 9 月 24 日作出（2015）海刑初字第 01747 号刑事判决，依照《中华人民共和国刑法》第二百三十六条第一款、第二十三条之规定，判决如下：被告人陈海荣犯强奸罪，判处有期徒刑三年六个月。案件宣判后，被告人陈海荣提出上诉。

北京市第一中级人民法院经审理认为，上诉人陈海荣违背妇女意志，采用暴力手段与被害人发生性关系，其行为已构成强奸罪，应予惩处。上诉人陈海荣着手实施犯罪，因意志以外的原因而未得逞，系犯罪未遂，且上诉人陈海荣系初犯、偶犯，案发后赔偿被害人并取得被害人谅解，可以比照既遂犯对其依法从轻处罚。一审人民法院根据陈海荣犯罪的事实、性质、情节和对于社会的危害程度所作出的判决，定罪、适用法律正确，量刑适当，审判程序合法，应予维持。故裁定：驳回上诉人陈海荣的上诉，维持原判。

【法官后语】

本案事实比较清楚，证据确实充分。被告人供述、被害人陈述、证人证言、司法鉴定意见书、诊断证明等在案证据相互印证，能够认定上诉人陈海荣违背妇女意志，以按压、掐胳膊等方式，强行与被害人吉某发生性关系，其行为已构成强奸罪。对于陈海荣所提申请黄甲出庭作证的辩护意见，因其欲证明的内容与本案无关，由黄甲出庭并无必要。对于其所提申请被害人出庭的辩护意见，经查被害人吉某的证言来源和形式合法，内容真实有效，亦无出庭的必要。本案上存在的焦点问题是上诉人是否具有刑事责任能力和受审能力。笔者认为，上诉人所提其意识不清、精神状态异常的上诉理由是不成立的，原因如下：

1. 在案证据可以证明上诉人的精神状况

公安机关依法委托有鉴定资质的鉴定机构，对上诉人的刑事责任能力和受审能力出具司法鉴定意见书，认定上诉人案发时未见精神病性症状，有完全刑事责任能力和受审能力。鉴定意见书程序合法，内容有效。

二审提讯期间，上诉人供述其不存在家族精神病史，本人无精神疾病就诊记录，案发前未出现过精神异常症状，近案发当天出现过“断片儿”的情况，为此申请其朋友黄甲出庭作证，但是承办人经工作后未能联系到黄甲核实情况，上诉人自诉无吸毒史，案发当日尿检呈阴性。经承办人电话询问，其女朋友张某称陈海荣平时性格稍有固执，但为人不错，在交往中没有见过他有精神异常的表现。

二审期间，承办人两次讯问上诉人，讯问过程中其始终神色正常，语言有逻辑性，情感表露自然，具有较好的认知和受审能力。经查阅公安机关制作的讯问光盘(2014年12月19日15时第三次供述)，其虽有吐舌头、咬手铐、嘶吼呻吟等异常表现，但是在回答讯问时，思维敏捷，语言连贯流畅，甚至能立即纠正侦查人员说错的证人姓名，主动要求将自己送医精神病医院以免危害他人。以上情节降低了其辩解的可信度，增强了法官对于鉴定意见的内心确信。

2. 对辩护人辩护意见的回应

对于辩护人所提上诉人作案时意识不清，恢复清醒后自动放弃犯罪，系犯罪中止的辩护意见，经查，根据被害人陈述、被告人供述、证人黄乙的证言等相关证据可以证实，陈海荣欲与被害人发生性关系，因被害人的呼救、反抗和黄乙的救助行为而未得逞，并非自动放弃犯罪或有效防止犯罪结果发生，故不属于犯罪中止。

对于辩护人所提上诉人的两次有罪供述与《办案说明》中记载内容互相矛盾、证明力存疑的辩护意见，经查，精神疾病司法鉴定意见书等证据可以证实，陈海荣案发时有完全刑事责任能力，具有受审能力，辩护意见涉及的两份有罪供述为上诉人自愿作出的，不存在非法取证的情况，均由陈海荣签字和按手印确认无误，来源和形式合法，内容真实有效。公安机关出具的《办案说明》，证明了因陈海荣被刑事拘留后的客观表现致使警方无法对其进行讯问，并非对其辨认控制能力和受审能力的证明，不足以因此否定其之前供述的效力。故辩护人的该项辩护意见不成立。

此外，在量刑方面，对于辩护人所提上诉人是初犯、偶犯、认罪悔罪，赔偿被害人人民币三万元并取得谅解，请求法院在量刑时予以考虑的辩护意见，经查，陈海荣在到案后和法院审理期间，辩称自己在作案时意识不清，否定自己故意强奸被害人的犯罪事实，不能如实供述其主要犯罪事实，不能被认定为有认罪悔罪态度。陈海荣并无前科劣迹，此次犯罪系初犯、偶犯，赔偿被害人并取得谅解，可以酌予从轻处罚，对于辩护人的该项辩护意见，可以酌予采纳。上诉人陈海荣犯强奸罪，依法应当判处三年以上十年以下有期徒刑，其强奸一人，应在徒刑三年六个月到五年的幅度内确定量刑起点，其致一人轻微伤，增加六个月以下刑期的刑罚量，综合考虑下，量刑起点可确定为有期徒刑四年到五年半。综合其犯罪未遂、积极赔偿被害人并取得谅解等情节，结合量刑规范化的具体规定，可以认定一审量刑处于法律允许的量刑区间，可以予以维持。

编写人：北京市第一中级人民法院　袁慧超

79

行政拘留期间能否折抵刑期的判断

——张志某非法持有毒品案

【案件基本信息】

1. 裁判书字号

广东省丰顺县人民法院（2015）梅丰法刑初字第28号刑事判决书

2. 案由：非法持有毒品罪

【基本案情】

2014年9月21日20时许，被告人张志某在其位于丰顺县丰良镇丰溪村东厢的家中二楼，用其本人的一只手表（价值约为1200元）从吸毒人员罗培某（绰号老鬼，另案处理）手中购得两包毒品甲基苯丙胺（冰毒），后用透明塑料袋分装成20小包存放在家中二楼房间内，同年9月24日0时许，公安机关在张志某家中查获上述毒品。经鉴定，查获的毒品检出有甲基苯丙胺成分，共重10.14克。被告人张志某因吸毒于2014年9月24日被丰顺县公安局决定行政拘留12日；因涉嫌犯非法持有毒品罪于2014年10月6日被刑事拘留，同年10月20日被逮捕。

【案件焦点】

被告人因吸毒被行政拘留十二天，而后又因为非法持有毒品罪被判处有期徒刑，行政拘留期间是否可以折抵刑期。

【法院裁判要旨】

丰顺县人民法院经审理认为：被告人张志某明知是毒品而非法持有，持有甲基苯丙胺10.14克，其行为已构成非法持有毒品罪。公诉机关指控被告人张志某犯非法持有毒品罪的罪名成立，予以支持。被告人张志某归案后能如实供述其犯罪事实，自愿认罪，且犯罪时未满十八周岁，依法给予从轻处罚。被告人及其辩护人提出从轻处罚的意见，本院予以采纳。公诉机关提出对被告人张志某判处有期徒刑六个月至一年，并处一定数额罚金的量刑建议，符合本案的事实、情节，本院予以采纳。据此，依照《中华人民共和国刑法》第三百四十八条、第十七条第三款、第五十二条、第六十七条第三款、第四十七条的规定，判决如下：

被告人张志某犯非法持有毒品罪，判处有期徒刑八个月，并处罚金人民币3000元。

【法官后语】

本案在审理过程中，存在两种观点。第一种观点认为，被告人因吸毒被行政拘留十二天，而后又因为非法持有毒品罪被判处有期徒刑，行政拘留十二天的时间应该予以折抵刑期。第二种观点认为，因判处刑事处罚和行政处罚依据的不是同一事实行为，行政拘留的时间不应该折抵刑期。

笔者同意第二种观点，理由如下：

1.《行政处罚法》第二十八条规定，违法行为构成犯罪，人民法院判处拘役或者有期徒刑时，行政机关已经给予当事人行政拘留的，应当依法折抵相应刑期。行政拘留能否折抵刑期，关键是看被行政处罚的行为与被刑事处罚的行为是否是同一行为。本案中，被告人张志某被处以行政拘留处罚的是其吸毒行为，而刑事处罚的是其非法持有毒品的行为，两个行为不是同一行为，不属于同一违法事实，因此不存在折抵刑期问题。

2. 我国的现行刑法没有规定对吸毒者的吸毒行为进行刑事处罚，根据罪行法定原则，法律没有明文规定为犯罪行为的，不得定罪处刑。因此不得对吸毒行为进行刑事处罚。而《治安管理处罚法》第七十二条规定，吸食、注射毒品的，处十日以上十五日以下拘留，可以并处二千元以下罚款；情节较轻的，处五日以下拘留或者五百元以下罚款。公安机关可以根据《治安管理处罚法》对吸毒者进行行政处罚。当然以上都是以吸毒者持有毒品的数量未达到构成犯罪的标准为前提的，如果吸毒者持有的毒品数量较大，超过法律规定的数量，则应当以非法持有毒品追究刑事责任。因此，非法持有毒品罪解决的是持有毒品数量较大构成犯罪的问题，《治安管理处罚法》第七十二条解决的是持有毒品数量未达到构成犯罪标准而予以治安处罚的问题。相关机关依照不同的依据作出处罚并不矛盾。

3. 行政拘留依法折抵刑期体现了违法行为与犯罪行为之间的关联性，但这种关联性并不能随便乱用，否则对于不同的违法行为进行折抵刑期，不利于体现罪刑责相一致原则，难以体现行政处罚的独立性、合法性。当然，对于同一违法事实做出了行政处罚和刑事处罚，根据一事不再罚、禁止重复评价原则，为保障被告人的合法权益，应当依法折抵刑期。

编写人：广东省梅州市丰顺县人民法院　刘恩德

80

后施行的司法解释对之前发生的犯罪行为是否适用

——刘文某等销售假药案

【案件基本信息】

1. 裁判书字号

江苏省扬州市中级人民法院（2016）苏10刑终24号刑事判决书

2. 案由：销售假药罪

【基本案情】

2012年9月至2014年9月间，被告人刘文某通过网络或者上线卖家同案人刘先某（另案处理）购得半成品胶囊，并包装成名为中科玉泉胶囊、十味玉泉胶囊、益阴消渴胶囊等药品（均为非标示药品批准文号持有者或者生产企业生产），单独或伙同被告人严某等人通过EMS、宅急送等快递物流公司以货到付款的方式，将上述药品销售给包括仪征市在内的全国多个省市的消费者，销售金额共计人民币80余万元。被告人程贵某明知被告人刘文某、严某及同案人刘先某销售假药，被告人龚元某、龚某明知同案人刘先某销售假药，仍提供帮助。其中：被告人刘文某单独或伙同他人销售假药金额计人民币721435.8元；被告人严某单独或伙同他人销售假药金额计人民币107867元；被告人程贵某帮助被告人刘文某等人运送销售假药计人民币166072元；被告人龚元某、龚某明知同案人刘先某销售假药仍帮助刘拨打电话推销假药。

被告人刘文某当庭自认其非法获利额为销售金额的30%～40%；被告人严某当庭自认其非法获利额为3～4万元；被告人程贵某当庭自认其非法获利额为4000余元。

在法院审理期间，各被告人均缴存了一定的款项（程贵某2.3万元、严某1.2万元、龚元某2万元、龚某5000元）。

【案件焦点】

被告人的犯罪行为发生在《最高人民法院、最高人民检察院关于办理危害药品安全刑事案件适用法律若干问题的解释》（以下简称2014年药品司法解释）施行之前，行为时有效力的司法解释为《最高人民法院、最高人民检察院关于办理生产、销售假药、劣药刑事案件具体应用法律若干问题的解释》（以下简称2009年药品司法解释），2014年药品司法解释对本案是否适用。

【法院裁判要旨】

扬州市仪征市人民法院经审理后认为，被告人刘文某、严某、程贵某、龚元某、龚某违反国家药品管理法律法规，明知是假药，仍予以销售，其行为均已构成销售假药罪，依法应予惩处。被告人刘文某、严某在共同犯罪中起主要作用，均系主犯，依法应当按照其所参与的全部犯罪处罚。被告人程贵某、龚元某、龚某在共同犯罪中起次要作用，系从犯，依法应当从轻处罚。鉴于被告人刘文某、严某、程贵某、龚元某、龚某归案后如实供述了自己的罪行，且退出了全部或部分违法所得，依法均可以从轻处罚，结合本案具体情节，可给予被告人严某、程贵某、龚元某、龚某一定的缓刑考验期限。公诉机关对被告人刘文某、严某、程贵某、龚元某、龚某的指控，事实清楚，证据确实、充分，其指控罪名成立，予以支持，但对于公诉机关认为被告人刘文某的行为属于情节特别严重，建议判处十年以上有期徒刑的量刑意见，该院认为，被告人刘文某的销售金额虽为五十万元以上，但犯罪行为发生在2014年药品司法解释施行之前，根据从旧兼从轻的原则，应适用2009年药品司法解释的相关规定，被告人刘文某的行为不属于情节严重和情节特别严重，故对公诉机关的量刑建议不予支持。据此，依照《中华人民共和国刑法》第一百四十一条、第二十五条第一款、第二十六条第一款、第四款、第二十七条、第六十七条第三款、第四十二条、第四十五条、第四十七条、第七十二条第一款、第三款、第七十三条、第五十二条、第五十三条和第六十四条的规定，判决如下：

一、被告人刘文某犯销售假药罪，判处有期徒刑二年六个月，并处罚金人民币四十万元。

二、被告人严某犯销售假药罪，判处有期徒刑一年，缓刑一年，并处罚金人民币二十万元。

三、被告人程贵某犯销售假药罪，判处有期徒刑九个月，缓刑一年，并处罚金人民币十万元。

四、被告人龚元某犯销售假药罪，判处拘役四个月，缓刑六个月，并处罚金人民币五万元。

五、被告人龚某犯销售假药罪，判处拘役四个月，缓刑六个月，并处罚金人民币五万元。

六、各被告人退出的违法所得，予以没收，上缴国库；继续追缴各被告人的违法所得，予以没收。

一审判决后，被告人未上诉。仪征市人民检察院提出抗诉认为：仪征市人民法院对本案的刑事判决适用法律不当。本案应适用2014年药品司法解释而未适用，从而导致对被告人刘文某量刑畸轻及对适用缓刑的被告人未宣告禁止令的错误。扬州市人民检察院支持仪征市人民检察院的抗诉意见。

扬州市中级人民法院经审理后认为，原审被告人刘文某、严某、程贵某、龚元某、龚某违反国家药品管理法律法规，明知是假药，仍予以销售，其行为均已构成销售假药罪，其中原审被告人刘文某具有其他特别严重情节，依法应予惩处。原审被告人刘文某、严某在共同犯罪中起主要作用，均系主犯，依法应当按照其所参与的全部犯罪处罚。原审被告人程贵某、龚元某、龚某在共同犯罪中起次要作用，系从犯，依法应当从轻处罚。鉴于原审被告人刘文某、严某、程贵某、龚元某、龚某归案后如实供述了自己的罪行，且退出了全部违法所得，依法均可以从轻处罚，结合本案具体情节，可给予原审被告人严某、程贵某、龚元某、龚某一定的缓刑考验期限。

关于抗诉机关所提抗诉意见，该院认为，2009年药品司法解释是针对2011年刑法修正前办理生产、销售假药、劣药刑事案件具体应用法律若干问题所作的规定；而2014年药品司法解释是针对2011年刑法修正后有关办理危害药品安全刑事案件若干问题所作的规定，本案各原审被告人的犯罪行为均发生在《中华人民共和国刑法修正案（八）》施行后，应当适用修订后的刑法及其配套司法解释。而根据《最高人民法院、最高人民检察院关于适用刑事司法解释时间效力问题的规定》，司法解释的效力适用于法律的施行期间，因此虽然本案的犯罪行为发生在2012年到2014年间，但仍应适用2014年药品司法解释，原审法院适用2009年药品司法解释于法无据。抗诉机关的抗诉意见应予支持。根据2014年药品司法解释的规定，原审被告人刘文某的销售金额在五十万元以上，应认定为“其他特别严重情节”，而原审人民法院未予认定，予以纠正。适用2014年药品司法解释对原审被告人严某、程贵某、龚元某、龚某所处刑罚与原判决基本一致，故原判决对上述原审被告人的定罪量刑可以维持，但原判决未宣告禁止令，予以加判。

关于原审被告人刘文某的辩护人所提仪征市食品监督局出具的复函不能作为定案依据的辩护意见。经查，该复函系仪征市食品监督局依职权对照《中华人民共和国药品管理法》的规定，认定本案所涉十味玉泉胶囊、益阴消渴胶囊等药品均为非标示药品批准文号持有者或者生产企业生产，应按假药论处，其证明力应予确认。故对辩护人的相关辩护意见，不予支持。

据此，依照《中华人民共和国刑事诉讼法》第二百二十五条第一款第（二）项，《中华人民共和国刑法》第一百四十一条、第二十五条第一款、第二十六条第一款、第四款、第二十七条、第六十七条第三款、第四十二条、第四十五条、第四十七条、第七十二条、第七十三条、第五十二条、第五十三条、第六十四条，《最高人民法院、最高人民检察院关于办理危害药品安全刑事案件适用法律若干问题的解释》第四条第（六）项、第十一条第一款、第十二条及《最高人民法院、最高人民检察院关于适用刑事司法解释时间效力问题的规定》第一条、第二条之规定，判决如下：

一、维持仪征市人民法院（2015）仪刑初字第00396号刑事判决的第二、三、四、五项，即被告人严某犯销售假药罪，判处有期徒刑一年，缓刑一年，并处罚金人民币二十万元；被告人程贵某犯销售假药罪，判处有期徒刑九个月，缓刑一年，并处罚金人民币十万元；被告人龚元某犯销售假药罪，判处拘役四个月，缓刑六个月，并处罚金人民币五万元；被告人龚某犯销售假药罪，判处拘役四个月，缓刑六个月，并处罚金人民币五万元。

二、撤销仪征市人民法院（2015）仪刑初字第00396号刑事判决的第一、六项，即被告人刘文某犯销售假药罪，判处有期徒刑二年六个月，并处罚金人民币四十万元；各被告人退出的违法所得，予以没收，上缴国库；继续追缴各被告人的违法所得，予以没收。

三、原审被告人刘文某犯销售假药罪，判处有期徒刑十年，并处罚金人民币一百四十万元。

四、禁止原审被告人严某、程贵某、龚元某、龚某在缓刑考验期内从事药品生产、销售及相关活动。

五、原审被告人刘文某被扣押的人民币五十四万六千元，违法所得二十一万六千元予以没收，余款折抵罚金；原审被告人严某被扣押、缴存的人民币三万二千元，违法所得三万元予以没收，余款折抵罚金；原审被告人程贵某被扣押、缴存的人民币七万三千元，违法所得四千元予以没收，余款折抵罚金；原审被告人龚元某被扣押、缴存的人民币五万元，原审被告人龚某被扣押、缴存的人民币二万五千元，折抵罚金。上述没收的违法所得，上缴国库。

六、公安机关扣押的假药、台式兼容机、手机等涉案物品，依法予以没收。

【法官后语】

本案的核心在于适用法律上的分歧，即施行在后的司法解释对之前发生、尚未审结的犯罪行为是否适用的问题。

具体到本案事实，各被告人销售假药的行为均发生在《刑法修正案（八）》施行后，结束在2014年药品司法解释施行前。就刑法规定而言，修正前的法条对生产、销售假药罪并无“其他严重情节”“其他特别严重情节”的规定，因此2009年药品司法解释仅是对旧刑法的解释，对何为“其他严重情节”“其他特别严重情节”并无涉及，直至2014年药品司法解释才针对《刑法修正案（八）》对生产、销售假药罪的上述修正内容，作出细化专门规定，并同时规定适用缓刑应同时宣告禁止令。本案各被告人的行为均发生在刑法修正后，当然应适用修正后的刑法及专门解释，根本不存在从旧兼从轻适用2009年药品司法解释的问题。而一审法院忽略了行为发生在刑法修正后、司法解释与修正前后刑法的对应关系，从而作出错误的判处，故二审予以纠正。

值得注意的是，如果对新、旧司法解释对同样的犯罪情节都作了规定，在无有关时间效力特别规定的情况下，仍然应根据从旧兼从轻原则对相关案件进行判处。

编写人：江苏省扬州市中级人民法院　陈圣勇

81

对于公诉机关指控行贿行为发生时在法律形式上已不存在的被告单位涉嫌犯罪的案件应如何处理

——辽宁G水泥（集团）有限责任公司单位行贿案

【案件基本信息】

1. 裁判书字号

北京市第四中级人民法院（2015）四中刑初字第2号刑事裁定书

2. 案由：单位行贿罪

【基本案情】

被告单位辽宁G水泥（集团）有限责任公司（简称“辽宁G水泥公司”）成立于1998年7月，发起人（股东）为崔某莲、白某。2003年6月，股东由崔某莲、白某变更为崔某莲、白某、白某阳。2007年12月24日，“辽宁G水泥公司”召开股东会议，股东崔某莲、白某、白某阳一致表决同意：将公司名称由辽宁G水泥（集团）有限责任公司变更为辽宁山水G水泥有限公司（简称“辽宁山水G水泥公司”）；同意公司股东崔某莲、白某、白某阳将股权全部转让给山东山水水泥集团有限公司；同意公司股东由崔某莲、白某、白某阳变更为山东山水水泥集团有限公司等。

2002年10月，“辽宁G水泥公司”与中国工商银行本溪分行签订最高额保证合同，合同约定为了确保2002年10月至2003年10月期间“化工啤酒厂”在人民币5300万元最高额贷款余额内与中国工商银行本溪分行签订的所有借款合同项下借款人义务得到切实履行，“辽宁G水泥公司”愿向中国工商银行本溪分行提供保证担保，保证方式为连带责任保证。贷款到期后“化工啤酒厂”未按约定偿还借款。2005年7月，中国长城资产管理公司沈阳办事处与中国工商银行辽宁分行签订债权转让协议。中国长城资产管理公司沈阳办事处于2008年4月8日向辽宁省高级人民法院起诉“辽宁山水G水泥公司”，要求“辽宁山水G水泥公司”在5300万元的范围内对其保证期间内发生的全部贷款承担连带保证责任。后崔某某受“辽宁G水泥公司”法定代表人崔某莲的委托直接办理该案件的诉讼事宜。辽宁省高级人民法院经审理后以中国工商银行本溪分行、辽宁分行在合同约定的保证期间内未向保证人主张权利为由，判决驳回中国长城资产管理公司沈阳办事处对“辽宁山水G水泥公司”的诉讼请求，亦即“辽宁山水G水泥公司”不承担连带清偿责任，中国长城资产管理公司沈阳办事处不服一审判决而向最高人民法院提起上诉，要求二审法院判决“辽宁山水G水泥公司”承担5300万元的连带保证责任。

2010年初，崔某某通过他人介绍结识在某法院任职的刘某（另案处理），崔某某代表“辽宁G水泥公司”给予刘某现金人民币10万元，请求利用其身份帮助“辽宁G水泥公司”二审胜诉。刘某通过电话联系两名承办法官，要求二人在案件审理过程中对“辽宁G水泥公司”予以关照。该案件于2010年3月25日二审维持原判后，崔某某为感谢刘某提供的帮助，指示他人于2010年5月15日向刘某提供的中国工商银行账户汇款人民币100万元，后刘某以汇款的方式向崔某某的盛京银行账户退还人民币40万元。

【案件焦点】

在公诉机关坚持不撤回对“辽宁G水泥公司”涉嫌犯单位行贿罪指控的情况下，人民法院是否可以参照关于被告人死亡而终止审理的相关规定，依法对“辽宁G水泥公司”裁定终止审理。

【法院裁判要旨】

北京市第四中级人民法院经审理后认为：在诉讼过程中，本院查明被告单位辽宁G水泥（集团）有限责任公司的股东于2007年12月24日将全部股权转让给山东山水水泥集团有限公司，辽宁G水泥（集团）有限责任公司在工商部门亦变更登记为辽宁山水G水泥有限公司。依照《中华人民共和国刑事诉讼法》第十五条第（五）项，《最高人民法院关于适用〈中华人民共和国刑事诉讼法〉的解释》第二百四十一条第一款第（九）项之规定，裁定如下：对被告单位辽宁G水泥（集团）有限责任公司终止审理。本裁定送达后即发生法律效力。

【法官后语】

在审理过程中，公诉机关诉称：参照《最高人民法院研究室关于企业犯罪后被合并应当如何追究刑事责任问题的答复》（简称最高人民法院《答复》）之规定，即“人民检察院起诉时该犯罪企业已被合并到一个新企业的，仍应依法追究原犯罪企业及其直接负责的主管人员和其他直接人员的责任。人民法院审判时，对被告单位应列原犯罪企业名称，但注明已被并入新的企业，对被告单位所判处的罚金数额以其并入新的企业的财产及收益为限”，辽宁G水泥（集团）有限责任公司（简称“辽宁G水泥公司”）属于本案中实质的单位犯罪主体，故应指控“辽宁G水泥公司”犯单位行贿罪。而笔者认为，一审法院参照刑事诉讼法及司法解释关于被告人死亡而终止审理的相关规定，依法对“辽宁G水泥公司”裁定终止审理，适用法律正确。具体理由是：

1. 从最高人民法院《答复》的内容和精神看，“犯罪企业已被合并到一个新企业”中的“合并”应界定于公司法意义上的法定合并，即吸收合并或新设合并，而吸收合或新设合并的主要特征在于，二者都会导致合并前的公司中至少有一个会在合并后消失，且消失的公司不再需要经过解散清算程序。本案中，“辽宁G水泥公司”三名自然人股东将全部股权转让给山东山水水泥集团有限责任公司，并将企业名称变更为“辽宁山水G水泥公司”，但山东山水水泥集团有限责任公司实际并未承接“辽宁G水泥公司”的债务，“辽宁G水泥公司”的善后事宜仍由崔某某处理，故“辽宁G水泥公司”与“辽宁山水G水泥公司”之间的关系不属于公司法意义上的法定合并，亦不符合“犯罪企业已被合并到一个新企业”的情形。

2. 即使“辽宁G水泥公司”与“辽宁山水G水泥公司”之间的关系属于“犯罪企业已被合并到一个新企业”的情形，但需注意的是，最高人民法院《答复》仅适用于“企业犯罪后被合并应当如何追究刑事责任问题”的情况，而本案中，“辽宁G水泥公司”股东转让股权、变更企业名称在前，“辽宁山水G水泥公司”牵涉担保责任被民事起诉以及崔某某涉嫌单位行贿在后，恰恰属于“企业合并在前，而行贿犯罪在后”的情形，故公诉机关直接依据上述最高人民法院《答复》指控“辽宁G水泥公司”涉嫌犯单位行贿罪是不恰当的。

3. 依照刑法中的单位犯罪理论，单位犯罪主体是指依法成立、拥有一定财产或经费、能以自己的名义承担责任的公司、企业、事业单位、机关、团体。很显然，本案中，“辽宁G水泥公司”的三名自然人股东已将全部股权转让给山东山水水泥集团有限责任公司，并将企业名称变更为“辽宁山水G水泥公司”，崔某某具体实施行贿行为时，“辽宁G水泥公司”早已“名存实亡”，其已不能以自己的名义承担刑事责任，或者说其已不能以自己独立的财产对外承担责任。即使从民事责任承担角度考察，如果法院判决“辽宁山水G水泥公司”承担赔偿责任，且“辽宁山水G水泥公司”可以向“辽宁G水泥公司”追偿的话，“辽宁山水G水泥公司”也只能向“辽宁G水泥公司”的三名自然人股东进行追偿，而无法向已“名存实亡”的“辽宁G水泥公司”进行追偿。故我们认为，即使从公司法意义上，“辽宁G水泥公司”与“辽宁山水G水泥公司”具有同一法人资格，但单位刑事责任的认定不能简单等同于单位民事责任的认定，或者说不能套用民事责任认定的原则来认定单位的刑事责任。

4. 鉴于现有法律及司法解释关于指控犯罪行为发生时在法律形式上已不存在

的被告单位涉嫌犯罪如何裁判之规定不明确，且公诉机关坚持不撤回对“辽宁G水泥公司”涉嫌犯单位行贿罪的指控，故人民法院可以依据《最高人民法院关于适用〈中华人民共和国刑事诉讼法〉的解释》第二百八十八条之规定，“审理单位犯罪案件，本章没有规定的，参照适用本解释的有关规定”，进而参照《刑事诉讼法》第十五条第（五）项及《最高人民法院关于适用〈中华人民共和国刑事诉讼法〉的解释》第二百四十一条第一款第（九）项之规定中“被告人死亡的，应当裁定终止审理”的规定，依法对“辽宁G水泥公司”裁定终止审理。

编写人：北京市第四中级人民法院　翟长玺

82

上诉期内犯新罪且发现有漏罪的法律适用分析

——刘国某盗窃案

【案件基本信息】

1. 裁判书字号

江苏省江阴市人民法院（2015）澄刑初字第01634号刑事判决书

2. 案由：盗窃罪

【基本案情】

被告人刘国某2015年5月4日因犯危险驾驶罪被苏州市吴中区人民法院判处拘役二个月，缓刑三个月，并处罚金人民币五千元。2015年5月18日因盗窃案被抓获，次日因涉嫌犯盗窃罪被江阴市公安局刑事拘留，同年6月18日被该局取保候审。2015年9月6日经法院决定逮捕，同日由江阴市公安局执行逮捕。

被告人刘国某于2013年5月至2015年5月期间，多次至江阴市南闸街道、澄江街道等地入户实施盗窃，共窃得黄金首饰、钱款等合计价值人民币3100余元。具体犯罪事实分述如下：

1. 2013年5月12日下午，被告人刘国某至江阴市南闸街道蔡泾村东前头××

号三楼，采用翻窗入户等手段窃得被害人夏某某人民币100元。被被害人夏某某当场发现后即将赃款归还被害人。

2. 2015年4月底的一天，被告人刘国某至江阴市澄江街道皮弄村章家村××号三楼，采用推门入户等手段窃得被害人李某人民币2000元、黄金戒指1枚、黄金项链1条、黄金转运珠1颗。案发后，被告人刘国某自愿退赔了被害人李某人民币14000元。

3. 2015年5月11日，被告人刘国某至江阴市澄江街道皮弄村沿河村××号二楼，采用推门入户等手段窃得被害人孙某某人民币1000元。案发后，被告人刘国某已退赔被害人孙某某人民币1000元。

被告人刘国某因上述第1、2笔盗窃罪行被抓获后，主动交代了司法机关尚未掌握的第3笔盗窃事实。

【案件焦点】

本案被告人上诉期内犯新罪且发现有漏罪适用《刑法》第七十一条还是第七十七条，新罪和漏罪是并罚还是作为连续犯进行处罚。

【法院裁判要旨】

江苏省江阴市人民法院经审理认为，被告人刘国某以非法占有为目的，多次入户秘密窃取他人财物，数额较大，其行为确已构成盗窃罪。被告人刘国某归案后主动交代司法机关尚未掌握的同种罪行，当庭自愿认罪，本案损失已挽回，依法予以从轻处罚。被告人刘国某在缓刑宣告后，发现判决宣告以前还有其他罪没有判决，且在缓刑考验期届满前又犯新罪，依法应当撤销缓刑，对新罪和漏罪作出判决，把前罪和后罪所判处的刑罚数罪并罚。公诉机关指控被告人刘国某犯盗窃罪的事实清楚，证据确实、充分，指控的罪名正确，予以采纳。据此，依照《中华人民共和国刑法》第二百六十四条、第六十七条第三款、第六十九条、第七十七条第一款及《最高人民法院、最高人民检察院关于办理盗窃刑事案件适用法律若干问题的解释》第一条第一款、第二款、第三条第一款、第二款，《最高人民法院关于处理自首和立功具体应用法律若干问题的解释》第四条之规定，判决如下：

一、撤销江苏省苏州市吴中区人民法院（2015）吴刑初字第0177号刑事判决中对被告人刘国某宣告缓刑三个月的执行方式部分。

二、被告人刘国某犯盗窃罪，判处拘役四个月，并处罚金人民币二千元；连同前罪判处的拘役二个月，决定执行拘役五个月，并处罚金人民币二千元。

【法官后语】

本案中被告人刘国某在缓刑宣告后，发现判决宣告以前还有其他罪没有判决，且在上诉期内又犯新罪。在法条适用上存在两点争议，一是在上诉期内犯新罪适用《刑法》第七十一条还是第七十七条；二是新罪和漏罪作为两罪并罚还是作为一罪并罚。

1. 我国《刑法》第七十七条第一款规定："被宣告缓刑的犯罪分子，在缓刑考验期限内犯新罪或者发现判决宣告以前还有其他罪没有判决的，应当撤销缓刑，对新犯的罪或者新发现的罪作出判决，把前罪和后罪所判处的刑罚，依照本法第六十九条的规定，决定执行的刑罚。"缓刑考验期限为判决确定之日起即判决生效之日起，被告人刘国某实施新罪的时间前罪判决尚未生效，并不完全符合缓刑考验期限内犯新罪。《刑法》第七十一条规定："判决宣告以后，刑罚执行完毕以前，被判刑的犯罪分子又犯罪的，应当对新犯的罪作出判决，把前罪没有执行的刑罚和后罪所判处的刑罚，依照本法第六十九条的规定，决定执行的刑罚。"被告人刘国某实施新罪的时间确实是在判决宣告以后，刑罚执行完毕以前。但是细究起来，所有《刑法》第七十七条规定的情形包含于第七十条或者第七十一条的规定的情形。故《刑法》第七十七条是针对宣告缓刑情形的规定，并且，虽然被告人刘国某实施新罪的时间在前罪判决未生效前，并不完全符合缓刑考验期限内犯新罪，但从立法本意上讲，宣告缓刑的只能是确实不致再危害社会的犯罪分子。无论是在判决未生效前还是在缓刑考验期内失去了可以适用缓刑的条件，那么就应当撤销缓刑，适用《刑法》第七十七条。

2. 被告人刘国某在缓刑宣告后，发现判决宣告以前还有其他罪没有判决，且在缓刑考验期届满前又犯新罪。被告人刘国某同时犯有新罪和漏罪，根据《刑法》第七十七条的规定，需要先行得出"后罪所判处的刑罚"，而"后罪所判处的刑罚"是由漏罪和新罪得出，在本案中，漏罪和新罪系同种罪行，被告人刘国某基于同一的犯罪故意，连续实施数个独立的盗窃行为，为连续犯，宜作为一罪得出"后罪所判处的刑罚"。

编写人：江苏省江阴市人民法院　陈梦　冯强

83

台籍被告人可由其暂住地以外的与其存在实际联系的单位所在地的县级司法行政机关实施社区矫正

——林诗某交通肇事案

【案件基本信息】

1. 裁判书字号

福建省厦门市中级人民法院（2015）厦刑终字第148号刑事判决书

2. 案由：交通肇事罪

【基本案情】

2014年7月6日3时许，被告人林诗某在厦门市湖里区驾驶闽DHE×××号小型轿车沿仙岳路由西往东行驶至金尚路跨线桥处，追尾碰撞前方同向行驶的被害人李国某驾驶的无牌电动三轮摩托车，造成两车损坏及被害人李国某当场死亡的交通事故。事故发生后，被告人林诗某未报警，并继续驾车行至云顶中路后坑路段附近辅道处弃车离去。经事故认定，被告人林诗某负事故全部责任，被害人李国某不负事故责任。

2014年7月7日，被告人林诗某自动到公安机关投案，并能如实供述上述犯罪事实。事故发生后，被告人林诗某委托亲朋积极赔偿被害人李国某家属全部经济损失共计人民币92万元，并取得被害人家属的谅解。

【案件焦点】

台籍被告人是否可以由其暂住地以外、与其有实际联系单位所在地的县级司法行政机关进行审前社会调查和实施社区矫正。

【法院裁判要旨】

厦门市海沧区人民法院在一审审理过程中委托被告人林诗某在厦暂住地司法行政机关厦门市翔安区司法局进行审前社会调查，该局经过社区走访，认为林诗某只是租住且在辖区没有亲属，平时与社区邻里也没有联络，不具备在该辖区进行社区矫正的条件。海沧区人民法院一审认定，被告人林诗某违反交通运输管理法规，造成车辆损坏及一人死亡的交通事故，负事故全部责任，其行为已构成交通肇事罪；且具有交通运输肇事后逃逸情节。被告人林诗某能自动投案，如实供述自己的罪行，系自首，依法可减轻处罚。被告人林诗某已赔偿被害人家属全部经济损失，取得谅解，可酌情从轻处罚。但由于被告人林诗某具有交通肇事后逃逸情节，且不具备缓刑监管条件，不宜对其适用缓刑。据此，依照《中华人民共和国刑法》第一百三十三条、第六十七条第一款，《最高人民法院关于审理交通肇事刑事案件具体应用法律若干问题的解释》第二条、第三条之规定，作出判决：被告人林诗某犯交通肇事罪，判处有期徒刑一年七个月。

宣判后，林诗某不服一审判决提起上诉。厦门市中级人民法院经审理查明：林诗某在厦办理暂住证的居住地址为厦门市翔安区新店镇祥吴一里×号××室，工作单位则为地址于集美区杏滨街道锦中路×号的某公司，且系该公司主要股东。为此，二审法院在审理过程中向集美区司法局发出了审前社会调查函，请求其对林诗某在该辖区是否具备监管条件进行考察。集美区司法局经走访林诗某所在公司，向该公司有关负责人了解林诗某情况，认定林诗某适合在该辖区进行社区矫正。据此，厦门市中级人民法院认定，上诉人林诗某具有自首情节，且在案发后能够赔偿被害人全部经济损失并取得被害人谅解，有明显的认罪、悔罪表现，集美区司法局亦表示林诗某适合在其辖区实施社区矫正，上诉人林诗某的该上诉意见本院予以采纳，本院决定对其宣告缓刑。综上，原判定罪准确，审判程序合法。依照《中华人民共和国刑法》第七十二条第一款、第七十三条，《中华人民共和国刑事诉讼法》第二百二十五条第一款第（二）项之规定，判决如下：

一、维持厦门市海沧区人民法院（2015）海刑初字第86号刑事判决对上诉人林诗某的定罪部分；

二、撤销厦门市海沧区人民法院（2015）海刑初字第86号刑事判决对上诉人林诗某的量刑部分；

三、上诉人林诗某犯交通肇事罪，判处有期徒刑一年七个月，缓刑二年。

【法官后语】

近年来，涉台刑事案件日益增多，其中部分案件涉及台籍被告人的缓刑适用问题。《刑法修正案（八）》通过后，人民法院需要调查对被告人宣告缓刑对所居住社区没有重大不良影响，一般委托被告人居住地县级司法行政机关进行调查评估；对宣告缓刑的犯罪分子，在缓刑考验期限内，依法实行社区矫正。

实践中发现，台籍被告人缓刑适用难问题突出：有的被告人在祖国大陆没有办理暂住证、没有固定居住地，审前社会调查函难以确定接收机关；有的案件按照其居住地址给当地司法行政机关发出了审前社会调查函，但是司法行政机关认为这个被告人只是租住且在辖区没有亲属，平时与社区邻里也没有联络，既无法考察其一贯表现也没法确保以后的监管条件，所以不具备社区矫正条件。以上情况使得部分符合缓刑宣告条件的台籍被告人只得判处实刑，“同案不同判”问题较为突出，台籍被告人及其亲属反映强烈，部分台胞甚至误解为祖国大陆对台籍被告人的司法歧视。

本案审理过程中，针对被告人林诗某是否适合适用缓刑主要形成两种意见：一种意见认为，被告人林诗某所居住社区司法行政机关已经出具了不具备缓刑监管条件的报告，故而不应对被告人宣告缓刑。另一种意见则认为，台籍被告人的缓刑监管不应局限于被告人暂住地，本案可根据被告人提供的线索委托其工作单位所在地司法行政机关进行审前社会调查，符合监管条件的，可宣告缓刑。

我们同意后一种意见。根据《刑法》第七十二条规定，缓刑适用必须符合“宣告缓刑对所居住社区没有重大不良影响”的条件。所谓“所居住社区”一般指被告人的户籍地或经常居住地。但是台籍被告人在祖国大陆均无户籍，许多被告人未办理暂住证，也难以认定其经常居住地甚至居住地。在此种情况下，应对“所居住社区”作“将来式”理解，适当扩大进行社区矫正的“连接点”，方符合立法本义。具体而言，可根据台籍被告人的实际情况分类确定监管主体：对于被告人在大陆有居住地或办理暂住证的，委托居住地司法行政机关进行审前社会调查与实施监管；在祖国大陆无居住地或居住地司法行政机关表示不具备监管条件的，可委托与被告人存在实际联系的工作单位所在地、投资实业所在地司法行政机关。对于经司法行政机关考察认为符合在其辖区进行社区矫正的，不论被告人现在是否居住在该辖区，均可理解为“宣告缓刑对所居住社区没有重大不良影响”，人民法院可依法对被告人适用缓刑。

编写人：福建省厦门市中级人民法院　许荣锟

84

未成年犯的年龄认定

——黄中某、韦佑某盗窃案

【案件基本信息】

1. 裁判书字号

福建省厦门市翔安区人民法院（2015）翔刑初字第111号刑事判决书

2. 案由：盗窃罪

【基本案情】

2014年6、7月间，被告人黄中某、韦佑某伙同周某（已判刑）、苗天某（别名刘某）、“崔高某”（均另案处理）经事先预谋，时分时合，多次在厦门市翔安区、同安区等地，由被告人韦佑某和周某、苗天某、“崔高某”望风，被告人黄中某使用撬具撬锁，盗窃他人摩托车、助力车以及电动车蓄电池等财物，价值共计人民币（以下币种相同）9310元。其中于6月20日左右在翔安区马巷镇前厝村前厝东路××号盗走一部“南方”二轮摩托车，于6月下旬的一天在翔安区马巷镇郑坂村一民房门口盗走一部白色“机关”助力车，于7月1日凌晨在翔安区马巷镇西亭里××号和郑坂村村南××号分别盗走一部白色“金城”助力车和一部银灰色“雅马哈”助力车，于7月上旬的一天在翔安区新店镇“汇景商业广场”停车场内盗走一部黑色“本田”助力车，于7月10日凌晨在同安区祥平街道西洪塘珠厝里××号和新民镇赤坪里××号巷子内，分别盗走一部黄色“雅马哈”助力车和一部白色“本田”二轮摩托车，于7月中旬的一天在翔安区马巷镇西亭村一民宅门口盗走一部黄色“双枪”助力车，于7月中旬的一天在翔安区马巷镇郑坂村“佳华公寓”门口，盗走一部电动三轮车内的四个蓄电池，于7月15日在翔安一中附近一溜冰场门口和马巷镇郑坂村“如意服饰店”门口，分别盗走一部电动三轮车内的四个蓄电池和五个“腾能”蓄电池。同时，被告人韦佑某自报其于1998年4月1日出生，属相为虎，家里原有一哥哥，是1993年出生，但是已经死亡，下面还有个弟弟，家人因害怕违反计划生育政策超生，故用已故哥哥的出生年月作为他的出生年月进行户籍登记。

【案件焦点】

未成年犯的年龄认定。

【法院裁判要旨】

福建省厦门市翔安区人民法院经审理认为：被告人黄中某、韦佑某以非法占有为目的，多次伙同他人采用秘密手段窃取他人财物，其中，被告人黄中某参与盗窃十一起，盗得财物价值共计人民币9310元，被告人韦佑某参与盗窃八起，盗得财物价值共计人民币8525元，盗窃数额均较大，其行为均已构成盗窃罪。本案系共同犯罪。被告人黄中某是累犯，依法应当从重处罚。二被告人多次盗窃，均可酌情从重处罚。被告人韦佑某系未成年人，依法应当从轻处罚。二被告人具有坦白情节，依法均可以从轻处罚。部分被盗赃物已发还被害人，可酌情对二被告人从轻处罚。据此，判决如下：

一、被告人黄中某犯盗窃罪，判处有期徒刑一年，并处罚金人民币四千元。

二、被告人韦佑某犯盗窃罪，判处有期徒刑九个月，并处罚金人民币二千元。

三、责令被告人黄中某与同案犯周某共同退赔被害人丁某某经济损失人民币120元。

四、扣押在案的无主赃物白色“机关”助力车、黑色“本田”助力车、白色“本田”二轮摩托车、黄色“双枪”助力车各一部，蓄电池四个，作案工具螺丝刀三把、撬具二把、套筒二个及扳手一把，予以没收。

【法官后语】

本案中，被告人韦佑某供称其出生于1998年农历三月初五（公历4月1日），其供述可以得到其母亲黄菊鲜证言的印证，并且被告人韦佑某曾经就读的和平乡中心小学、斗江镇中学所出具的义务教育毕业证书（存根）上均载明其出生日期为

1998年3月。虽然被告人韦佑某的户籍登记显示其为成年人，但是现有证据又可以合理地证明其户籍登记的出生年月不是其真实年龄的反映。根据《最高人民法院关于审理未成年人刑事案件具体应用法律若干问题的解释》的相关规定，“对于没有充分证据证明被告人实施被指控的犯罪时已经达到法定刑事责任年龄且确实无法查明的，应当推定其没有达到相应法定刑事中责任年龄”，并且从有利于被告人的原则出发，一般按照“就低不就高”原则来推定被告人年龄，故本案在审理过程中本着充分保障未成年人人身权益和诉讼权益，被告人韦佑某关于其出生日期的供述可以得到在案证据的印证，因此法庭予以采信并据此认定被告人韦佑某实施犯罪时系未成年人，在量刑上给予从轻处罚。

在审理未成年人刑事案件中，未成年被告人的年龄不仅涉及应否依法为其指定辩护律师以及案件应否公开审理等重大程序性问题，而且关系到被告人有无刑事责任、刑事责任大小以及对其适用何种刑罚等重大实体问题。因此，查证并准确认定未成年被告人的年龄，是办理每一个未成年人刑事案件不能回避的、关系到正确执行法律、保障司法公正的重要问题。因此在审理过程中，发现未成年被告人的年龄出现疑问后，作为审判人员应认真对待，按照刑事诉讼法关于举证责任的规定，协调检察院全面查证和举证，按照“排除合理怀疑”的刑事证明标准对全案的证据进行分析和甄别，去伪存真，准确地认定证据，切实做到不枉不纵。

编写人：福建省厦门市翔安区人民法院　吴梅双

85

刑事诉讼法定代理制度的补充与延伸

——陈再进抢劫案

【案件基本信息】

1. 裁判书字号

北京市第二中级人民法院（2015）二中刑初字第920号刑事判决书

2. 案由：抢劫罪

【基本案情】

2013 年 12 月 18 日 0 时许，被告人陈再进来到北京市东城区天桥南大街自然博物馆南侧地下通道内，持事先准备的木棍多次击打在通道内露宿的被害人李某某（男，殁年 47 岁）头面部、右前臂等处，致李某某颅脑损伤死亡。陈再进翻找李某某财物后逃离现场。

2013 年 12 月 18 日 1 时许，陈再进骑自行车来到北京市西城区宣武门西大街 129 号南侧地下通道内，持事先准备的木棍击打在通道内露宿的一无名男子头面部数下，致该男子颅脑损伤死亡。陈再进翻找该无名男子财物后逃离现场。

被告人陈再进作案后于当日被查获归案。

【案件焦点】

法院审理限制刑事责任能力精神障碍者作为被告人的刑事案件，是否应参照《刑事诉讼法》关于审理未成年人刑事案件和强制医疗案件有关规定，通知精神障碍者的法定代理人到庭参加诉讼。

【法院裁判要旨】

北京市第二中级人民法院经审理认为：被告人陈再进以非法占有为目的，使用暴力手段劫取他人财物，致二人死亡，犯罪情节特别恶劣，犯罪后果特别严重，已构成抢劫罪，依法应予惩处。北京市人民检察院第二分院指控陈再进犯抢劫罪的事实清楚，证据确实充分，指控的罪名成立。被告人陈再进在刑罚执行完毕以后五年内，再犯应当判处有期徒刑以上刑罚之罪，系累犯，应当从重处罚。鉴于被告人陈再进系又聋又哑的人，实施违法行为时受智能障碍的影响，辨认、控制能力削弱，且到案后能如实供述犯罪事实，积极赔偿被害人家属经济损失并取得被害人家属谅解，依法对陈再进从轻处罚。

北京市第二中级人民法院依照《中华人民共和国刑法》第二百六十三条第（五）项、第五十七条第一款、第五十九条、第六十五条第一款、第六十七条第三款、第十八条第三款、第十九条、第六十一条、第六十四条及《最高人民法院关于适用〈中华人民共和国刑事诉讼法〉的解释》第三百六十五条第二款之规定，作出如下判决：

一、被告人陈再进犯抢劫罪，判处无期徒刑，剥夺政治权利终身，并处没收个人全部财产。

二、扣押在北京市公安局的涉案物品由扣押机关依法处理。

【法官后语】

由于未成年人和无刑事责任能力人受到年龄和精神状况等因素的影响，诉讼行为能力受限，为保护这两类特殊诉讼主体的权利，我国《刑事诉讼法》第二百七十条和第二百八十六条分别对未成年人刑事案件和强制医疗案件的审理做出特别规定，要求上述案件的审理应当通知法定代理人到场。然而，《刑事诉讼法》及相关解释对审理限制刑事责任能力精神障碍者的刑事案件是否需要其法定代理人到场并未明确规定。我们认为，可以参照民事诉讼中关于法定代理制度的相关规则，即根据当事人有无诉讼行为能力，决定是否由其法定代理人参加诉讼。我国《刑事诉讼法》规定审理未成年人刑事案件和强制医疗案件应当通知法定代理人到场，可以理解为法律将未成年人和无刑事责任能力精神障碍者等同于无诉讼能力人进行特殊诉讼保护。限制刑事责任能力人虽在实施违法犯罪行为时辨认或控制能力削弱，但其并非一定无诉讼行为能力，是否需要由其法定代理人到庭参加诉讼，应考虑被告人在受审时的诉讼行为能力。只有在限制刑事责任能力被告人的诉讼行为能力不足时，才有必要通知其法定代理人到庭参加诉讼。

法院审理限制刑事责任能力精神障碍者作为被告人的刑事案件，在确有必要时可以委托相关机构进行受审能力鉴定，或者综合考虑精神障碍者在受审时对诉讼活动的认识能力、判断能力和表达能力，决定是否参照《刑事诉讼法》关于审理未成年人刑事案件和强制医疗案件有关规定，通知精神障碍者的法定代理人到庭参加诉讼。

编写人：北京市第二中级人民法院　丛卓义

图书在版编目（CIP）数据

中国法院2017年度案例·刑法总则案例／国家法官学院案例开发研究中心编．—北京：中国法制出版社，2017.2

ISBN 978-7-5093-8146-5

Ⅰ.①中… Ⅱ.①国… Ⅲ.①刑法-总则-案例-汇编-中国 Ⅳ.①D920.5

中国版本图书馆CIP数据核字（2016）第304919号

策划编辑：李小草（lixiaocao2008@sina.cn）

责任编辑：王 熹

封面设计：温培英、李 宁

中国法院2017年度案例·刑法总则案例

ZHONGGUO FAYUAN 2017 NIANDU ANLI · XINGFA ZONGZE ANLI

编者/国家法官学院案例开发研究中心

经销/新华书店

印刷/三河市紫恒印装有限公司

开本/730毫米×1030毫米 16开

印张/18 字数/239千

版次/2017年3月第1版

2017年3月第1次印刷

中国法制出版社出版

书号 ISBN 978-7-5093-8146-5

定价：58.00元

北京西单横二条2号

邮政编码 100031

值班电话：66026508

传真：66031119

网址：http：//www.zgfzs.com

编辑部电话：66010493

市场营销部电话：66033393

邮购部电话：66033288

（如有印装质量问题，请与本社编务印务管理部联系调换。电话：010-66032926）